# GOODBYE ZUCKER

## FÜR IMMER

GOLDMANN

Dies ist das zweite Buch,
mit dem ich Ihnen helfen möchte,
mit Spaß und Freude zu kochen,
zu essen und Ihre
Gesundheit zu fördern.

# GOODBYE ZUCKER

## FÜR IMMER

Mit 148 neuen zuckerfreien Rezepten
und 4-Wochen-Wellness-Programm

SARAH WILSON

Aus dem Englischen
von Gabriele Lichtner

GOLDMANN

FSC www.fsc.org
MIX
Aus verantwortungsvollen Quellen
FSC® C011124

Verlagsgruppe Random House FSC® N001967

Dieses Buch ist auch als E-Book erhältlich.

3. Auflage
Deutsche Erstausgabe Februar 2017
Wilhelm Goldmann Verlag, München,
in der Verlagsgruppe Random House GmbH

Originaltitel: *I Quit Sugar for life*
Originalverlag: Macmillan Australia
Umschlag: UNO Werbeagentur, München
Umschlagmotive: Getty Images/CSA Images/Color Printstock Collection;
FinePic®, München
Redaktion und Satz: Print Company Verlagsges.m.b.H., Wien
Druck und Bindung: Mohn Media GmbH, Gütersloh
JT · Herstellung: kw
Printed in Germany
ISBN 978-3-442-17648-9
www.goldmann-verlag.de

Besuchen Sie den Goldmann Verlag im Netz:

# EINE KISTE VOLLER DANK

An die 250.000 (und es werden immer mehr!), die

GOODBYE ZUCKER

gesagt und diesem Experiment eine Chance gegeben haben.

DANKE.

Sie haben mich immer weitermachen lassen. Und meist voll in Form! Danke für Ihre Fragen und dafür, dass Sie mich oft und heftig gefordert haben. Sie haben mir mein Dharma gegeben – das größte Geschenk überhaupt.

## Und auch eine BPA-freie Box voll Dank an:

Jo Foster und die Fotografin Marija Ivkovic dafür, dass sie ihre Kompetenzen überschritten haben (gut gemacht!) und immer da waren. Und an Zoe und das Team von Goodbye Zucker dafür, dass sie mit Koffern voller Begeisterung an Bord waren.

Auch an das Team von Pan Macmillan – die Herausgeberin Ingrid Ohlsson (dafür, dass sie zu mir gehalten hat und mein guter Geist war), den Redakteur Sam Sainsbury, die große Chefin Cate Paterson und die Publicity-Zauberin Charlotte Ree. An Kat Chadwick für ihre witzigen Illustrationen und Trisha und Deb dafür, dass sie alles so schön gemacht haben trotz ganz schön knapper Deadlines.

# INHALT



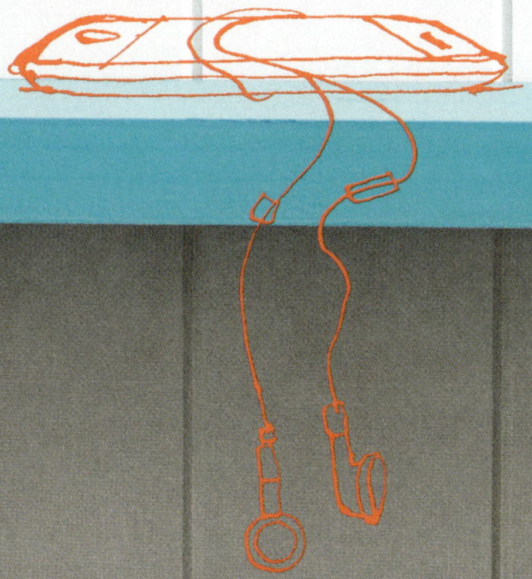

# EINE EINLADUNG

*Liebste Leserin, liebster Leser,*
*Ich lade Sie herzlich ein, an meinem Experiment für ein zuckerfreies Leben teilzunehmen.*
*Es handelt sich um eine lockere, ganztägige Angelegenheit mit einer sanft schwingenden Atmosphäre.*
*Kein Fanfare, keine ausgefallenen Regeln, Peep-Toes willkommen.*

Als ich zum ersten Mal aufgehört habe, Zucker zu essen, habe ich das als Einladung zu einem neuen Lebensstil betrachtet, nur um, na ja ... um zu sehen, wie das ging. Es ging sehr gut, vielen Dank! Mein Gesundheitszustand veränderte sich radikal und innerhalb von ein paar Wochen erlebte ich einen Stimmungswandel. Eigentlich und genauer gesagt erlebte ich eine Stabilisierung meiner Stimmung. Seit ich keinen Zucker mehr aß, war meine Grundstimmung ein gleichmäßiges, ruhiges Glücksgefühl, das ich vorher gar nicht gekannt hatte. Als ich meine Erfahrungen mit meinem achtwöchigen Entwöhnungsprogramm in einem Buch beschrieb, haben sich viele von Ihnen der Party angeschlossen. Drei Jahre danach werde ich fast stündlich gefragt: „Also Sie haben dieses Zuckerentwöhnungsprogramm gemacht ... und was passierte dann?"

Wahrscheinlich erwartet man, dass ich inzwischen rückfällig geworden und voller Schuldgefühle wieder in die Zuckerfalle gestolpert bin. Denn so läuft's normalerweise bei Diäten, stimmt's? Sie funktionieren eine Weile, aber dann ist Schluss mit der Selbstdisziplin und wir schlittern zurück auf Anfang, während uns auf dem Abwärtsweg hässliche Selbstgespräche plagen.

Aber hier kommt, was ich von meinem neuen, sanfteren Lebensstil gelernt habe:

ZUCKER AUFZUGEBEN IST KEINE DIÄT.

Es geht dabei nicht um verrückte drakonische Regeln und einschränkende Programme zum einmaligen Abnehmen, sondern vor allem um zwei höchst vernünftige Konzepte, die meiner Meinung nach jedem intuitiv einleuchten müssten:

## KEINEN ZUCKER ZU ESSEN BEDEUTET EINEN LEBENSSTIL OHNE INDUSTRIELL VERARBEITETE LEBENSMITTEL.

Wenn man keinen Zucker mehr essen möchte, schließt das zwangsläufig fast alle fertig verpackten Gerichte aus. Wenn meine Kein-Zucker-Philosophie Widerspruch hervorruft, weise ich ruhig darauf hin, dass ich einfach keinen Mist mehr esse. So einfach ist das.

## ZUCKER AUFZUGEBEN HEISST, WIE UNSERE URGROSSELTERN ZU ESSEN. VOR DEM GANZEN MIST.

Das heißt – wiederum zwangsläufig –, dass wir vollwertige, nicht verfälschte Lebensmittel zu uns nehmen, so wie es vor dem Auftreten der heute weit verbreiteten Stoffwechselkrankheiten ganz normal war. Vor hundert Jahren aß jeder im Durchschnitt 1 kg Zucker pro Jahr, jetzt sind es in Deutschland 35 kg. Vor hundert Jahren aßen wir zum Frühstück Eier, zu Mittag Fleisch, die Gemüse waren einfach zubereitet, Obst war eine seltene Leckerei und unsere Milch war vollwertig. Vor hundert Jahren waren Diabetes Typ 2, Fettleibigkeit, Herzkrankheiten und Cholesterinprobleme selten oder existierten nicht einmal.

ALSO GUT, ICH HABE ZUCKER GOODBYE GESAGT UND WAS DANN? MEINE ANTWORT IST: ICH MACHTE WEITER. UND WEITER.

Es ist ein bisschen so, wie ich es mit dem Joggen halte. Wenn ich mich selbst dazu verpflichte, eine Stunde angestrengt zu joggen, schrecke ich zurück. Wenn ich mir aber vornehme, gemütlich 20 Minuten in der Sonne im Park zu laufen, dann tue ich es ... und höchstwahrscheinlich werde ich länger laufen, weil es sich nämlich gut anfühlt. So wird der Lauf vielleicht ganz mühelos zu einem 40-minütigen „Workout".

Die Prinzipien, die meine Art zu essen leiten – zu experimentieren, schlechte Sachen durch bessere Optionen zu ersetzen und sanft mit mir umzugehen –, haben sich nach und nach in mein ganzes Leben ausgebreitet. Sie bestimmen jetzt auch die Art, wie ich Sport mache, wie ich einkaufe, wie ich Entscheidungen treffe – alle Entscheidungen, von der Zahnseide, die ich kaufe, bis zu der Stadt, in der ich demnächst wohnen werde – und wie ich ganz allgemein mein Leben ausgeglichen und sinnvoll gestalte.

Wie mein ältester Freund Ragni sagt:

WENN MAN ZUCKER AUFGIBT, KANN MAN NICHT MEHR ZURÜCK. MANN KANN ALL DAS NICHT WIEDER VERLERNEN. MAN VERGISST NIE, DASS EIN GLAS APFELSAFT ZEHN TEELÖFFEL ZUCKER ENTHÄLT.

UND MAN KANN NICHT ANDERS, ALS WEITERZUMACHEN.

*Goodbye Zucker – für immer* ist für all diejenigen, die weitergehen wollen, weiter und immer weiter. Es ist für alle, die ein einfaches, sanftes und ganzheitliches Leben wollen. Ich habe dieses Buch für meine Freundinnen mit Kindern geschrieben (die mich um unkomplizierte Rezepte gebeten haben und um Gesundheitstricks, die ihre Familie auf einen guten Weg bringen) und für all meine Single-Freundinnen, die sich Wohlbefinden ohne das ganze verrückte Diät-Gequatsche wünschen. Und für alle, die sich auf unserem Planeten nachhaltiger verhalten möchten, denn das ist der Kern wirklichen und ganzheitlichen Wohlbefindens. Meine Freundin Georgia bat mich vor Kurzem: „Sag mir einfach, was zum Teufel wir jetzt essen und tun sollen ... nicht, was wir nicht essen und tun dürfen."

„Okay", antwortete ich. „Ich schreibe noch ein Buch."

Ich bin keine Wissenschaftlerin, ich bin ein menschliches Versuchskaninchen. Ein ungeduldiges, geschäftiges, das immer darauf aus ist, den einfachsten Weg durchs Leben zu finden. Ich mag keine Umstände oder Ärgernisse oder Einschränkungen. Ich lege keine Regeln fest. Nein, ich schicke eine Einladung raus, um Ihre Essenswahl vom Zucker wegzulenken – und von wertlosem Mist.

Bei meinem Experimentieren hat sich für dieses Buch ein „Wellness-Codex" ausgebildet, den ich gleich ausführlich erläutern werde. Sie können ihn genau befolgen oder ihn als Ausgangspunkt nehmen, um herauszufinden, wie Sie auf Ihre Art gut leben. Es ist immer mein Wunsch, dass wir alle unseren eigenen Weg gehen, auf unseren eigenen Körper hören, unseren eigenen Bedürfnissen gerecht werden.

Anmerkung: Diese Einladung ist absolut übertragbar. Sie hat kein Mindeshaltbarkeitsdatum.

Ich wünsche Ihnen allen lebenslanges, unkompliziertes und ganzheitliches Wohlbefinden.

Sarah xx

**PS:** Wenn Sie vom Zucker loskommen wollen, könnte Ihnen dabei *Goodbye Zucker. Zuckerfrei glücklich in 8 Wochen. Mit 108 Rezepten* helfen. Oder Sie machen das achtwöchige Online-Programm auf www.iquitsugar.com

# GOODBYE ZUCKER FÜR IMMER

## ... und so erging es mir dabei

Halten Sie mich bitte nicht für ein Musterbeispiel an Selbstdisziplin – das bin ich nicht. Andere, die mein Programm durchgeführt haben, scheinen mir das viel eher zu sein. Sie haben mir berichtet, dass sie in sechs Monaten kein Körnchen des weißen Zeugs angerührt haben. Das erfüllt mich mit Ehrfurcht!
Aber ich mag keine Einschränkungen. Ich lasse lieber meinen Körper entscheiden, was er möchte. Ich vertraue darauf, dass er jetzt, nachdem er seine Zuckersucht überwunden hat, das wählen wird, was für ihn am besten ist.

DAS IST JA LETZTLICH DAS ZIEL DES ZUCKERVERZICHTS: WIEDER ZU UNSEREM NATÜRLICHEN APPETIT ZURÜCKZUKEHREN, DEN WIR ALS KLEINE KINDER HATTEN. UND WENN SIE DAS ERREICHT HABEN ... IST DAS FANTASTISCH – ESSENSFREIHEIT!

Eine von der American Psychological Association veröffentlichte Untersuchung fand heraus, dass wir in einem bestimmten Zeitraum immer nur ein begrenztes Maß an Selbstdisziplin zur Verfügung haben. Damit dieses also nicht zu früh ausgeschöpft ist, müssen wir es auf den Tag gesehen gut einteilen. Daher sollten wir die einschränkenden Maßnahmen in unserem Leben so begrenzen, dass unser „Selbstdisziplinierungs-Muskel" noch genug Kraft für diejenigen Dinge hat, die wirklich wichtig sind. Führen Sie also auf keinen Fall Diäten durch. Bewahren Sie Ihre Selbstdisziplin für so wichtige Dinge auf wie Liebe, Beruf, Reisen und die Gestaltung Ihres ganz persönlichen Lebensweges.

> Das Weglassen von Zucker hat mir eine Essensfreiheit gegeben, die ich mir nie hätte vorstellen können. Mir wurde schließlich auch klar, dass es nicht nur eine Sache der Willenskraft ist, sondern eine echte Sucht.
>
> SAMANTHA

*So lief es bei mir persönlich:*

JA, ICH „SÜNDIGE". Ab und zu. Vor kurzem aß ich ein Stück von einem selbst gemachten Geburtstags-Schokoladenkuchen. Es schmeckte fantastisch. Doch dann fühlte es sich schrecklich falsch an. Meine Augen und Ohren und Zehennägel summten. Meine Haut juckte und mir war übel. Manche würden es einen Ausrutscher nennen; ich nenne es eine Prüfung. Mehr darüber gleich im Wellness-Codex (siehe Seite 15).

ICH REISE ZUCKERFREI. Einen großen Teil meiner zuckerfreien Zeit bin ich um die Welt gereist, um zu untersuchen, wie anderswo vollwertig und gut gegessen wird. Dabei habe ich noch mehr Bücher geschrieben. Inzwischen mache ich einen entspannten Bogen um Flugzeugessen, Pariser Frühstücksbuffets und New Yorker Delis.

> Ich esse seit Mai dieses Jahres keinen Zucker mehr und habe bis jetzt 29 kg abgenommen. Und ich nehme weiter ab!
>
> VANESSA

ICH ÜBERESSE MICH NOCH IMMER. AB UND ZU. Und bekomme dann schlechte Laune. Ich gehöre nicht zu den ständig übermäßig optimistischen Menschen. Ich habe eine turbulente Geschichte emotionalen Essens und Überessens hinter mir. Jahrelang habe ich mich abgemüht, um mich in meinem Körper wohl zu fühlen. Aber inzwischen esse ich in solchen Situationen herzhafte Sachen. Und das bedeutet zum Glück, dass die Essensanfälle sehr schnell wieder vorbei sind – Fett und Proteine (mein Liebling ist Nussbutter direkt aus dem Glas) machen einen absolut satt, bevor man völlig die Kontrolle verliert.

ICH ESSE OBST. Ja, ein oder zwei ganze Früchte am Tag, meist solche mit wenig Fruktose wie Beeren oder Kiwis. Ich empfehle aber, während des 8-Wochen-Programms gar kein Obst zu essen – es enthält pro Stück ein bis vier Teelöffel Zucker – damit Ihr Körper sich neu einstellen kann. Danach können Sie wieder ab und zu ganze Früchte essen und beobachten, wie Ihr Körper reagiert. Obst mit wenig Fruktose ist die beste Wahl.

OBST IST TOLL ALS NASCHEREI. UND IMMER NUR GANZ (NICHT GETROCKNET ODER ALS SAFT).

Früchte enthalten heute mehr Fruktose als noch vor ein paar Generationen (sie sind süßer gezüchtet), und vier Stück Obst am Tag zu essen, ist eine ziemlich neue Idee. Meine Großmutter hat Obst als Süßigkeit gegessen. Das tue ich jetzt auch – Ballaststoffe und Vitamine hole ich mir lieber aus Gemüse.

ICH ESSE TÄGLICH ZUCKER. WAS? Ja, ich esse Obst und ab und zu ein paar Stücke 70-prozentige Schokolade, sogar etwas Honig. Ich schätze, ich komme auf etwa fünf bis acht Teelöffel pro Tag, manchmal mehr. Ich zähle nicht mit, ich lasse meinen natürlichen Appetit entscheiden, wie viel sich richtig anfühlt. Der Punkt ist: Mir ist bewusst, was ich esse, und ich halte ein Gleichgewicht ein.

**ICH ENTSCHEIDE, WIE ICH MEINEN ZUCKER ZU MIR NEHME; ES GIBT KEINEN ZWANG.**

Ich weiß, wann es zu viel wird. Und ich halte mich zurück, ehe die Sucht einsetzt. Ich bin jetzt mit der Information bewaffnet ... „und man kann das nicht wieder verlernen". Was man gelernt hat, steuert die Entscheidungen.

ICH KAUFE NICHT IM SUPERMARKT. Na ja, vielleicht einmal alle 14 Tage Toilettenpapier und ein paar Dosen Thunfisch. Das fertig verpackte Zeug esse ich nicht mehr. Wenn man keinen Zucker isst, macht man das einfach nicht mehr.

ICH ESSE GENAU DAS, WAS ICH WILL. Keine Entsagungen, nie mehr. Ich esse reichlich und frei von Schuldgefühlen!

ICH ESSE DREI MAHLZEITEN AM TAG. Selten Snacks zwischendurch. Darüber später mehr ...

ICH BIN NICHT MEHR KRANK. Wie ich schon ein paarmal erwähnt habe, war meine Hashimoto-Schilddrüsenerkrankung der Anlass für meinen Zuckerverzicht. Die Krankheit hat mich vor ein paar Jahren ziemlich lahmgelegt und hatte unter anderem folgende Nebenwirkungen: Mein Blutzucker spielte verrückt, meine Hormone waren durcheinander, ich neigte zu Diabetes und einem zu hohen Cholesterinspiegel, ich hatte Stimmungsschwankungen und fühlte mich derart schwach, dass ich neun Monate lang nicht arbeiten oder laufen konnte und ich nahm zu. All dies hat sich jetzt stabilisiert oder ist ganz verschwunden. Ich werde den Rest meines Lebens meine Krankheit in Schach halten müssen. Aber das kann ich jetzt, und ich kann ein langes und gutes Leben führen, etwas, das andere mit meiner Krankheit nicht konnten, zum Beispiel mein Onkel und meine Großmutter. Ich habe keine Antikörper-Marker mehr, was meine Ärzte sehr erstaunlich finden. All das hat das Weglassen von Zucker bewirkt, und außerdem hat es mich mit einem ruhigen, stabilen Geist und Zufriedenheit versehen.

ICH ZWEIFLE OFT AN MIR. Was gut ist, denn dadurch experimentiere und lerne ich weiter und behalte das Thema im Blick.

@ Ich bin wieder auf dem Stand vor dem Diabetes und habe meine tägliche Thyroxin-Dosis von 300 auf 50 Mikrogramm oder weniger reduziert.

JACKIE

## DREI WEITERE MANTRAS

Als ich anfing, Zucker wegzulassen, arbeitete ich mit vier Mantras, die mir ständig vor Augen führten, warum ich diese verrückte Sache machte:

### GOODBYE-ZUCKER-MANTRA 1

FREUNDLICH UND SANFT SEIN.
Wir gehen liebevoll mit uns um; wir drängen uns nicht mit Strafen zu etwas.

### GOODBYE-ZUCKER-MANTRA 2

ZUCKER DURCH FETT ERSETZEN.
Das sättigt, gibt uns Energie und unserem Essen mehr Geschmack.

### GOODBYE-ZUCKER-MANTRA 3

DEN KÖRPER NEU EINSTELLEN.
Unser Körper soll wieder zu seinem natürlichen Appetit zurückkehren, damit wir ihm das geben können, was er braucht, anstatt ungesundes Verlangen zu stillen.

### GOODBYE-ZUCKER-MANTRA 4

SICH AN GESUNDEM SATT ESSEN.
Essen Sie so viel von den guten Sachen, dass kein Platz mehr für die schlechten bleibt (weil wir eher etwas tun, als etwas sein lassen!).

**Inzwischen habe ich noch ein paar Mantras hinzugefügt:**

- ESSEN SIE NÄHRSTOFFREICH
  (SIEHE SEITE 36)
- LASSEN SIE'S LANGSAM ANGEHEN
  (SIEHE SEITE 44)
- EINFACHHEIT
  (SIEHE SEITE 54)

Ich fühle mich leichter und nicht mehr aufgebläht. Und vor allem schleiche ich nicht mehr herum und schiebe mir bei jeder Gelegenheit Zucker in den Mund.

MELANIE

## DIE SACHE MIT ZUCKER UND DEM ALTERN

VOR KURZEM REISTE ICH IN ZWEI DER FÜNF BLAUEN ZONEN DER WELT (REGIONEN, IN DENEN DIE MENSCHEN AM LÄNGSTEN LEBEN) – NACH IKARIA IN GRIECHENLAND UND SARDINIEN IN ITALIEN. Ich begleitete ein Team von National Geographic auf der griechischen Insel Ikaria, um herauszufinden, welche Ernährungsgewohnheiten für das lange und gesunde Leben der Menschen dort verantwortlich sein könnten. Das Ergebnis? Die Inselbewohner aßen eine Menge vollwertige Fette, Proteine und Gemüsearten der Saison. Oh, und sie aßen sehr wenig Zucker.

Neuesten wissenschaftlichen Erkenntnissen zufolge reagiert Zucker in unserem Körper mit Proteinen und verändert deren Struktur in so genannte Endprodukte fortgeschrittener Glykierung, die den Alterungsprozess beschleunigen. Durch Zucker werden Collagen und Elastin weniger geschmeidig, strahlend, elastisch und widerstandfähig und anfälliger für Sonnenschäden – um das traurige Bild zu vervollständigen. *Bei mir veränderte sich mein Hautbild nach dem Weglassen von Zucker drastisch – innerhalb von Wochen.* Ich habe jetzt weniger Falten als vor fünf Jahren.
Viele andere, die dem Zucker goodbye gesagt haben, berichten das Gleiche

Dieser Bauer aus Ikaria ist über 90 Jahre alt, trinkt beim Mittagessen einen halben Liter Wein und hat den Händedruck eines Sumo-Ringers!

*Andere Langlebigkeitsfaktoren in den sogenannten Blauen Zonen sind ein Gefühl der Zugehörigkeit und viel nette Gesellschaft.*

Diese alten Herren aus Sardinien zeigen, wie man es in einem Dorf in der Provinz Nuoro hält, in der es mehr über Hundertjährige gibt als irgendwo sonst auf dem Planeten.

UND DIESE FAKTOREN SIND MIR AUCH NOCH AUFGEFALLEN:

- Täglich eine Ruhepause, täglich roten Wein (zu den Mahlzeiten)
- Gehen als übliches Fortbewegungsmittel
- Saisonale Lebensmittel und keine Hetze

*Alles Lebensarten, denen ich mich in diesem Buch von ganzem Herzen verschreibe.*

Dan Buettner, Autor von *The Blue Zones*, hat festgestellt, dass in all diesen Zonen ein Nahrungsmittel eine besondere Rolle spielt – SCHWEINEFLEISCH. Auf Sardinien wird es langsam geschmort, auf Ikaria wird zur Kräftigung Schweinebrühe getrunken. Die Einwohner der japanischen Insel Okinawa – sie leben am längsten von allen – sind die einzigen Japaner, die regelmäßig Schweinefleisch essen. Ein japanischer Wissenschaftler führt diesen Zusammenhang darauf zurück, dass Schweine den Menschen genetisch ähnlich sind und dass ein Bestandteil ihres Proteins bei der Reparatur von Arterienschäden hilft.

# WISSENSCHAFT *versus* WIDERSTAND

Es ist wichtig, dass wir uns mit dem „wissenschaftlichen" Kampf vertraut machen, der zur Zeit in den Medien und in Internetforen ausgetragen wird; wir werden auch in den folgenden Jahren zunehmend damit zu tun haben, und dieser Kampf wird heftiger sein als der, den wir vor einer Generation mit der Tabakindustrie ausfechten mussten. Ich hoffe, dass er kürzer wird.

Auf der einen Seite des Ringes haben wir die Lebensmittelindustrie. Diese möchte, dass wir Zucker essen, denn Zucker macht ihre Produkte billig, und der Konsument wird davon abhängig. Um unsere Gesundheit geht es der Lebensmittelindustrie nicht, wer hätte das gedacht! Seit Jahrzehnten profitiert sie von Subventionen für billige Zuckerersatzstoffe und der Popularität der Fettarm-Bewegung (fettarme Produkte brauchen zusätzlichen Zucker, um den Verlust an Geschmack und Textur wettzumachen), und sie will nicht nachgeben. Ihre Strategien sind ehrfurchteinflößend. Bisher die geschickteste: Sie finanziert nationale Ernährungsinstitutionen und bezahlt Ernährungswissenschaftler dafür, öffentlich den Verzehr von Zucker zu befürworten. (Und manchmal auch dafür, der Arbeit von Menschen wie mir zu widersprechen. Seufz.)

- In New York sollten besonders riesige Becher mit Softdrinks (XXL) verboten werden. Daraufhin startete die Softdrink-Industrie eine viele Millionen teure Kampagne, und das Verbot wurde gerichtlich untersagt.
- In den USA haben in den letzten vier Jahren 24 Bundesstaaten, 5 Städte und der US-Kongress Initiativen zum Besteuern von Getränken mit hohem Zuckergehalt gestartet. Alle scheiterten aufgrund des Drucks der Zuckerindustrie.
- Die US-amerikanische Academy of Nutrition and Dietetics (die sich selbst als die größte Organisation professioneller Ernährungsberater bezeichnet) wird von Coca-Cola, Kellogg's und PepsiCo gesponsert.
- Die US-amerikanische Society for Nutrition wird von Coca-Cola, Kellogg's, McDonald's, Nestlé, PepsiCo und der Sugar Association Inc. gesponsert.
- Die Dietitians Association of Australia (DAA) wird von Arnott's, Kellogg's und Nestlé gesponsert.

**Da formt sich doch ein Bild, nicht wahr? Und trotzdem . . .**

Immer mehr wissenschaftliche Organisationen beweisen, dass es falsch ist, in Zucker einen natürlichen Teil des Lebens und schlimmstenfalls nur eine harmlose Menge leerer Kalorien zu sehen. Zucker ist Gift, und das beweist inzwischen eine Studie nach der anderen.

- Jüngere Untersuchungen haben ergeben, dass in Ländern, in denen Zucker leichter zugänglich ist, Menschen häufiger unter Diabetes leiden.
- Wenn man täglich nur eine Dose eines Softdrinks trinkt, erhöht sich das Diabetes-Risiko um 22 Prozent.
- Forscher der Yale University fanden heraus, dass Zucker uns dazu bringt, mehr zu essen, und drei Studien an Tieren haben gezeigt, dass Zucker stärker süchtig macht als Kokain.
- In einer Untersuchung der Harvard School of Public Health ergab sich ein Zusammenhang zwischen Zuckerkonsum und Herzerkrankungen.
- Einem Bericht der University of Maryland zufolge erhöht Zucker das Krebsrisiko. Eine Untersuchung der University of California, Los Angeles, erbrachte, dass Krebszellen Fruktose zum Wachstum von Tumoren einsetzen.
- Und zahllose Studien zeigen einen direkten Zusammenhang von Zucker und Fettleibigkeit. Das bestreitet heute auch fast niemand mehr – eine neuere Entwicklung seit dem Beginn meiner Goodbye-Zucker-Reise.

**Essen wir weniger oder mehr Zucker?**

Mehr. Viel mehr. Aber merkwürdig ist Folgendes: 2011 veröffentlichten zwei australische Ernährungs- und Diabetes-Experten eine Studie und behaupteten, dass in derselben Zeit, in der Fettleibigkeit rasant zunahm (sie verdreifachte sich in 30 Jahren), der Konsum raffinierten Zuckers zurückgegangen sei. Sie nannten dieses Phänomen das „australische Paradox" in dem Bemühen, den Verzehr von Zucker zu verharmlosen. Und ja, ich schrieb gerade, dass sie Diabetes-Experten sind.

Allerdings ist es so, dass es dieses australische Paradox gar nicht gibt, denn die zugrundegelegten Daten existierten gar nicht! Das Australian Bureau of Statistics wies die Untersuchung schon vor mehr als einem Jahrzehnt als unzuverlässig zurück, was nur bei äußerst unsolider Datenlage passiert. Tatsächlich belegt eine vor Kurzem veröffentlichte, über 22 Jahre hinweg durchgeführte Studie der University of Western Australia einen starken Anstieg des Zuckerkonsums in Australien. Eine australische Importstatistik weist nach, dass der durchschnittliche Zuckerkonsum allein von importierten Lebensmitteln pro Tag pro Person 30 g beträgt!

## ZUM AUSPROBIEREN

**Sorgen Sie selbst für Ihr Wohlergehen**

Es hat keinen Sinn, darauf zu warten, dass sich Gesetze oder Ernährungsrichtlinien verändern. Denn wie der National Health and Medical Research Council bei der Ankündigung von Änderungen der australischen Ernährungsrichtlinien feststellte: „Das Problem ist, dass es da draußen so viele Leute mit einem wohlbegründeten Interesse gibt." Wir müssen uns also selbst ändern. Und das ist in Ordnung, tatsächlich gibt es uns sogar eine größere Macht. Wir können mit unserem Geld wählen und brauchen uns die von fremdem Interesse geleiteten Behauptungen nicht zu eigen zu machen.

*Es geht nicht um eine kurzlebige Mode. Nein, es geht um einen kraftvollen Lebensstil. Und wie können Sie den erreichen? Blättern Sie weiter …*

# DER GOODBYE ZUCKER WELLNESS-CODEX

Dieser neunteilige Codex bildet den Rahmen für eine einfach und unkompliziert zu erreichende Gesundheit und ein zuckerfreies Leben.

Zusammengestellt habe ich ihn aus meinen Gesundheitstheorien und Interviews, die ich mit den anerkanntesten Wellness-Experten der Welt geführt habe.

Lesen Sie ihn und wenden Sie sich dann dem vierwöchigen Programm zu, um Ihr persönliches Wellness-Experiment zu beginnen.

CODE NR. 1

# ZUCKER WEGLASSEN

## NACHDEM SIE MIT DEM 8-WOCHEN-PROGRAMM ZUCKER GOODBYE GESAGT HABEN, essen Sie nun weiter fast keinen Zucker mehr.

HIER NOCH EINMAL DIE WICHTIGSTEN PUNKTE:

**Brauchen wir Zucker?**
Wir brauchen Glukose, aber keine Fruktose. Wie der Kinderendokrinologe Robert Lustig schreibt: „Es gibt keine einzige biochemische Reaktion in Ihrem Körper, die Fruktose in der Ernährung erfordert, keine, für die Zucker notwendig wäre. Zucker in der Nahrung ist für das Leben völlig bedeutungslos. Manche sagen, oh, aber man braucht Zucker, um zu leben. Das ist Unsinn." Außerdem: 58 Prozent der Proteine und 10 Prozent des Fetts werden im Körper zu Glukose umgewandelt und dann je nach Bedarf eingesetzt. Auch wenn man sich nur von Fleisch, Eiern und guten Fetten ernährte, wäre der Glukosebedarf des Körpers problemlos gedeckt.

**Wie viel Zucker sollten wir jetzt wieder essen?**
So wenig wie möglich. Das ist die kurze Antwort, die längere ist komplizierter, und es gibt viele verschiedene Meinungen darüber, wie viel Zucker wir verzehren sollten und was unter Zucker und zugesetztem Zucker zu verstehen ist.

Aber in der ganzen Welt werden die Empfehlungen immer weiter nach unten geschraubt, und das sagt doch etwas aus, nicht wahr? Die US-amerikanische Non-Profit-Organisation American Heart Association empfiehlt (bereits herabgesetzt) nicht mehr als fünf Teelöffel Zucker (20 g) täglich für Frauen, neun (36 g) für Männer und drei (12 g) für Kinder.

Die British Dietetic Association empfiehlt 50 g oder zwölf Teelöffel am Tag, die Weltgesundheitsorganisation (WHO) empfahl vor Kurzem, dass diese Menge aufgrund von Berichten über die wissenschaftlichen Nachweise des Zusammenhangs von Zucker und Fettleibigkeit niedriger sein sollte. Dagegen wehrt sich das wissenschaftliche Beraterkomitee der britischen Regierung – dessen ranghohe, in Zuckersachen beratende Mitglieder auch für große Zuckerfirmen arbeiten. Überrascht?

Das European Heart Network empfahl 2011, den Verzehr von Zucker auf sechs Teelöffel täglich zu begrenzen.

In Australien gibt es keine Empfehlung der Regierung zum Zuckerverzehr, aber in den neuesten australischen Ernährungsrichtlinien von 2013 steht, dass Zucker nicht mehr nur „moderat verzehrt", sondern dessen Konsum „eingeschränkt" werden sollte – auch dies eine Reaktion auf wachsende wissenschaftliche Beweise für die Schädlichkeit von Zucker.

Was ist daraus abzuleiten? Meine Grundregel lautet, meinen Zuckerverzehr so gering wie möglich zu halten. Wenn ich eine Grenze sagen sollte? Ich versuche die Menge einzuhalten, von der viele sagen, dass wir sie zu uns nahmen, als unser Stoffwechsel sich von 10.000 Jahren ausgebildet hat und die Menschen vielleicht ein paar Früchte und etwas Stärke zu sich nahmen. Das ist zwar etwas ungenau, aber als Zielvorgabe nützlich:

MEINE EMPFOHLENE GRENZE: 5–9 TEELÖFFEL ZUGESETZTER ZUCKER AM TAG.

Wie halten wir uns an diese Grenze?
Als Mitglied der Goodbye-Zucker-Community vermeiden wir Nahrungsmittel, die Zucker enthalten.
Welchen Zucker?

Jeden Zucker, der Fruktose enthält:

- Haushaltszucker (Saccharose) 50 % Fruktose
- Maissirup (HFCS) 55 % Fruktose
- Agavensirup 70–90 % Fruktose (Ich weiß, die Bioläden lieben dieses Zeug, aber der Grund ist, dass aufgrund von geschicktem Marketing alle überzeugt sind, dass Agavensirup gesund ist und einen niedrigen GI hat.)
- Honig 40% Fruktose
- Ahornsirup 35% Fruktose
- Kokos- und Palmzucker 35–45% Fruktose

**Stattdessen nutzen wir sichere Süßungsmittel.**
Bei den Rezepten in diesem Buch verwende ich die einzigen zwei Süßstoffe, die nach meiner Recherche sicher sind und mit denen sich leicht kochen und backen lässt:

**STEVIA**, das Stevioside (300-mal süßer als Zucker) und Rebaudioside (450-mal süßer als Zucker) enthält. Stevia ist eine natürliche Alternative, die aus den Blättern der Stevia-Pflanze gewonnen wird und keine Fruktose enthält.

**REISSIRUP**, ein natürliches Süßungsmittel aus fermentiertem, gekochtem Reis und einer Mischung aus komplexen Kohlenhydraten, Maltose und Glukose. Seine Süße wird relativ langsam freigesetzt, sodass die Leber nicht so stark belastet wird wie von reiner Glukose. Achten Sie darauf, dass in der Zutatenliste nur Reis und Wasser stehen. Einige Varianten sind zusätzlich mit fruktosehaltigen Zuckern gesüßt.

**ANDERE SÜSSSTOFFE, DIE SPARSAM VERWENDET WERDEN KÖNNEN: Xylitol** (ein Zuckeralkohol, den unser Körper verarbeiten kann) und **Dextrose** (100% Glukose).
Ich nehme für meine Rezepte keine pure Glukose, sondern lieber Reissirup, der sich langsamer abbaut. Ich habe Rezepte mit Glukose/Dextrose gesehen, die sehr viel davon verwenden (Tassen anstatt Esslöffel!) – seien Sie damit vorsichtig.

**ALLES ANDERE NICHT ANRÜHREN!** Das meiste hat sich als entweder krebserregend oder völlig unverdaulich herausgestellt und verursacht daher viele Gesundheitsprobleme (vielleicht haben Sie schon einmal bemerkt, dass ein „zuckerfreier" Kaugummi abführend wirkt). Viele der Zuckeraustauschstoffe sind in Teilen Europas verboten, weil sie als gesundheitlich nicht sicher eingestuft sind.

## VORSICHT

**AUCH DIE ZUCKER OHNE FRUKTOSE (ZUM BEISPIEL REINE GLUKOSE) SIND IN GROSSER MENGE NICHT BEKÖMMLICH. SIE STÖREN DEN INSULINHAUSHALT EBENFALLS, NUR NICHT GENAUSO STARK. STUDIEN DER UNIVERSITY OF WASHINGTON HABEN GEZEIGT, DASS ALLE ARTEN VON SÜSSUNGSMITTELN – SOGAR DIEJENIGEN, DIE GAR KEINEN ZUCKER ENTHALTEN – EINE BLUTZUCKERSPITZE VERURSACHEN UND ZUR ZUCKERABHÄNGIGKEIT BEITRAGEN. ALLEIN DER SÜSSE GESCHMACK KANN INSULIN- UND STOFFWECHSELREAKTIONEN HERVORRUFEN.**

## F. WAS HAT ES MIT DEM GI AUF SICH?

Man hört viel über Lebensmittel mit einem niedrigen glykämischen Index (Glyx oder GI). Dieser klassifiziert Kohlenhydrate danach, wie stark der Blutzuckerspiegel nach ihrem Verzehr ansteigt. Ein niedriger GI (unter 55) wird als gut bewertet.

Aber stellen Sie sich vor: Die „beste" Art, den GI eines Lebensmittels zu reduzieren, ist das Hinzufügen von Fruktose!

Fruktose hat einen besonders niedrigen GI. Daher hat Nutella einen niedrigeren GI als eine Karotte.

Das ist tatsächlich so, und aus diesem Grund halte ich genau wie viele andere Ernährungsberater nichts von einem niedrigen GI als Ernährungsrichtlinie.

## ZUM AUSPROBIEREN

### So wenig Süßungsmittel wie möglich

**Zugegeben, ich experimentiere gern mit fruktosefreien Desserts und Naschereien. Aber um ein Leben lang zuckerfrei zu leben, sollten Sie:**

**SÜSSE NASCHEREIEN WIRKLICH NUR ALS NASCHEREI ESSEN.** Auch Speisen mit „gesunden" Süßungsmitteln sollten mit Bedacht genossen werden – nicht ohne andere Nähr- und Faserstoffe, nicht in großen Mengen und möglichst nicht jeden Tag, es sei denn, sie sind nur mit Kokosnussprodukten gesüßt.

**SÜSSUNGSMITTEL REDUZIEREN.** Ich verwende in meinen Rezepten meist eine sehr kleine Menge Stevia oder Reissirup, aber Sie können diese gern noch weiter reduzieren.

Wenn man dem Zucker goodbye gesagt hat, verändert sich das Geschmacksempfinden für Süßes. Versuchen Sie, es noch weiter zu verfeinern.

## ZUCKERSTAPEL:

*Seien Sie besonders vorsichtig mit verstecktem Zucker.*

Denn der sichtbare Zucker (ein Würfel in Ihrem Kaffee) ist nichts im Vergleich zu diesen Verführerns:

- BARBECUE-SAUCE = 4 TEELÖFFEL ZUCKER IN EINER PORTION SAUCE AUF IHRER MAHLZEIT

  TATSACHE: Abgepackte Saucen bestehen oft zu 50 Prozent aus Zucker.

- MÜSLIRIEGEL = 3–5 TEELÖFFEL ZUCKER PRO RIEGEL

  TATSACHE: Auch die, auf denen „zuckerfrei" steht. Die getrockneten Früchte machen sie zu Fruktosebomben!

- EIN FETTARMER KLEINER JOGHURT = 6 ½ TEELÖFFEL ZUCKER

  TATSACHE: Bei fettarmen Produkten geben die Hersteller oft Zucker hinzu, um fehlenden Geschmack und Textur auszugleichen. Der Zucker erscheint dann häufig unter anderem Namen, zum Beispiel Inulin oder Oligofructose.

- EINE KLEINE SCHACHTEL SULTANINEN = 8 TEELÖFFEL ZUCKER

  TATSACHE: Riegel mit getrockneten Früchten enthalten bis zu 70 Prozent Zucker.

- APFELSAFT = 10 TEELÖFFEL ZUCKER PRO GLAS

  TATSACHE: Ein Glas Apfelsaft enthält die gleiche Menge Zucker wie ein Glas Coca-Cola.

- TOMATENSAUCE = 10–12 TEELÖFFEL ZUCKER PRO PORTION

  TATSACHE: „Schmackhafte" Fertigsaucen – vor allem Tomatensaucen – enthalten oft mehr Zucker als Schokoladen-Dessertsaucen.

## Kleine Erinnerung

### FALLS SIE GERADE MEIN ACHTWÖCHIGES GOODBYE-ZUCKER-PROGRAMM MACHEN ...

ICH EMPFEHLE, BIS ZUR SECHSTEN WOCHE ALLES SÜSSE WEGZULASSEN – AUCH STEVIA UND REISSIRUP UND OBST MIT NIEDRIGEM FRUKTOSEGEHALT (KOKOSNUSSPRODUKTE SIND IN ORDNUNG). DAS HILFT UNS, GANZ NEU ANZUFANGEN UND DIE ZUCKERABHÄNGIGKEIT ZU BESIEGEN.

DAS GLEICHE GILT, WENN SIE SICH NACH EINEM KLEINEN AUSRUTSCHER WIEDER „NEU EINSTELLEN" WOLLEN. ESSEN SIE EIN PAAR TAGE NUR HERZHAFTE SACHEN, UM IHREM GAUMEN EINE PAUSE ZU GEBEN UND AUS DEM TEUFELSKREIS DES VERLANGENS NACH SÜSSEM HERAUSZUKOMMEN. DANACH FÜHRE ICH LANGSAM WIEDER ETWAS OBST MIT NIEDRIGEM FRUKTOSEGEHALT EIN UND VERWENDE FÜR MEINE NASCHEREIEN SO WENIG SÜSSE WIE MÖGLICH.

Achten Sie auf dieses kleine Zeichen im Rezepte-Kapitel. Es weist auf Rezepte ohne Süße hin, die zum Zuckerverzicht und fürs Neu-Einstellen geeignet sind.

8WP

ZUM AUSPROBIEREN

# LESEN SIE DIE ZUTATENLISTE

## SCHRITT 1

**Kurz gesagt: Wählen Sie Lebensmittel mit weniger als 5 g Zucker/100 g oder 5 % Zucker.**

Diese schnelle Einschätzung gibt Ihnen eine ungefähre Information und wird wahrscheinlich 90 Prozent aller verarbeiteten Produkte ausschließen. Dieser fettarme Joghurt enthält 15 % Zucker.

## SCHRITT 2

**Beachten Sie: Die ersten 4,7 g Zucker/100 g bei einem Milchprodukt sind Laktose.**

Laktose ist Milchzucker, aber alles über diese 4,7 g ist zugesetzter Zucker. Hier beläuft sich der zugesetzte Zucker pro 100 g auf 10,4 g (15,1 g durchschnittliche Menge Zucker pro 100 g minus 4,7 g.). Diese Zahl legen Sie Ihren Berechnungen zugrunde.

## SCHRITT 3

**Eine Flüssigkeit sollte gar keinen Zucker enthalten.**

Eine Portionsgröße Saft kann 375 ml betragen, manchmal aber auch 750 ml (an diesen Saft-Bars!). Eine Portion Pastasauce kann 250 ml sein, dann müsste die Zuckermenge pro 100 ml zuerst mit 4,75 und dann mit 2,5 (oder entsprechend) multipliziert werden, um den Zuckergehalt der gesamten Portion zu errechnen. Auch wenn dieser nur 5 % beträgt, macht die Größe der Portion die Sauce zu einer Zuckerbombe. In unserem Beispiel müssten Sie also die 10,4 g (siehe Schritt 2) mit 1,7 multiplizieren, da Sie keine 100 g essen. Sie essen 170 g, das sind 17,7 g Zucker in einer Portion.

*Fazit: Trinken Sie niemals etwas, das Zucker enthält!*

## SCHRITT 4

**Zum Errechnen des Zuckergehalts in Teelöffeln teilen Sie den Inhalt durch 4,2.**

4,2 g Zucker = 1 Teelöffel; 8,4 g = 2 Teelöffel. Finden Sie heraus, wie viel Sie in einer Portion essen, indem Sie die Portionsgröße ungefähr durch 4 teilen. Ich finde es einfacher, mir meinen Zuckerkonsum in Teelöffeln vorzustellen.

Hier teilen wir 25,7 g (oder 17,7 g, wenn Sie die Anzahl ohne Laktose nehmen wollen) durch 4,2. So kommen wir auf 6,1 Teelöffel Zucker pro Portion oder 4,2 Teelöffel ohne Laktose.

## SCHRITT 5

**Vergrößern Sie die Portionsmengen: Wenn nötig, verdoppeln Sie sie.**

Ich persönlich esse mehr, als auf den meisten Zutatenlisten als Portionsmenge angegeben ist. Sie auch? Überprüfen Sie, wie viele Portionen für eine Packung angegeben sind, und korrigieren Sie die Anzahl entsprechend Ihrer tatsächlichen Portion.

**NÄHRWERTANGABEN**
PORTIONEN PRO BECHER 3,2 PORTIONSGRÖSSE 170 g

| | Durchschnittliche Menge pro Portion | Durchschnittliche Menge pro 100g |
|---|---|---|
| Energie | 697 kJ (167 kcal) | 410 kJ (98 kcal) |
| Protein – insgesamt | 9,1 g | 5,3 g |
| – Gluten | 0 mg | 0 mg |
| Fett – insgesamt | 2,7 g | 1,6 g |
| – gesättigt | 1,7 g | 1,0 g |
| Kohlenhydrate insgesamt | 26,2 g | 15,4 g |
| Zucker | 25,7 g | 15,1 g |
| Kalium | 135 mg | 79 mg |
| Kalzium | 295 mg (37%RDA) | 173 mg |

FETTARMER JOGHURT

**ERINNERUNG:** Es wird empfohlen, nicht mehr als 5–9 Teelöffel Zucker pro Tag zu verzehren.

GOODBYE ZUCKER WELLNESS-CODEX Nr. 1

**Aber brauchen wir denn keinen Zucker?** Sicher, wir brauchen Glukose. Sie ist ein Baustein des Lebens und befindet sich in Gemüse, Fleisch und Fett (58 Prozent des Proteins und 10 Prozent des Fetts werden im Körper in Glukose umgewandelt, die dann nach Bedarf eingesetzt wird). Aber wir brauchen keine Fruktose. Wie Dr. Robert Lustig schreibt: „Es gibt keine einzige biochemische Reaktion in unserem Körper, nicht eine einzige, die Fruktose in der Ernährung erfordert, keine, für die Zucker notwendig wäre. Zucker in der Nahrung ist für das Leben völlig bedeutungslos.“ Daher führt das Weglassen von Zucker – aus den Gründen, über die ich immer wieder rede – im Körper zu keinerlei Mangel.

MARKET

CODE NR. 2

# FETT UND PROTEIN ESSEN

DAS GEHEIMNIS, UM ZUCKER WEGZULASSEN, IST DER VERZEHR VON MEHR FETT UND PROTEIN; das bringt den Körper wieder ins Gleichgewicht und führt ihm den richtigen Brennstoff zur Energiegewinnung zu. Dadurch wird auch ein Absacken des Blutzuckers verhindert und Sie werden weniger – und weniger oft – essen. Und sehr wahrscheinlich auch abnehmen.

WIE IN MEINEM LETZTEN BUCH AUSGEFÜHRT:

**Fett macht uns satt.**

Fette (und Proteine) enthalten Hormone, die unserem Gehirn signalisieren, den Appetit abzuschalten, wenn wir genug gegessen haben. Fruktose enthält keine derartigen Hormone, daher können wir Fruktose endlos essen. Wir können 750 ml eines Softdrinks oder genauso viel Apfelsaft trinken; versuchen Sie das mal mit der gleichen Menge Joghurt mit normalem Fettgehalt. Nein, tun Sie's nicht; es ist unmöglich!

**HEIZEN SIE MIT SOLIDEM.**

Meine liebe Freundin Nora Gedgaudas, Autorin von *Primal Body, Primal Mind*, beschreibt das Schöne an Fett und Protein so: „Der Verzehr von Zucker ist, als würde man das Stoffwechsel-Feuer mit Papier oder Petroleum heizen. Es wird brennen, ja, aber man muss ständig nachlegen, damit die Flamme nicht verlöscht. Bei Fett und Protein ist es, als würde man das Feuer mit einem dicken Holzscheit betreiben. Es wird dann langsam und gleichmäßig vier bis sechs Stunden brennen, bevor wieder Brennstoff nachgelegt werden muss."

**Fett macht nicht abhängig.**

Fruktose macht abhängig; Studien zeigen, dass sie stärker abhängig macht als Kokain und Heroin.

**Fett wird für den Stoffwechsel verbrannt, nicht als Fett eingelagert.**

Fruktose dagegen wird hauptsächlich in der Leber verarbeitet. Kurz gesagt, erkennt diese sie nicht als zum sofortigen Einsatz geeignet und lagert sie als Triglyceride – schlechte Fette – ein.

**Wir sind so veranlagt, dass wir von Zucker fett werden.**

Diese Tatsache finde ich tröstlich. Sie bedeutet, dass unser Körper tut, was er tun soll und was eigentlich richtig ist. Als wir noch in Höhlen wohnten, war Zucker so selten, dass es ein Vorteil war, ihn als Fett einzulagern. Fett hieß Überleben. Daher war es sinnvoll, für Fruktose keinen Appetit-Ausschaltknopf zu haben. Stolperte man über einen der seltenen Beerenbüsche oder einen Bienenstock, konnte man übermäßig viel davon verzehren und als Fettreserve einlagern. Das erklärt auch, warum Zucker abhängig macht; denn evolutionsgeschichtlich betrachtet war es von Vorteil, „fett" zu werden.

ZUCKER IST NATÜRLICH. VON ZUCKER FETT ZU WERDEN, IST AUCH NATÜRLICH. DENKEN WIR EINEN MOMENT DARÜBER NACH. NICHT NATÜRLICH IST HINGEGEN DIE MENGE ZUCKER, DIE WIR HEUTE ESSEN.

**Fett treibt unseren Stoffwechsel an.**

Fett wird benötigt, um unseren Stoffwechsel zu aktivieren und die wichtigen Vitamine A, E, D und K aus dem verzehrten Gemüse und Obst aufzunehmen. Gute Fette zu essen, kann dazu beitragen, dass Sie abnehmen. Tatsache.

F.

## ABER WAS IST MIT DEM CHOLESTERIN? WAS IST MIT HERZKRANKHEITEN?

Ich stelle es vereinfacht dar. Cholesterin (schlechtes, gutes, HDL, LDL, was auch immer) ist wie ein Pflaster (und ein wichtiges Molekül für Hormongesundheit und anderes). Es zirkuliert in unseren Arterien und flickt Schäden, die von Zucker – ja, Zucker – und anderen Giftstoffen herrühren. Cholesterin ist nicht das Problem, es behebt das Problem. Außerdem zeigen Studien, dass der Verzehr von gesättigten Fetten die Cholesterinwerte nicht erhöht. Und noch dazu gibt es keinerlei Nachweis, dass der Konsum von Lebensmitteln mit hohem Cholesteringehalt Herzkrankheiten begünstigt. Viele sind sogar der Meinung, dass die Pflanzenöle und die Margarine, die man uns stattdessen empfiehlt, die Schuldigen sind. Falls Sie Probleme mit Ihren Cholesterinwerten haben, fragen Sie Ihren Arzt.

## ZUM AUSPROBIEREN

ESSEN SIE DIE RICHTIGEN FETTE Um für immer ein zuckerfreies Leben zu führen, müssen Sie von einer Zucker verbrennenden Maschine zu einer Fett verbrennenden werden (dicke Holzscheite statt Petroleum). Das ist jedoch keine Lizenz, um Pommes und Chips zu essen. Nur manche Fette sind gut. Und bei einigen muss man Folgendes beachten:

**Einen Klecks (kalt) zum Essen:** Gut bei gesättigten Fettsäuren (Butter) und einfach ungesättigten Fettsäuren (Olivenöl und Nussöle wie Macadamia- oder Avocado-Öl). Mehrfach ungesättigte Fettsäuren (die so genannten Pflanzenöle wie Raps-, Soja- und Sonnenblumenöl) sind sogar bei Raumtemperatur problematisch, weil sie sich in unserem warmen Körper aufheizen und instabil werden.

**Anschwitzen:** Wieder können Sie alle gesättigten und die meisten einfach ungesättigten Fettsäuren bei mittlerer Temperatur verwenden. Die Pflanzenöle sollten niemals erhitzt werden – sie sind instabil und oxidieren bei hohen Temperaturen, was zu Entzündungen führt.

HÖREN SIE AUF, IHR GEMÜSE ZU „BRATEN" Die meisten alltäglich verwendeten Fette, sogar Butter und Olivenöl, sollten nur bis zu mittelhohen Temperaturen erhitzt werden, da auch sie bei sehr hohen Temperaturen instabil werden und oxidieren. Schwitzen Sie Ihr Gemüse stattdessen langsam bei niedriger Temperatur gar. Lassen Sie Ihren Zwiebeln zum Beispiel gute 15 Minuten Zeit. Auf diese Art garen auch die besonders lange lebenden Menschen im Mittelmeerraum ihr Gemüse. Sie wissen, dass das Hochfahren der Temperatur die Öle ungesund macht. Langsam und bei niedriger Temperatur zu garen ist auch am besten für die sogenannte Maillard-Reaktion und das Karamellisieren, die den köstlichen, süßen Geschmack von Fleisch und Gemüse bewirken.

**Braten (wenn es denn sein muss):** Mit Ghee oder Kokosöl. Oder mit Schweineschmalz. Meine Lieblingsfette: Ich brate Hühnchen, „süßes" Gemüse (wie Kürbis) und Gerichte wie Currys mit Kokosöl. Sonst nehme ich zum Braten meist Ghee und gelegentlich Olivenöl (wenn die Temperatur niedrig bleiben kann).

**Nicht anrühren (nie):** Mehrfach ungesättigte Fettsäuren (zum Beispiel Raps-, Soja-, Sonnenblumenöl). Ich rate auch, keine Omega-3-Öle zu verzehren. Auch bei kleinen Temperaturschwankungen können sie instabil werden (und sich in die ungesunden Omega-5-Fettsäuren verwandeln); essen Sie stattdessen Fisch.

ESSEN SIE *MEHR* FETT Ich habe festgestellt, dass diejenigen, die ihren Verzehr von guten Fetten nicht steigern, Probleme mit meinem achtwöchigen Goodbye-Zucker-Programm haben. Sie leiden weiter unter Heißhungeranfällen, maximieren ihren Nährwertverzehr nicht und nehmen nicht ab. Ich sage nicht, dass wir jetzt eine extreme Atkins-Diät machen und bei jeder zweiten Mahlzeit in Speck eingewickelte Würstchen essen sollen. Es geht mir um vernünftige, nahrhafte kleine Änderungen.

- Hinzufügen: zu gedünstetem Gemüse und Salaten pro Person ½ Esslöffel Butter, Kokosöl, natives Oliven-, Macadamia- oder Avocado-Öl.
- Nicht vergessen: Gemüse sollten immer mit Fett gegessen werden, damit ihre wichtigen, nur zusammen mit Fett löslichen Vitamine A, E, K und D ihre positive Wirkung entfalten können.
- *Auch* hinzufügen: zu Gemüse und Salaten pro Person 1–2 Esslöffel Avocado, Nüsse, Samen oder Käse, soweit möglich.
- Das ganze Lebensmittel essen. Zum Beispiel bei Schwein und Huhn auch die Haut, das Eigelb (mit dem Eiweiß), vollfette Milch (niemals entrahmt). Natürliche Lebensmittel enthalten als Ganzes viele sich ergänzende Stoffe und werden weniger nahrhaft, wenn man ihren natürlichen Gehalt verändert. Zum Beispiel enthält Eigelb die Enzyme, die uns bei der Verstoffwechslung des ganzen Eis helfen. Und wenn Milchprodukten Fett entzogen wird, geht dadurch auch viel von dem hilfreichen Enzym Laktase verloren und die Milch wird schwerer verdaulich und macht letzten Endes fett – Tatsache!

### F. UND WENN ICH ZU VIEL FETT ESSE?

Einfache Antwort: Machen Sie sich keine Sorgen, wahrscheinlich tun Sie das nicht, solange Sie die richtigen Fette essen. Ihr Körper ist wunderbarerweise so eingerichtet, dass er Ihnen signalisiert, wann Sie genug Fett gegessen haben. Am Anfang dieser Ernährungsumstellung kann bei manchen eine Neigung auftreten, es mit dem Fett zu übertreiben, und es kann ein paar Wochen dauern, bis der Körper sich umgewöhnt und sein Gleichgewicht gefunden hat. Wenn Sie befürchten, zu viel zu essen, probieren Sie diesen Trick: Halbieren Sie das Fett, das Sie gerade essen wollen, zum Beispiel ein Stück Käse als Dessert. Essen Sie die erste Hälfte und warten Sie zehn Minuten. Wenn dieses Stück genug war, wird Ihr Körper es Ihnen sagen. Wenn nicht, verspeisen Sie auch die andere Hälfte!

# WAS IST SO BESONDERS TOLL AN KOKOSÖL?

Kokosöl besteht hauptsächlich aus mittelkettigen Fettsäuren (MCT), die leicht die Zellmembrane durchdringen, für den Nutzen im Körper keine besonderen Enzyme benötigen und das Verdauungssystem nur minimal belasten.

Diese und noch weitere Faktoren verleihen Kokosöl viele einzigartige Gesundheitsvorteile:

▶ **Es hilft beim Abnehmen.** MCTs werden direkt in die Leber weitergeleitet, die sie sofort in Energie umwandelt, anstatt sie zunächst als Fett einzulagern. Das fördert die Thermogenese (die „Verbrennung" Ihrer Nahrung), was den Stoffwechsel steigert und so zu Gewichtsverlust führt.

▶ **Es drosselt plötzliche Energieabfälle und Heißhungerattacken.** Sowohl Kohlenhydrate als auch Kokosöl liefern dem Körper schnell Energie, aber im Gegensatz zu Kohlenhydraten verursacht Kokosöl keine Insulinspitze.

▶ **Es ist das gesundeste Öl zum Kochen und Braten –** darüber hatten wir schon gesprochen.

▶ **Es wirkt antiviral und fungizid.** Kokosöl besteht zu 50 Prozent aus einem „Wunder"-Fett namens Laurinsäure. Interessanterweise findet man diese Säure sonst nur in Muttermilch. Der Körper verwandelt Laurinsäure in Monolaurin, das Viren, Bakterien und Protozoen bekämpft. Dadurch wirkt Kokosöl auch gegen den von dem Pilz Candida verursachten Ausschlag.

▶ **Es wirkt entzündungshemmend.** Die Steigerung der Stoffwechselrate hat viele Vorteile: Heilungsprozesse im Körper werden beschleunigt, eine bessere Zellregeneration ersetzt alte Zellen und das Immunsystem insgesamt arbeitet besser. Wenn das Immunsystem gut funktioniert, ist der Körper seltener entzündet.

▶ **Es ist SEHR gut gegen Probleme mit der Schilddrüse** Kokosöl kann die Basaltemperatur des Körpers erhöhen und den Stoffwechsel steigern. Das ist eine gute Nachricht für Menschen mit einer Schilddrüsenunterfunktion. (Dazu gehöre ich.)

### ZUM AUSPROBIEREN

#### ESSEN SIE NACH DEM ESSEN EINEN LÖFFEL KOKOSÖL

**Meine einfache und narrensichere Nummer eins gegen Essattacken:**

- Greifen Sie sich ein Glas mit 100-prozentigem, biologischem, rohem, nativem Kokosöl.
- Füllen Sie einen guten Esslöffel. (Variante: Mischen Sie ihn mit einem Drittel Teelöffel rohem Kakaopulver.)
- Essen Sie das Kokosöl, als würden Sie einen Löffel Mousse essen.
- Warten Sie 5–8 Minuten (gehen Sie um den Block, hängen Sie die Wäsche auf, erledigen Sie einen Anruf ...).
- Spüren Sie jetzt, wie satt Sie sich fühlen und dass die Gier nach Süßem vergangen ist.

**Ein Löffel Kokosöl nach dem Essen erstickt das „Jetzt-brauche-ich-etwas-Süßes"-Gefühl im Entstehen und hilft Ihnen, bis zum Abendessen satt zu bleiben.**

## Darf ich vorstellen: die ADIF (Außen Dünn, Innen Fett.)

Haben Sie schon von ihr gehört? Sie ist Außen Dünn, Innen Fett und plagt sich dauernd mit ihrer Gesundheit herum. Sie ist schlank, hat einen niedrigen BMI, macht häufig Diäten und neigt zu hohem Zuckerkonsum (oft in Form eines großen Obstsafts zum Frühstück). Wenn sie überhaupt etwas Gewicht mit sich herumträgt, dann um ihre Rippen oder ums Kinn herum. Und sie hat ein relativ hohes Risiko, Diabetes, eine Insulinresistenz und Cholesterinprobleme zu bekommen. Warum? Britische Wissenschaftler haben herausgefunden, dass bei ADIFs (sehr oft junge Frauen) eine Menge Fett um ihre Organe herum eingelagert ist. Weil es von außen nicht sichtbar ist, sehen sie dünn aus. In dieses Fett verwandelt sich nämlich Zucker, wenn wir unsere Leber damit überhäufen, und zwar in Form von Fruchtsäften! (Fett aus anderen Nahrungsmitteln wird direkt unter der Haut über den ganzen Körper verteilt und führt zu einem höheren BMI, aber nicht unbedingt zu Krankheiten.) Dieses Organfett ist die schlimmste Art von Fett und steht in direktem Zusammenhang mit Stoffwechselerkrankungen. Ich sehe diese ADIFs überall, und ihre Situation macht mir große Sorgen.

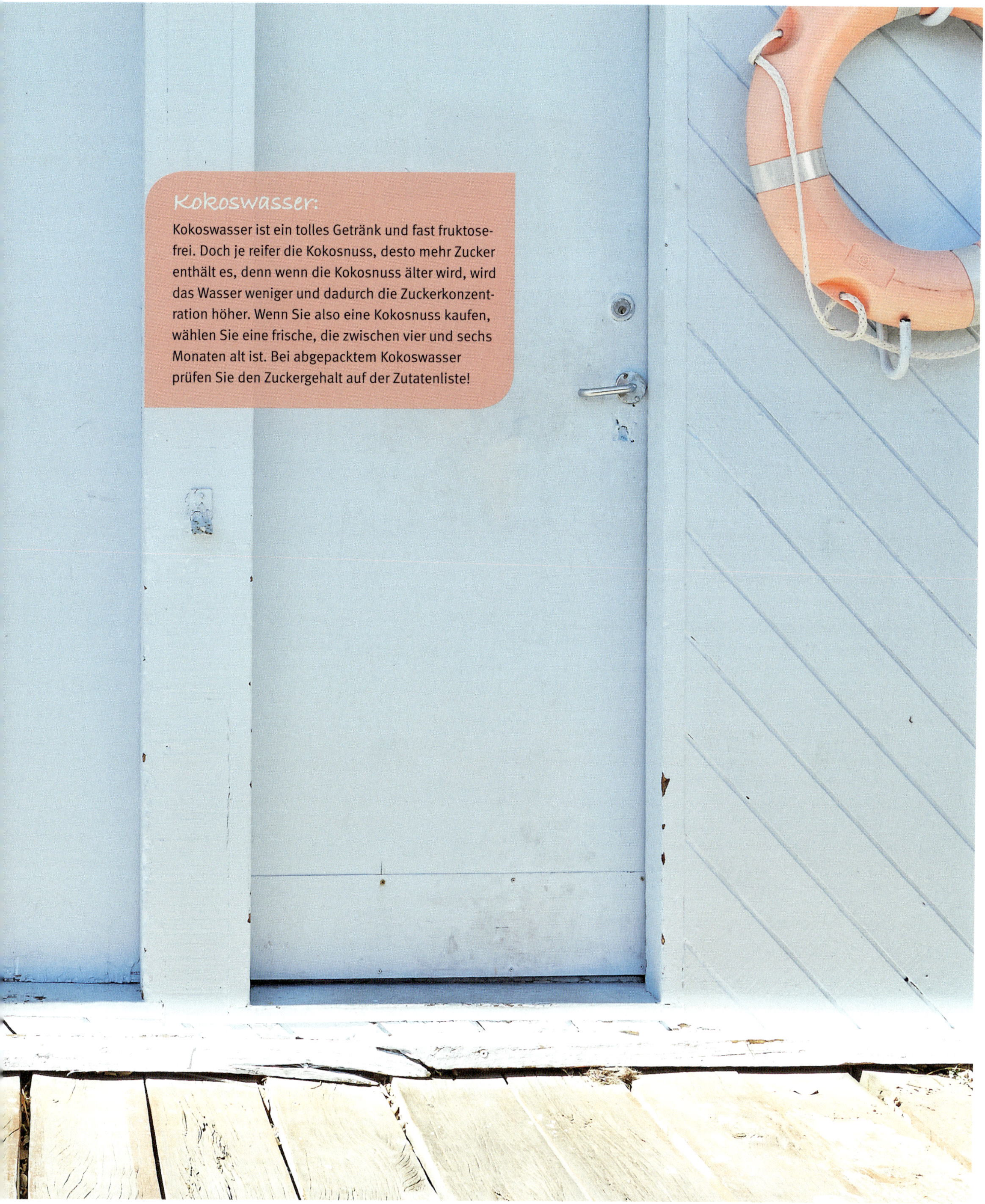

### Kokoswasser:

Kokoswasser ist ein tolles Getränk und fast fruktosefrei. Doch je reifer die Kokosnuss, desto mehr Zucker enthält es, denn wenn die Kokosnuss älter wird, wird das Wasser weniger und dadurch die Zuckerkonzentration höher. Wenn Sie also eine Kokosnuss kaufen, wählen Sie eine frische, die zwischen vier und sechs Monaten alt ist. Bei abgepacktem Kokoswasser prüfen Sie den Zuckergehalt auf der Zutatenliste!

CODE NR. 3

# SCHLUSS MIT DIÄTEN

DIÄTEN FUNKTIONIEREN NICHT. PUNKT. WAHRES WOHLBEFINDEN IST FREI VON EINSCHRÄNKUNGEN UND EXTREMEN. Gleichwohl können einige Diäten im Kern ein paar gültige Ernährungsgrundsätze enthalten. Wahres Wohlbefinden bedeutet auch, offen zu sein und sich hilfreiche Tipps und Tricks herauszupicken und zu überprüfen, ob sie bei einem funktionieren.

Das ist das Tolle, wenn man ohne Zucker isst – der Körper ist nicht mehr der Zucker-Achterbahn ausgesetzt und in der Lage, selbst zu bestimmen, welche Ernährungsart ihm am besten bekommt.

Tatsache ist, dass es keine perfekte Ernährungsart gibt. Keine ist wissenschaftlich „bewiesen“, auch die zuckerfreie nicht. Es ist alles ein Experiment. Sehen wir uns ein paar Ernährungsweisen an, aus denen Sie sich die für Sie am besten geeigneten heraussuchen können:

## REINIGEN, ENTGIFTEN UND SAFTKUR

Saftreinigungen, Zitronensaft- und Cayenne-Fasten, Kaffee-Einläufe … Hinter all dem steckt die Idee, unserem Körper eine Grundreinigung zukommen zu lassen, indem wir alles Schlechte ausspülen und ihm in leicht verdaulicher, oft flüssiger Form Nährstoffe zuführen. Aber wissen Sie was? Der Körper ist sehr gut selbst in der Lage, Giftstoffe auszuschwemmen. Er tut es täglich. Es heißt … ähem, Urinieren. Und:

UNSER KÖRPER ENTGIFTET AM BESTEN MIT – TROMMELWIRBEL – ZUCKERFREIEM ESSEN!

Und bedenken Sie auch: Diäten mit Flüssigkeiten führen zu Hunger (bei fester Nahrung dauert es fast zweimal so lange, ehe sie den Magen wieder verlässt) und Verstopfung (Magen und Darm brauchen Ballaststoffe, um zu arbeiten und die richtige Darmflora aufrechtzuerhalten, damit sie aktiv bleiben) und verlangsamen den Stoffwechsel (die Verringerung der Kalorien kann den Körper in den Hungersnot-Modus schicken, in dem er Energien einlagert). Außerdem sind Säfte oft voller Obst, Rote Bete und Karotten und werden ohne die Ballaststoffe sofort von der Leber als zuckriger Müll zu Fett weiterverarbeitet.

Es ist aber sicher vorteilhaft, der Verdauung ab und zu eine Ruhepause zu gönnen. Ich habe dafür ein paar einfachere, smartere Vorschläge.

**ZUM AUSPROBIEREN**

### GEMÜSE-SMOOTHIES ANSTATT SÄFTE

Mahlzeiten zu verflüssigen, kann Vorteile haben – es kann sehr beruhigend sein und der Verdauung eine Pause verschaffen. Aber besser als das Entsaften ist das Pürieren Ihres Gemüses. Man behält die Ballaststoffe (und die Nährstoffe in der Schale), und enthaltener Zucker wird besser verstoffwechselt. Essen/trinken Sie eine Woche lang einen „Grünen Smoothie für strahlende Haut“ zum Frühstück, dazu etwas Fett (Avocado, Nüsse, Kokosöl) und Sie sind im Nu durch und durch gereinigt.

## FASTEN

Ich halte nichts davon, viele Tage nacheinander auf feste Nahrung zu verzichten – für die meisten von uns ist das eine zu große emotionale Strapaze. Aber ich sehe Vorteile darin, den Verdauungsorganen regelmäßig eine Pause zu gönnen. Die positive Wirkung von intermittierendem Fasten wie dem 5:2-Prinzip oder dem Fasten jeden zweiten Tag wird durch solide Wissenschaft gestützt. Klinische Versuche zeigen, dass eine reduzierte Kalorienaufnahme ein paar Tage in der Woche eine Verringerung des Zucker- und Fettspiegels im Blut, eine Senkung des Blutdrucks und eine Verbesserung von Entzündungen und oxidativem Stress bewirkt. Forschungen am US-amerikanischen National Institute on Aging ergaben, dass Fasten eine milde Form von Stress hervorruft, die die Verteidigung der Körperzellen gegen molekulare Schäden stimuliert und so lebensverlängernd wirkt. Andere Studien besagen, dass ähnliche Wirkungen erzielt werden, wenn man 14–16 Stunden keine Nahrung zu sich nimmt. Das passt zu mir am besten, da es leicht durchzuführen ist, wenn man möchte, sogar jeden Tag.

**ZUM AUSPROBIEREN**

### Übernacht-„Fasten"

Versuchen Sie, nach sieben Uhr abends nichts mehr zu essen und das Frühstück am nächsten Morgen erst nach Ihrer Morgenroutine einzunehmen (siehe Code Nr. 5). So können Sie jeden Tag ganz einfach ein 14-Stunden-Fasten durchführen. Ich finde diese Methode sehr wirkungsvoll, um meinen Appetit für den Tag einzustimmen. Aber versuchen Sie diese Technik natürlich nur, wenn Sie neugierig sind oder das Gefühl haben, dass Ihre Verdauung vielleicht überstrapaziert ist.

## VORSICHT

**INDUSTRIELL VERARBEITETE LEBENSMITTEL ENTHALTEN EXTRA KALORIEN**

DAS WISSEN SIE SCHON, ODER? EINER KÜRZLICH DURCHGEFÜHRTEN STUDIE ZUFOLGE VERBRAUCHT MAN DOPPELT SO VIEL ENERGIE FÜR DAS VERDAUEN EINER 600-KALORIEN-MAHLZEIT AUS VOLLKORNBROT UND RICHTIGEM KÄSE WIE FÜR DAS VERDAUEN EINER 600-KALORIEN-MAHLZEIT AUS WEISSEM BROT MIT SCHMELZKÄSE. ECHTE LEBENSMITTEL SIND EIN GESUNDES WORKOUT!

## ROHKOST-ERNÄHRUNG

Überzeugte Rohkostler gehen davon aus, dass das Erhitzen die Enzyme in den Lebensmitteln reduziert, und je weniger Enzyme im Essen sind, desto mehr Enzyme müssen dem Körper entzogen werden, um die Mahlzeit aufzuspalten. Und je mehr unserer körpereigenen Enzyme wir dafür einsetzen, desto schneller altern wir ... Verstanden?

Sicher sind ein paar rohe Nahrungsmittel in unserer täglichen Ernährung etwas Gutes. Viele der Vitamine und Mineralien in Gemüsen stecken jedoch in den aus Zellulose bestehenden Zellwänden der Pflanzen, und um diese aufzubrechen, müssen sie gekocht werden. Bei rohem Gemüse können also viele der wertvollen Nährstoffe vom Körper nicht aufgenommen werden. Außerdem enthalten viele „Rohkost"-Produkte große Mengen Agavensirup und Kokoszucker, die als roh angepriesen werden. Ja, sie sind roh, aber giftig. Was also tun?

**ZUM AUSPROBIEREN**

### Kochen Sie Ihr Essen nicht tot

Es gibt einen Mittelweg – wir können Enzyme erhalten und Vitamine und Mineralien zugänglich machen, indem wir unser Essen langsam und bei niedriger Temperatur kochen.

- **„Schwitzen"** Sie Ihr Gemüse behutsam bei niedriger Temperatur gar, anstatt es zu braten. Das habe ich bereits erwähnt.
- **Garen** Sie Fleisch und Hülsenfrüchte schonend, anstatt sie zu braten oder zu kochen. Viele der Rezepte in diesem Buch verwenden diese Methode.

### Fügen Sie etwas Rohkost hinzu

Eine Kombination aus gekochtem Gemüse mit etwas Rohem ist die ideale Lösung.

- Essen Sie im Sommer regelmäßig einen Salat. Im Winter eignen sich die frischen Gemüse selten als Salat, fügen Sie dann Ihrem gedünsteten Gemüse oder der gekochten Mahlzeit eine kleine Menge geriebene Karotten oder rote Zwiebeln hinzu oder – das ist die beste Wahl – fermentiertes Gemüse (siehe Seite 206). Ich rühre davon gern ein oder zwei Esslöffel in meine Eintöpfe in der Wochenmitte (siehe Seite 117). Die aktivierten Enzyme in fermentierten Lebensmitteln brechen die oben erwähnten Zellwände des Gemüses auf.

## GLUTENFREI ESSEN

Sie wissen sicher, dass Sie bei Glutenintoleranz, Zöliakie oder jeder Art von Autoimmunerkrankung auch nicht das kleinste bisschen Gluten essen sollten, nicht wahr? Sogar ein Fitzelchen Gluten bleibt sechs Monate lang in Ihrem Körper und richtet dort Schaden an. Und alle anderen auf der Welt, mit Glutensensitivität oder nicht? Nun, Gluten enthält Giftstoffe. Diese Toxine sind die einzige Verteidigung des Weizens gegen Räuber (in dem Fall gegen uns). Außerdem enthalten Getreideprodukte heute meist viel mehr Gluten als noch vor zehn Jahren. Und wir essen mehr davon als je zuvor (durchschnittlich sechs bis acht Portionen am Tag). Wenn man all dies berücksichtigt, ist es nicht erstaunlich, dass Gluten heute so viele Gesundheitsprobleme verursacht.

Ich halte es für eine gute Idee, selbst Verantwortung zu übernehmen und seinen Glutenverzehr so weit wie möglich zu begrenzen.

### REZEPT ZUM AUSPROBIEREN

### GEHALTVOLLES PALEO-BROT:

Rezept für ein leckeres, glutenfreies Brot, das als vollständige Mahlzeit gelten kann (siehe Seite 69).

## PALEO-DIÄT

Schon gehört? Vielleicht kennen Sie sie als Steinzeit-Diät. Dabei wird angenommen, dass es gut für uns ist, so zu essen, wie unsere Vorfahren es vor 10.000 Jahren taten, als es noch keine Landwirtschaft gab. Dies ist ungefähr die Periode, in der sich unsere Gene und Stoffwechselprozesse entwickelten. Mit der Landwirtschaft kamen eine ganze Menge Lebensmittel auf, deren Verzehr problematisch sein kann – vor allem Getreide und Hülsenfrüchte – und die auch das Ökosystem beeinträchtigen. Die Begründung für die Paleo-Diät ist, dass unsere Ernährung sich radikal verändert hat, unsere Gene und unser Stoffwechsel jedoch nicht.

In der Hauptsache geht es bei Paleo um eine Ernährung mit wenig Stärke, ohne industriell verarbeitete Lebensmittel und um den Verzehr von Bio-Lebensmitteln – Fleisch (aus Freilandhaltung, das ganze Tier), gesättigte Fettsäuren (keine weiterverarbeiteten oder Samenöle) und Gemüse, dazu wenig Obst. Bei manchen Paleo-Arten werden auch Eier, Milchprodukte und Nüsse gegessen und einige Stärkearten wie zum Beispiel Süßkartoffeln, bei anderen nicht. Paleo ist auch zuckerfrei, und die Philosophie im Großen und Ganzen – vollwertig essen, nachhaltig leben und Giftstoffe und Stresserzeuger meiden – liegt auf derselben Wellenlänge wie das, was ich empfehle.

*Wenn Sie glutenfrei oder nach Paleo-Prinzipien essen …*

Die Rezepte in diesem Buch sind überwiegend gluten- und getreidefrei, einmal um Giftstoffe zu minimieren, aber auch weil bei zuckerfreiem Essen eine Menge verarbeiteter Kohlenhydrate ausgeschlossen sind. Wenn ein Gluten- oder Getreideprodukt verwendet wird, kann es leicht durch folgende Lebensmittel ersetzt werden:

- Zucchini-Nudeln (siehe Seite 114)
- glutenfreie Nudeln
- Quinoa (siehe Seite 102), Hirse, Amaranth oder Buchweizen (alle Samen und keine Getreide)
- glutenfreie und Nussmehle (bei Nussmehlen muss extra Butter oder Öl hinzugefügt werden!)
- Kokosmehl (extra Flüssigkeit hinzufügen)
- Reis – Jasmin- und Basmati-Reis sind am besten; sie haben nicht so viele Getreidefasern, die häufig Darmprobleme verursachen. Brauner Reis enthält viel Phytinsäure.
- extra Gemüse – eine ganze gebackene Süßkartoffel ist eine gute Wahl. (Einfach die ganze Süßkartoffel mit Schale auf ein Backblech legen und im auf 200 °C vorgeheizten Backofen etwa 45 Minuten backen, bis sie weich ist.)

### ZUM AUSPROBIEREN

**ESSEN SIE ZWEI WOCHEN WENIG KOHLENHYDRATE**

*(falls Sie schon einige Zeit keinen Zucker mehr essen)*

Wenn Sie herausfinden möchten, ob es Ihnen gut täte, sich ohne Kohlenhydrate zu ernähren, reduzieren Sie Folgendes oder lassen Sie es ganz weg: Brot, Wraps, Pasta, Reis, Getreideflocken, Pizza, Polenta etc. Ersetzen Sie diese Sachen durch die Vorschläge in dem Kasten auf der linken Seite. Beobachten Sie nun, wie Sie sich fühlen. Führen Sie ein Essenstagebuch oder achten Sie zumindest gut auf Ihre Reaktionen, Veränderungen in der Energie, Hungerattacken, Verdauungsprobleme und Gewichtsveränderungen. Wenn Sie sich nicht einfach großartig fühlen, nehmen Sie nach und nach wieder Kohlenhydrate zu sich. Ich empfehle, zu diesem Experiment einen Arzt oder Ernährungsberater hinzuzuziehen, der Ihre Gesundheit überwacht und vor und während der Umstellung Bluttests macht. Und wenn Sie ein schwaches Immunsystem haben, beschäftigen Sie sich intensiver mit diesem Experiment und konsultieren Sie einen Arzt oder Ernährungsspezialisten, bevor Sie es beginnen. Plötzlich alle Kohlenhydrate wegzulassen, kann Gewichtsschwankungen und damit zusammenhängende Hormonprobleme verursachen.

### F. WELCHES BROT SOLLTE ICH ESSEN?

Wenn Sie keine Glutenintoleranz haben, essen Sie am besten Sauerteigbrot. Die Kulturen im Sauerteig brechen Gluten teilweise auf und verlangsamen die Aufnahme des im Weißmehl enthaltenen Zuckers; außerdem aktivieren sie die für den Abbau der Phytinsäure benötigten Enzyme. Sogar Sauerteigbrote aus dem Supermarkt enthalten weniger Zucker als die meisten anderen Brotsorten.

### F. SOLLTE ICH KOHLENHYDRATE WEGLASSEN, WENN ICH MIT ZUCKER AUFHÖRE?

Eine gute Frage. Drei Punkte:

1. Immer eine Sache auf einmal. Ich empfehle, nicht beides zugleich wegzulassen, das ist zu viel Verzicht und Veränderung zugleich.

2. Experimentieren Sie. Manche vertragen Kohlenhydrate nach dem Weglassen von Zucker nicht mehr so gut, und Getreide und Stärke, vor allem raffiniertes Getreide, bewirken im Blutzucker ein Auf und Ab und Heißhunger. Dann hilft es, Kohlenhydrate einzuschränken. Mehr als 20 randomisierte kontrollierte Studien in den letzten zehn Jahren haben gezeigt, dass Low-Carb-Diäten wirksam den Blutdruck senken und Gewichtszunahme, Cholesterin- und Blutzuckerprobleme reduzieren, und dass es leichter ist, diese Diäten durchzuhalten als zum Beispiel fettreduzierte Diäten.

3. Insgesamt halte ich es jedoch für am besten, raffinierte Kohlenhydrate zu vermeiden. Sie sind leere Kalorien und stehen einer solideren Versorgung mit Nährstoffen im Weg. Auch den Verzehr von glutenhaltigen Nahrungsmittel und Hülsenfrüchten sollte man meiner Meinung nach aufgrund ihrer Giftstoffe beschränken.

## KALORIEN ZÄHLEN

Machen Sie sich bitte klar: Kalorienzählen ist Energieverschwendung! Warum? Weil dabei nicht berücksichtigt wird, wie wir die Energie verbrennen, wenn wir sie erst einmal aufgenommen haben. Wir sind keine „Kalorie-rein-Kalorie-raus"-Maschine, auch wenn altmodische Diätenhändler das gern behaupten. Wir sind komplexe und komplizierte Wesen. Zum Beispiel verlieren die Kalorien von stärkehaltigem Gemüse mit vielen Ballaststoffen in unserem Körper gleich wieder an Kalorien, weil wir eine Menge Energie aufbringen müssen, um durch die schwer zu knackenden Zellwände an sie heranzukommen. Noch ein Beispiel: Proteinnahrungsmittel enthalten nach der Verdauung weniger Kalorien, als auf der Zutatenliste steht.

Wie kommt das? Wieder liegt es daran, dass viel Energie benötigt wird, um Protein verwertbar zu machen. Außerdem wird bei einigen Proteinen während der Verdauung unser Immunsystem eingeschaltet, was wiederum Kalorien verbrennt.

## VEGANISMUS

Ich will offen sein: Meine Recherchen haben mich zu dem Schluss kommen lassen, dass eine Fleisch einbeziehende Ernährung ethischer, nachhaltiger und nährstoffreicher pro Kalorienaufnahme ist, als eine auf Getreide und Hülsenfrüchten basierte. In Australien werden zur Produktion von Getreide und Hülsenfrüchten 22-mal mehr Tiere getötet, weil deren Lebensraum zerstört wird, um Platz für die Landwirtschaft zu schaffen. Aber ich bin den Veganern dankbar dafür, dass sie das Thema auf die Tagesordnung setzen. Jeder Fleischesser sollte sich dieser Probleme bewusst sein und achtsam Fleisch essen (siehe „Anders einkaufen" auf Seite 50). Und in einem sind wir uns alle einig: Gemüse sind die Stars! Um über dieses Thema mehr zu lesen – und dazu rate ich bei dieser wichtigen Frage ausdrücklich – siehe „Leseliste" auf Seite 234.

### Wenn Sie sich vegan oder vegetarisch oder ohne Milchprodukte ernähren ...

Viele Rezepte in diesem Buch enthalten Eier, Milchprodukte und Fleisch. Sie können diese Produkte jedoch entsprechend Ihren Bedürfnissen ersetzen. Achten Sie aber bitte auf ein paar Dinge (ich habe mich dabei von meiner veganen Freundin Sarah von MyNewRoots.org beraten lassen):

- Verwenden Sie nur Getreide, Hülsenfrüchte und Nüsse, die eingeweicht und aktiviert (siehe Seite 212) oder fermentiert (siehe Seite 205) oder gekeimt (siehe Seite 170) sind. Dadurch wird die Phytinsäure minimiert, ein Giftstoff, der unserem Körper wertvolle Mineralien entzieht und die Darmwand schädigt, was zu einer durchlässigen Darmwand und in der Folge zu vielen anderen Gesundheitsproblemen führen kann.
- Vermeiden Sie Sojaprodukte, es sei denn, sie sind fermentiert (Miso und Tempeh); und auch dann sollten Sie diese aus denselben Gründen wie zuvor nur in geringen Mengen verzehren.
- Vorsicht: Viele abgepackte vegane Nahrungsmittel sind stark verarbeitet und voller Zucker und Chemikalien.
- Achten Sie *besonders* darauf, bei jeder Mahlzeit genug Fett und Protein zu sich zu nehmen. Fügen Sie zum Beispiel Folgendes hinzu:

  *ein veganes Proteinpulver (verarbeitet und nicht die beste Art der Proteinaufnahme, aber besser als ein Mangel)

  *Chiasamen (enthalten 18 Aminosäuren und bestehen zu 23 Prozent aus Protein)

  *Kokosnussprodukte

  *Öle: Macadamia-, Avocado-, Kokos-, Olivenöl

  *versuchen Sie auch: ganze geschälte Hanfsamen/Hanfherzen und Hanfprodukte (Öl, Pulver), Spirulina und Chlorella.
- Wählen Sie Ersatzmilch mit dem niedrigsten Zuckergehalt. Einige enthalten anstatt Zucker Reissirup; greifen Sie zu diesen. Oder stellen Sie Ihre eigene Nussmilch her (in *Goodbye Zucker* steht ein Rezept dafür).
- Tauschen Sie weggelassene Nahrungsmittel mit ernährungsphysiologisch gesunden aus:

  *Käse — Avocado oder Nährhefe

  *Butter — Kokosöl

  *Fleisch — Pilze und gekeimte braune Linsen

  *langsam gegartes Fleisch — Spaghetti-Kürbis

  *Eier (zum Binden) — pro Ei 1 Esslöffel Chiasamen (gemahlen), vermischt mit 3 Esslöffeln Wasser

## WIE GEHE ICH MIT AUSRUTSCHERN UM?

Zunächst einmal, geraten Sie nicht in Panik! Für immer zuckerfrei zu leben heißt, dass Sie die bestmögliche Wahl für Ihr Wohlbefinden getroffen haben (von sich aus). Es handelt sich um ein behutsames, neugieriges Experiment, keine harte Diät. Und dann: Ausrutscher haben auch etwas Positives! Sie sind die perfekte Erinnerung daran, warum wir keinen Zucker mehr essen wollen.

Und trösten Sie sich: Wenn Sie erst einmal über Zucker Bescheid wissen, gehen Sie nicht mehr zurück auf Anfang. Wie schon gesagt: „Man kann das nicht wieder verlernen."

Wenn ich zu sehr aus dem Gleichgewicht komme – zum Beispiel, wenn mein Zuckerverzehr sich nach und nach steigert oder ich zu viel unterwegs gegessen, täglich Kaffee getrunken, zu wenig geschlafen habe – dann „stelle ich mich neu ein". Ich mache ein Mini-Acht-Wochen-Programm, nur für ein paar Tage.

Und das Tolle am neu Einstellen: Genau diese langsame Zurückführung auf den Ausgangspunkt stärkt die neue Gewohnheit.

Ich stelle mich neu ein, indem ich

- extra Eiweiß und Fett esse
- einen extra Liter Wasser am Tag trinke,
- keinen Alkohol und keine anregenden Getränke trinke (um der Leber eine Ruhepause zu geben, grüner Tee ist in Ordnung),
- meinen „Kokosöl-nach-dem-Essen"-Trick anwende,
- natürlich keinen Zucker esse, aber auch keine Süßungsmittel (einschließlich Stevia, Reissirup und Obst),
- mein Vata beruhige (siehe Seite 34), indem ich zum Beispiel viel warmes und weiches Essen verzehre,
- schwitze – durch Sport, Hot Yoga und Infrarotsauna,
- jeden Morgen einen grünen Smoothie trinke und zu jeder anderen Mahlzeiten extra Gemüse hinzufüge.

Und wenn es mir besonders ernst mit dem Zurücksetzen ist, mache ich eine „reine Woche" und esse fünf Tage lang besonders nährstoffreiche Lebensmittel (ja, ich weiß, keine ganze Woche).

ZUM AUSPROBIEREN

# DIE BESTE ERNÄHRUNGSFORM: AYURVEDA

Ayurveda ist eine 5000 Jahre alte indische Gesundheitslehre (der sehr viel später entstandene Buddhismus stammt aus dieser Tradition), die auf dem Prinzip des Ausgeglichenseins beruht. Gesundheitsprobleme werden nicht losgelöst vom ganzen Menschen gesehen, sondern durch das Herstellen eines Ausgleichs geheilt. Diese Herangehensweise mag ich sehr, ich liebe sie geradezu. Auch beim zuckerfreien Leben geht es um Ausgeglichenheit und darum, durch Ernährung die eigene Balance zu finden und damit die Energie wieder herzustellen. In meinem Wellness-Code steckt viel von der ayurvedischen Philosophie und Praxis. Das ist nicht weiter überraschend, da ich schon seit ein paar Jahren damit arbeite. Sie haben noch nie von Ayurveda gehört? Diese traditionelle Lehre (Anhänger sind oder waren zum Beispiel Deepak Chopra, die Beatles und David Lynch) befasst sich mit Ernährung und anderen Lebensgewohnheiten und geht von drei „Doshas" oder Körpertypen aus. Alle Menschen sind Kombinationen aus allen drei Typen, meist ist jedoch ein Typ dominant. Für das Wohlbefinden ist entscheidend, dass unser vorherrschendes Dosha (in meinem Fall Vata) glücklich und im Gleichgewicht ist, nicht zu stark oder dominant. Das erreicht man mit behutsamer Neueinstellung und Korrektur; keine Diät, nur etwas Ausgleich.

**WENN VATA DOMINIERT,** ist man eher dünn, groß, leicht und schnell denkend und agierend. Wandel und Veränderung sind ein ständiger Teil des Lebens. Man ist „flatterhaft". Vata-Typen hassen Kälte und lieben den Sommer und ihre Haut und ihr Haar können sehr trocken sein. Wenn Vata-Typen im Gleichgewicht sind, sind sie kreativ, begeisterungsfähig, kommunikativ und lebendig. Wird das Vata aber zu stark, können Ängste, Schlaflosigkeit, Verstopfung, unregelmäßige Verdauung, Schwindelgefühle und sprunghafte Gedanken die Folge sein.

**Zu viel Vata ausgleichen:** Nur die Ruhe! Essen Sie warme, weiche, gekochte, fettige und erdende Speisen (Eintöpfe, Fette und Öle, Wurzelgemüse, Ingwer und andere Chai-Tee-Gewürze). Beeren, „süße" Lebensmittel wie Süßkartoffeln und Milchprodukte sind gut, aber vermeiden Sie Stimulantien (halten Sie sich von Kaffee fern!) und kalte Salate. Öle für Gesicht und Körper wirken beruhigend (ich mag Rosenöl fürs Gesicht und Kokos- oder Sesamöl für den Körper), ebenso der Verzehr von extra Öl. Am besten hält man sich an regelmäßige Gewohnheiten (essen und schlafen immer zu den gleichen Zeiten), achtet auf Ruhepausen, hält sich nicht im Wind auf und nicht in Räumen mit Klimaanlage. Und man sollte es bei sanften Sportarten belassen – Yoga, Schwimmen, Spazierengehen und ein wenig Krafttraining sind am besten, auch wenn man eine Tendenz zu exzessivem Cardiotraining hat. Oh, und freunden Sie sich mit einem ausgeglichenen Kapha-Typen an – sie sind eine wunderbare, erdende Ergänzung für Vatas.

## VERSUCHEN SIE DIESES REZEPT

wenn Sie VATA sind

### ZITRONEN-ZIMT-LAMMHAXE MIT GREMOLATA

EIN GROSSARTIGER VATA-AUSGLEICH (SIEHE SEITE 127): warm, weich und erdend

## VORSICHT BEI ZUVIEL VATA

In der westlichen Welt tendieren viele zu übermäßigem Vata. Unsere Kultur fordert es geradezu von uns! Aber welcher Typ Sie auch sind, wenn Ihr Vata unausgeglichen ist – hektisch, übererregt (von zu viel Zucker!) und besorgt, geraten auch die anderen Doshas aus dem Gleichgewicht. Ein glückliches Vata ist der Schlüssel zu guter Gesundheit.

Achten Sie auf ein paar Dinge, die alle Doshas aus dem Gleichgewicht bringen: Air-Conditioning, Flugreisen, lautes Stadtleben, ein übervoller Terminkalender und exzessiver Sport.

**WENN PITTA DOMINIERT**, ist man muskulös, von mittlerer Statur, oft mit rötlicher Gesichtsfarbe und Sommersprossen (sowohl helle als auch dunkle Flecken). Ihre Antriebskraft ist das Feuer, daher wirft der Sommer eine Pitta-Person aus dem Gleichgewicht und sie schwitzt ... sehr!

Ausgeglichene Pitta-Persönlichkeiten sind warm, intelligent, fokussiert und entschlossen und gute Führungspersönlichkeiten.

Pitta-Typen im Ungleichgewicht können wertend, reizbar und aggressiv sein. Sie bekommen Symptome, die auf zu viel Hitze hinweisen: Sodbrennen, brennende Augen, Akne und zu viel Magensäure. Mir ist aufgefallen, dass Pitta-Männer oft glatzköpfig sind (zu viel Hitze kommt aus ihrem Kopf).

**Zu viel Pitta ausgleichen:** Kühlen Sie sich ab! Essen Sie Salat und Lebensmittel mit hohem Wassergehalt wie Koriander, Avocado, Gurke und dunkle Blattgemüse (Grünkohl, Babyspinat) und vermeiden Sie gebratene und stark gewürzte Speisen. Halten Sie sich aus der Sonne fern und umgeben Sie sich mit kühlen Farben. Machen Sie keinen Hot-Yoga-Kurs; Wassersportarten sind perfekt. Sie tendieren dazu, aggressive Sportarten mit Konkurrenz zu mögen – halten Sie sich davon fern, wenn Sie zu viel Pitta haben und probieren Sie Yoga, spazieren gehen und ruhigere Bewegungsarten.

**PERSONEN MIT KAPHA-DOMINANZ** haben einen schweren Körperbau, haben kräftiges, welliges Haar und eine dicke, glatte, fettige und behaarte Haut.

In ausbalanciertem Zustand sind Kapha-Typen ruhig, beständig und geduldig, schlafen gut, haben eine perfekte Verdauung und genießen das Leben, ohne sich viel Sorgen zu machen.

Bei unausgeglichenen Kapha-Typen kann die Verdauung träge werden, sie tendieren zu Gewichtszunahme und Wasseransammlung, Depressionen und einem übertriebenen Schlafbedürfnis. Kapha ist ein Erd-Dosha und kann einen bleiern und träge machen – dann braucht man mehr Feuer!

**Zu viel Kapha ausgleichen:** Wählen Sie leichte, spritzige und würzige Lebensmittel. Ingwer, schwarzer Pfeffer, Kumin, Chili und viele bittere, dunkelgrüne Blattgemüse tun Ihnen gut. Kaffee kann Ihnen aufhelfen, wenn Sie sich zu träge fühlen. Vermeiden Sie schwere, fette Speisen und, ja, Zucker. Sie haben Durchhaltevermögen und Stärke, aber wenn Sie aus dem Gleichgewicht und träge sind, hilft Cardiotraining. Und wenn Sie sich mit einem Vata-Typen zusammentun, holt Sie dessen Energie aus dem Tief.



VERSUCHEN SIE DIESES REZEPT

wenn Sie PITTA sind

DANKE-DAFÜR-SMOOTHIE (ENTZÜNDUNGSHEMMENDE MISCHUNG) FÜR STRAHLENDE HAUT (SIEHE SEITE 85)

VERSUCHEN SIE DIESES REZEPT

wenn Sie KAPHA sind

KRABBEN-COCKTAIL-MISCHMASCH-RASPELSALAT (SIEHE SEITE 91)

CODE NR. 4

# NÄHRWERTE MAXIMIEREN

WENN SIE GERADE CODE NR. 3 GELESEN HABEN, SCHWIRRT IHNEN VIELLEICHT DER KOPF VON ALL DEN KONKURRIERENDEN BOTSCHAFTEN. Das verstehe ich. Wenn es Ihnen so geht, legen Sie das Ganze zunächst auf Eis und machen Sie sich mit einer eleganteren Botschaft auf die kulinarische Jagd, die ich als Führung durch mein zuckerfreies Leben beherzige …

*Dies ist die Leitphilosophie meines Essens.*

## GOODBYE-ZUCKER-MANTRA 5

ESSEN SIE NÄHRSTOFFREICH. Essen Sie bei jeder Gelegenheit Lebensmittel mit dem größten Nährstoffgehalt.

Nährstoffreich essen ist nicht schwer. Meist geht es nur um kleine Veränderungen bei dem, was Sie schon tun, nämlich:

- bei jeder Mahlzeit grünes Blattgemüse und hochwertiges Fett und Protein bevorzugen (und extra hinzufügen).
- Essen so zubereiten, dass Enzyme und Bakterien für die Verdauung erhalten (und vermehrt) werden.
- Giftstoffe und leere Kalorien (ähem, Zucker!) weglassen.

Eine nährstoffreiche Ernährung bringt alles andere ins Lot – sie entgiftet, gibt Energie, hilft gegen Blutzuckerschwankungen und hält schlank.

Und wie isst man nährstoffreich? Ich verwende ein paar Tricks.

Sie sind außerdem auch noch ökonomisch, effizient und umweltfreundlich:

- **Fügen Sie Ihrem Gemüse immer Fett hinzu,** damit die Vitamine A, E, D und K gut aufgenommen werden können. Ich weiß, ich wiederhole mich, aber das ist wirklich wichtig.
- **Fügen Sie Protein immer Fett hinzu.** Für die gute Aufnahme des Proteins im Körper wird Fett benötigt. Essen Sie niemals ein Eiweiß-Omelett und entfernen Sie die Haut von Ihrem Brathuhn oder dem Schweinebraten nicht!
- **Setzen Sie beim Gemüse Prioritäten.** Alle Gemüsesorten sind Ihre Freunde, aber wenn Sie noch eins draufsetzen wollen, essen Sie bevorzugt grünes Blattgemüse (die nährstoffreichste Option), als zweitbeste Wahl anderes grünes Gemüse und schließlich stärkehaltiges Gemüse.
- **Essen Sie mehr Protein.** Unsere Knochen, Haare und Nägel und unsere Haut bestehen hauptsächlich aus Protein. Die besten Proteinquellen sind Milchprodukte, Eier, Fleisch und Fisch – tierisches Eiweiß enthält das richtige Verhältnis aller essentiellen Aminosäuren, die unser Körper nicht selbst herstellen kann. Protein bietet von allen Lebensmitteln die meiste Energie pro Kalorie.
- **Essen Sie die deftigeren Fleischstücke wie Rinderkamm, Ossobuco, Schweinenacken und Lammhaxe.** Sie stammen von den Muskeln der Tiere, die das meiste Bindegewebe enthalten, das sich – langsam gegart – in Gelatine umwandelt. Gelatine ist gut für die Verdauung und hilft, einen geschädigten Darm wiederherzustellen.
- **Essen Sie Hühnerkeulen.** Das dunkle Hühnerfleisch enthält mehr Mineralien als das weiße – und ist dazu noch billiger!
- **Essen Sie am besten das ganze Huhn.** Am meisten haben Sie von Ihrem Huhn, wenn Sie das Fleisch essen und aus dem ganzen Rest eine Brühe kochen. Knochen, Haut und Innereien enthalten lebensspendende Mineralien und Elektrolyte, die Hühnerbrühe zu einem Seelentröster machen. Auf Seite 199 finden Sie mein Rezept für eine Hühnerbrühe.
- **Vermehren Sie Ihre Enzyme.** Essen Sie zu jeder Mahlzeit einen Löffel selbst gemachtes Sauerkraut (siehe Seite 208) oder andere fermentierte Produkte. Darin stecken hilfreiche Enzyme, die bei der Aufnahme der Nährstoffe helfen.

## Nicht alles Gemüse ist gleich:

**Zucchini oder Gurke?** Zucchini enthalten mehr Protein, Ballaststoffe, Vitamin C und B6 (etwa sechsmal so viel) und doppelt so viel Kalium.

**Brokkoli oder Blumenkohl?** Beide enthalten sehr viel Kalium, Folsäure, Cholin, Vitamin K, Kalzium, Eisen, Magnesium, Phosphor und Zink, aber Brokkoli dazu noch viel Vitamin A, das dem Blumenkohl fehlt.

**Spinat oder Blattsalat?** Spinat hat mehr als zweimal so viel Protein und Ballaststoffe, fünfmal mehr Eisen, achtmal mehr Magnesium, siebenmal mehr Vitamine.

ZUM AUSPROBIEREN

## Bringen Sie mehr Gemüse in Ihr Leben

Dafür gibt es einfache Möglichkeiten, bei manchen wird das Gemüse „verkleidet" (für Kinder und „mäkelige" Esser), bei manchen ersetzt es weniger nahrhafte Lebensmittel:

▶ **Bieten Sie bei jeder Mahlzeit mehrere Gemüsebeilagen an.** (Ideen siehe Seiten 136–137).

▶ **Mischen Sie Blattgemüse unter.** Fügen Sie Suppen, Aufläufen und Nudelgerichten fein geschnittenen Kohl, Spinat und Mangold bei. Sie garen blitzschnell und fallen nicht auf.

▶ **Geben Sie grüne Eiswürfel in Ihre Smoothies.** Blanchieren Sie Ihr grünes Gemüse (Kohl, Brokkoli, Mangold, Pak Choi, Petersilie), pürieren es oder lassen es ganz und frieren es in Eiswürfelbehältern ein. Geben Sie ein paar Würfel in Ihren Smoothie. Eiswürfel können Sie gut in Gefrierbeuteln aufbewahren. (Das Vorkochen reduziert die kropferzeugende Wirkung von Kreuzblütlern wie Kohl und Brokkoli.)

▶ **Süßen Sie Saucen, Suppen und Aufläufe.** Geben Sie pürierten Kürbis oder pürierte Süßkartoffeln zu roten Saucen (zum Beispiel bei Chilis und Currys) und zu „gelben" Käse-Gerichten wie dem Quinoa-Käseauflauf (siehe Seite 104).

▶ **Geben Sie Kartoffelpüree und weißen Saucen mehr Gehalt.** Fügen Sie pürierten Blumenkohl, Speiserüben, Kohlrüben oder Sellerie hinzu.

▶ **Ersetzen Sie etwas Hackfleisch** durch geriebene Zucchini und Karotten oder fein geschnittene Pilze – leicht zu verstecken in Tacos, Sauce Bolognese und Hackfleischbällchen.

▶ **Machen Sie fast alles kompakter.** Fügen Sie Brokkoli-, Mangold- und Blumenkohlstiele hinzu – leicht zu verstecken und eine tolle Art, diese nährstoffreichen (und überraschend süßen) Teile zu verwerten.

▶ **Geben Sie Chiasamen hinzu.** Durch das Hinzufügen von Gemüse können die Gerichte flüssiger werden. Gleichen Sie das mit ein oder zwei Teelöffel Chiasamen oder Chiamehl aus.

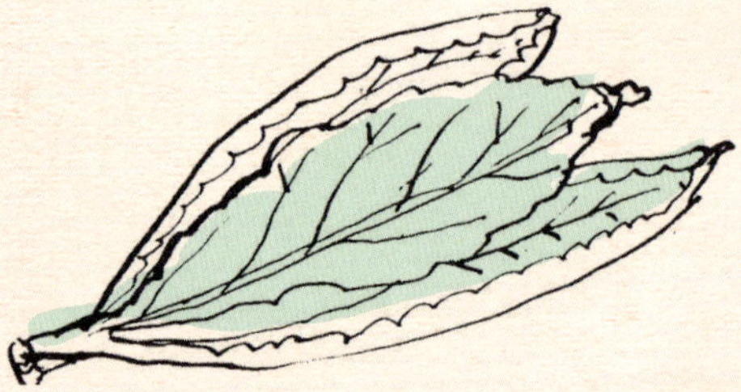

## F. Welchen Alkohol sollte ich trinken?

Zucker wegzulassen, heißt nicht, dass Sie keinen Alkohol mehr trinken dürfen. Doch tun Sie es verantwortungsbewusst mit ein paar Einschränkungen ...

✔ Rotwein: Enthält fast keine Fruktose. Warum? Es ist die Fruktose in den Weintrauben, die zu Alkohol fermentiert wird, sodass der Rotwein kaum noch Zucker enthält.

? Weißwein: Darin bleibt etwas mehr Fruktose zurück. Rotwein ist die bessere Wahl.

? Champagner oder Sekt: Enthält noch eine ziemliche Menge Fruktose. Keine gute Wahl.

✔ Schnaps: Schnäpse wie Gin, Wodka und Whisky enthalten sehr wenig Fruktose. Beachten Sie aber die unten stehenden Warnungen für Mixgetränke.

✔ Bier: Enthält keine Fruktose. Der Zucker in Bier ist Malzzucker, den unser Körper gut abbauen kann.

✕ Dessert-Wein: In ihm bleibt eine Menge Zucker unfermentiert zurück. Nicht anrühren.

? Apfelwein: Enthält ziemlich viel Fruktose. Naturtrübe Varianten sind die bessere Wahl.

Und ein paar Empfehlungen ...

⚠ Alkohol kann immer zu Stoffwechsel- und anderen gesundheitlichen Problemen führen, vor allem in zu großen Mengen. Außerdem kann er süchtig machen.

⚠ Trinken Sie Schnaps immer nur mit Sodawasser oder pur. Andere Mixer einschließlich Tonic Water, sind voller Zucker – etwa acht bis zehn Teelöffel in einem hohen Glas. Das Gleiche gilt für Fruchtsaft.

⚠ Ich trinke fünf- bis sechsmal in der Woche zum Abendessen ein Glas Rotwein und ab und zu einen trockenen Martini mit Gin. Damit bin ich zufrieden. Ich empfehle, bei einer Gelegenheit nicht mehr als zwei alkoholische Getränke zu trinken.

⚠ Essen Sie immer etwas dazu, wenn Sie Alkohol trinken; das verlangsamt den Zustrom von eventuellem Zucker zur Leber.

⚠ Vielleicht stellen Sie fest, dass Ihre Alkoholtoleranz nach dem Weglassen von Zucker niedriger wird.

⚠ Auch wenn Alkohol nicht viel Fruktose enthält, steckt er doch voller leerer Kalorien. Ein Bier enthält so viele wie ein Würstchen in Blätterteig. Zwei Gläser Champagner entsprechen etwa einem Fünftel Ihrer täglichen Energie-Aufnahme. Ich sag's nur!

## Warum ich Apfelessig liebe

Ich verwende ihn zum Kochen, für Salate (anstatt Balsamico-Essig, der viel Zucker enthält) und nehme vor den meisten Mahlzeiten einen Esslöffel davon. Warum? Kurz gesagt korrigiert er Probleme mit dem Säurehaushalt. Er alkalisiert – die Essigsäure reagiert mit basischen oder sauren Verbindungen und bildet ein Acetat. Das hilft bei der Verdauung und daher auch beim Abnehmen. Verwenden Sie möglichst eine unpasteurisierte Sorte aus der Bio-Abteilung des Supermarkts oder dem Bioladen, sie enthält mehr gute Stoffe als der normale klare Apfelessig.

Nehmen Sie zehn Minuten vor den Hauptmahlzeiten einen Esslöffel Apfelessig in fast heißem Wasser. Der Geschmack ist überraschend süß und ähnelt ein bisschen heißem Palmwein. Achten Sie darauf, ob Ihre Verdauung dadurch besser wird.

# WIE ICH MEHR GEMÜSE ESSE

ICH HABE EINEN BEGRIFF ERFUNDEN: „MISCHMASCH-MAHLZEITEN" Das sind Frühstücks-, Mittags- oder Abendmahlzeiten, in denen eine große Menge Grünzeug mit etwas Protein, Fett und sehr leckeren „Geschmacks-Schummeleien" steckt.

Ich zeige Ihnen, was ich meine …

Eine clevere Art zum geschmacklichen Aufpeppen: Mischen Sie 80 g selbst gemachtes Sauerkraut (Seite 200) in eine Mischmasch-Mahlzeit.

**VERWERTEN VON ÜBRIG GEBLIEBENEM RASPELSALAT NR. 1:** Mit Erbsen, Eiern, Speck- oder Schinkenstückchen und Käse vermischen und in einer Omelett-Pfanne braten.

Ich beginne mit Mangold und gebe Thunfisch, Kapern und Oliven dazu. Eine Handvoll Erbsen vervollständigt die Mischmasch-Mahlzeit.

Und obendrauf ein pochiertes oder weich gekochtes Ei!

Alles übrig geblieb
Gemüse kommt in
grünen Morgen-Sm

## F. ENTHALTEN DENN MAIS UND ERBSEN KEINEN ZUCKER?

Doch, schon, sie enthalten ziemlich viel Zucker, aber sie sind ballaststoffreich und niemand überisst sich an Mais oder Erbsen oder verzehrt sie schüsselweise. Eine Handvoll in einer Mahlzeit ist vollkommen in Ordnung – das bringt Farbe und gefällt den Kindern.

Eine meiner liebsten Geschmacks-Ergänzungen: Rotalgenflocken.

**VERWERTEN VON ÜBRIG GEBLIEBENEM RASPELSALAT NR. 2:**
Beim Braten von Fleischklößchen, Würstchen oder Hackfleisch am Ende übrig gebliebenen Salat mit einem Schuss Apfelessig hinzugeben und mit erhitzen. Oh, und ein paar Sellerieblätter, wenn sie gerade da sind.

Vorgekochter und tiefgefrorener Mangold und Brokkoli wird mit 2 Eiern und etwas geriebenem Cheddar in der Pfanne vermengt. Diese Mischung kann auch bei der Arbeit in der Mikrowelle erwärmt werden. Ich nehme das Gemüse direkt aus dem Gefrierfach. Etwas durch die Mischung gezogene Avocadocreme gibt dieser etwas luxuriös Cremiges.

Die grüne Mischmasch-Suppe mit Käse aus meinem ersten Buch wurde ein Hit. Ich peppe sie noch mit 2 Scheiben gegrilltem Pancetta auf. Manchmal ist mir auch nach Fleisch für einen besonderen Kick.

Ich beginne mit übrig gebliebenen Sardinen (siehe Seite 124) oder Sardinen aus der Dose und vermische sie mit Petersilie, Rucola (oder anderem fein geschnittenem Grünzeug), roten Zwiebeln und ein bisschen Chili (direkt aus dem Gefrierfach reiben!). Dazu noch Olivenöl und Apfelessig oder eins meiner Dressings.

**GRÜNE PFANNKUCHEN:**
Einfach nach dem Rezept für Kürbispfannküchlein zubereiten, aber mit püriertem, vorgekochtem und tiefgefrorenem Gemüse. Ich gebe ein bisschen Feta und manchmal ein Ei hinzu und Chiasamen, damit der Teig besser bindet.

## Tolles für mehr Geschmack und Extra-Kick

Diese Sachen geben den Mischmmasch-Mahlzeiten einen extra salzigen oder Umami-Geschmack:

- Harissa-Paste
- Kapern in Salz (das Salz gleich mit verwenden, anstatt der Mahlzeit extra Salz hinzuzufügen)
- Rotalgenflocken (anstatt Salz und für gute Jod-Versorgung)
- Selbst gemachtes Sauerkraut (anstatt Essig und Salz) (siehe Seite 208)
- Fermentierte Gurken
- Thunfisch oder Sardinen in nativem Olivenöl in der Dose (das Öl gleich anstatt extra Öl verwenden; es ist gutes Öl und mit dem Fisch aromatisiert)
- Oliven (das Einlegwasser zum Dünsten oder Ablöschen verwenden).

CODE NR. 5

# EINE MORGENROUTINE SCHAFFEN

EINE SACHE HABEN ANSCHEINEND ALLE INSPIRIERENDEN UND VON MIR INTERVIEWTEN (UND VIELE ANDERE) DENKER GEMEINSAM: Eine strukturierte Morgenroutine. Eine Routine bringt uns in Schwung, ohne dass wir darüber nachdenken müssen. Sie katapultiert uns gezielt aus dem Stillstand heraus.

Benjamin Franklin stand immer um vier Uhr morgens auf und verbrachte den Morgen mit Lesen und Planen, was er an diesem Tag erreichen wollte. Obama tut das Gleiche; jeden Morgen treibt er Sport, bevor er frühestens um neun Uhr seine erste E-Mail öffnet. Charles Darwin sprang aus dem Bett und begann sofort mit seinem Morgensport. P. G. Wodehouse las jeden Morgen ein „Frühstücksbuch". Bei mir setzt die Morgenroutine den Ton für den Rest des Tages – Achtsamkeit und Sanftheit anstatt hektischem Hin- und Hergespringe und bloßem Reagieren. Das bedeutet, dass der Tag mir gehört und ich nicht in ihn hineingezogen werde.

EIN GEERDETER START UNTERSTÜTZT MICH AM BESTEN BEI MEINEM ZUCKERFREIEN WOHLBEFINDEN.

Ich stehe früh auf und trinke zwei bis drei Gläser warmes Wasser (aufgekocht und etwas abgekühlt) mit einem Spritzer Zitrone. Dann mache ich Sport (20–60 Minuten). Danach meditiere ich (20 Minuten), dusche und frühstücke. Es hat Jahre gedauert, bis sich diese Gewohnheit festgesetzt hat, aber heute mache ich es immer so, sogar auf Reisen.

## ZUM AUSPROBIEREN

### Schaffen Sie sich Ihre eigene Routine

Zuerst legen Sie die Zeit fest – es können auch nur 15 Minuten sein.

Stehen Sie ein bisschen früher auf oder streichen Sie eine andere Ihrer morgendlichen Tätigkeiten (zum Beispiel das Checken Ihres Instagram-Accounts?). Dann wählen Sie aus den unten aufgeführten Dingen aus, was Sie für Ihren Tag gut vorbereitet und in die richtige Stimmung versetzt. (Lässig-locker? Achtsam? Fokussiert?) Vielleicht müssen Sie ein bisschen experimentieren. Ich brauchte ungefähr ein Jahr, bevor ich den Ablauf gefunden hatte, auf den ich mich jetzt jeden Tag freue. Erledigen Sie Ihre Morgenroutine vor dem Frühstück (und bevor Sie Ihre Mails und Internet-Feeds checken!):

1. Trinken Sie drei Gläser warmes Wasser mit einem Spritzer Zitrone. Der Körper absorbiert am besten warmes Wasser; Zitronensaft alkalisiert, wirkt verdauungsfördernd und aktiviert die Produktion von für die Verdauung notwendigen Säuren; alles zusammen bringt Ihre Körpersysteme in Schwung.

2. Machen Sie Sport. Auf Seite 44 finden Sie ein paar Ideen dafür. Der Morgen ist die beste Zeit für Bewegung, aber zugegeben, diese Zeit passt vielleicht nicht jedem.

3. Meditieren Sie oder denken Sie ganz in Ruhe nach. Benjamin Franklin widmete die Zeit von fünf bis sieben Uhr morgens der Frage „Was soll ich heute Gutes tun?" Sich in eine bedachte, gut geerdete und entschiedene Stimmung zu versetzen, ist die beste Startrampe für einen produktiven Tag.

4. Lesen Sie etwas Inspirierendes oder schreiben Sie. Mich überrascht immer wieder, wie viele führende Denker das auf fast religiöse Art taten. Leo Barbauta von Zen Habits reduzierte seine Morgenroutine im Verlauf von Monaten auf vier Dinge – das Trinken von Wasser, das Reflektieren, während er auf einem Kissen saß, das Lesen von etwas Inspirierendem, dann den Arbeitsbeginn. Julia Cameron rät in ihrem Kultbuch „Der Weg des Künstlers", gleich nach dem Aufwachen drei „Morgenseiten" zu schreiben, bevor man irgendetwas anderes tut. Dieses Schreiben (als „Bewusstseinsstrom" – alles, was einem gerade in den Sinn kommt) setzt Ihre Kreativität frei und bereitet Sie auf den Tag vor.

5. Schreiben Sie eine Liste. Bevor Sie in Ihre E-Mails abtauchen und auf das antworten, was andere von Ihnen wollen, arbeiten Sie Ihre eigenen Prioritäten heraus.

ZUM AUSPROBIEREN

# PACKEN SIE IHR FRÜHSTÜCK EIN

Wenn Sie eben beim Lesen gedacht haben „Aber so eine Routine lässt mir keine Zeit zum Frühstücken“, dann probieren Sie mal Folgendes: Nehmen Sie Ihr Frühstück mit zur Arbeit ... in einem Becher oder Glas. Die folgenden Frühstücksvorschläge können Sie in ein paar Minuten am Vorabend zubereiten oder während Sie morgens Ihr Wasser trinken.

## MONTAG

### PALEO SCHOKO-MUFFIN IM BECHER

Noch schneller geht es, wenn Sie die trockenen Zutaten vorher in einer großen Menge mischen und auf Plastikbeutel verteilen, die sofort mit der Flüssigkeit in den Becher geschüttet werden können (siehe Seite 74).

3 ½ –5 Minuten

## DIENSTAG

### FIXE FRÜHSTÜCKS-CREME

Kostet so viel Mühe, wie zwei Kekse und etwas Milch in einer Schüssel zu verrühren, wirklich (siehe Seite 92).

2 ½ –5 Minuten

## MITTWOCH

### GEHALT-VOLLES PALEO-BROT

Ein Brot in Scheiben schneiden und in Portionen von 2 Scheiben einfrieren. Im Büro in den Toaster stecken (siehe Seite 69).

1 ½ Minuten

## DONNERSTAG

### GRÜNER SMOOTHIE FÜR STRAHLENDE HAUT

Essen Sie dazu eine Handvoll aktivierte Mandeln. Noch schneller: Bereiten Sie die doppelte Menge zu – einen für heute, einen für morgen (siehe Seiten 84–85).

2 ½ Minuten

## FREITAG

### KAROTTEN-HAFERFLOCKEN-PUDDING

Am Vorabend zubereiten und morgens das Topping hinzufügen. Oder noch besser: Nüsse und Joghurt im Büro haben, dann kann man sie dort dazugeben (siehe Seite 80).

30 Sekunden

CODE NR. 6

# WENIGER SPORT

DAS WIRD SIE ÜBERRASCHEN, ABER LESEN SIE WEITER. Der Mensch ist nicht dafür gemacht, wie wild zu rennen oder bis zur Erschöpfung Kraft- und Cardiotraining zu machen, und der Lauf eines Marathons hätte evolutionsgeschichtlich nie einen Sinn ergeben. Schließlich hätte man durch ein zwei- bis dreistündiges Hinterherrennen keinen Säbeltiger erjagen können; die Entwicklung des Menschen hat dazu geführt, dass er sein Gehirn mit der nötigen Energie versorgen und so den besagten Tiger austricksen konnte. Wir sind eher darauf programmiert, während körperlicher Anstrengung so wenig Energie wie möglich zu verbrennen.

Sport ist auch eine extrem ineffiziente Art, um abzunehmen und ist zudem ziemlich demotivierend – wenn überhaupt, sieht man erst nach Monaten ein Ergebnis. Meist nehmen wir ohnehin danach mehr Kalorien zu uns, als wir verbrannt haben, und immer wieder kehren wir zum Ausgangspunkt zurück (Gene sind eben verdammt störrische Biester!). Um einen Schokoriegel zu verbrennen, müssten Sie länger als eine Stunde schwimmen.

## GOODBYE-ZUCKER-MANTRA 6

### GEHEN SIE'S GELASSEN AN.

Immer mehr wissenschaftliche Studien (und meine eigene Erfahrung ... Ihre auch?) zeigen, dass es keinen Sinn hat, sich mit aller Macht anzustrengen. Tatsächlich bringt es viel bessere Ergebnisse, wenn wir unseren verkrampften Griff auf das Leben lockern. Aber natürlich gibt es viele andere Gesundheitsvorteile, wenn man sich bewegt. Die besten Ergebnisse bringt moderater Sport. Weniger ist mehr!

**Welche Sportart ist am besten?**

**30 Minuten, *nicht mehr*,** sind einer dänischen Studie zufolge optimal für Fettverlust, verbesserte Sauerstoffaufnahme und eine Verminderung des Risikos von Herz-Kreislauf-Erkrankungen.

**Kürzere Abstände** sind auch gut, wie eine andere Studie ergab. Dreimal am Tag zehn Minuten stramm gehen kann besser sein, als ein Dauerlauf.

**Verschiedenes mischen.** Andere Studien zeigen wiederum, dass es am besten ist, verschiedene Arten zu mischen (mal kürzere, mal längere Sportzeiten). Intuitiv stimme ich zu.

**Und was zählt, ist die tägliche Bewegung.** Eine 2012 von der University of Wyoming durchgeführte Studie ergab, dass nach drei Monaten täglichem (moderatem, lockerem) Sport die Appetitkontrolle beeinflusst wird (zum Besseren).

**Vergessen Sie das Abnehmen ...** finden Sie andere Gründe für Ihren Sport. Sport treiben, um abzunehmen, ist nicht effektiv. Motivieren Sie sich stattdessen täglich durch das Versprechen, einen klaren Kopf, frisches Aussehen, Beweglichkeit und eine Vitamin-D-Dosis zu bekommen (sofortige Ergebnisse). Für mich ist mein Morgensport die Zeit, die mich erdet. Das bringt mich dazu, meine Sneaker anzuziehen und hinauszulaufen.

ZUM AUSPROBIEREN

## DER WENIGER-IST-MEHR-SPORTPLAN

Weniger Zeug, weniger Zeit, weniger Umstände – darum geht es. Gehen Sie es einen Monat lang auf diese Art an und schauen Sie, ob es dadurch für Sie einfacher wird.

**Machen Sie morgens Sport.** Das stimmt Ihre innere Uhr ein, bringt die größten Vorteile für den Stoffwechsel (und die Fettverbrennung) und der Punkt ist schon mal abgehakt – das Risiko, später zu müde zu sein, wird ausgeschaltet. Sie ziehen den Nachmittag vor? Na gut, aber ich lade Sie ein, es wenigstens morgens zu versuchen, nur eine Woche lang als Teil einer Morgenroutine. Schauen Sie dann, wie Sie sich damit fühlen.

**Verpflichten Sie sich nur für 20 Minuten.** Dann gehen Sie es auch an und machen keinen Rückzieher (was vielleicht der Fall wäre, wenn Sie sich zu einer Stunde Sport verdonnern). Wenn Sie dann dabei sind, können Sie immer noch auf 30 Minuten oder mehr verlängern, falls Sie sich gut dabei fühlen.

**Machen Sie jeden Tag Sport.** Wenn Sie sich Sport an drei Tagen pro Woche vornehmen, passiert vielleicht Folgendes: Jeden Morgen überlegen Sie, ob dies nun einer der Tage sein soll, anstatt einfach loszulegen.

ERINNERUNG: WENIGER ENTSCHEIDUNGEN BEDEUTEN MEHR SELBSTDISZIPLIN FÜR WICHTIGERE DINGE..

**Machen Sie so oft wie möglich draußen Sport.** Studien zeigen, dass durch die frische Luft und den Aufenthalt in der Natur die positiven Wirkungen für unseren Körper verstärkt werden. Außerdem unterstützt das durch die Sonnenstrahlen gebildete Vitamin D den Stoffwechsel.

**Machen Sie Ihren Sport möglichst nah bei Ihrem Zuhause.** Verschwenden Sie keine Zeit damit, Ihr Rad mit dem Auto zum Wald zu fahren, wenn Sie auch gleich von zu Hause aus losradeln können. Sonst würde es wieder ein Stück komplizierter werden. Einfachheit!

**Entscheiden Sie sich für ein Minimum an Sportsachen.** Und lagern Sie sie immer griffbereit am selben Ort. Keine Trinkflasche, keine coolen iPod-Täschchen, keine klappernden Schlüssel (legen Sie einen einzelnen Haus- und/oder Wohnungsschlüssel bereit und bringen Sie ihn im Schuh, in einer Kleidungstasche oder im BH unter). Sonst kann das Suchen nach den Sportsachen und das Zusammenstellen Ihren Schwung bremsen und sogar eine Ausrede darstellen, gar nicht erst anzufangen.

BINDEN SIE IHRE SCHNÜRSENKEL UND LAUFEN SIE LOS!

**Aber wenn Sie wollen, schaffen Sie sich einen Schrittzähler oder eine Lauf-App für Ihr Smartphone an.** Diese Investition finde ich persönlich sehr lohnend. Ihre Schritte zu zählen – und ein Ziel von 10.000 pro Tag anzupeilen – kann motivierend sein.

**Und zusätzlich: Gehen Sie häufiger zu Fuß.** Finden Sie den restlichen Tag Möglichkeiten, mehr zu laufen – zum Supermarkt, zum Treffen mit Freunden im Restaurant, zur Arbeit oder zur Uni. Sehen Sie sich auf Google Maps an, wo's langgeht und wie lange es dauert. Oder rechnen Sie mit der Durchschnittsgeschwindigkeit von fünf Kilometern pro Stunde. Nutzen Sie diese Zeit noch anderweitig (hören Sie ein Podcast, ein Hörbuch oder Radio oder erledigen Sie Telefonate).

**Laufen Sie Treppen.** Ist ein Park mit Treppen in Ihrer Nähe? Wohnen Sie in einem mehrstöckigen Wohnhaus oder gerade im Hotel? Laufen Sie 20 Minuten lang auf verschiedene Arten hoch und runter, mal immer zwei Stufen auf einmal, mal hochjoggen und so weiter. Alternativ können Sie einen steilen Hügel hoch- und runterlaufen.

**Machen Sie an Regentagen Ihr Workout in der Wohnung.** Im Internet kann man unzählige kurze Workouts finden, bei denen man mithilfe von Alltagsgegenständen wie Gemüsedosen, Stühlen, der Wand oder mit dem eigenen Körpergewicht trainiert.

Das hier sind meine Sportsachen. Sie liegen zusammen in der Wäscheecke, sodass ich sie jederzeit greifen und losrennen kann! Keine hektische Suche nach meinem Sport-BH.

CODE NR. 7

# KEINE SNACKS MEHR: DREI MAHLZEITEN AM TAG

FAKT: DAS KONZEPT, AM TAG SECHS KLEINE MAHLZEITEN UND SNACKS ZU ESSEN, WURDE VON ERNÄHRUNGSEXPERTEN IN DEN 1990ER-JAHREN ENTWICKELT; es richtete sich an alle, die sich auf einer Blutzucker-Achterbahn befanden und alle paar Stunden einen Energienachschub brauchten.

Die Studien, die diesen Ansatz stützten, bezogen sich auf Diabetiker. Man könnte sagen, es handelt sich um einen Mythos, der sich aus einem unzulänglichen Mittel gegen Zuckerabhängigkeit entwickelte. Aber für die meisten ist diese Art zu essen nicht geeignet – sie ist ineffizient und belastet den Körper, dem die Möglichkeit versagt wird, zwischen den Mahlzeiten auszuruhen. Immer mehr Studien zeigen, dass größere Pausen zwischen den Mahlzeiten besser für die Gesundheit sind. Dazu kommt dieser Vorteil:

VOLLSTÄNDIGE MAHLZEITEN ENTHALTEN MEIST VIELE NÄHRSTOFFE, SNACKS NUR SELTEN.

Die gute Nachricht: Wenn Sie erst einmal mehrere Monate keinen Zucker gegessen haben, werden Sie merken, dass Sie kein Bedürfnis mehr haben, dauernd Snacks zu essen. Wieder geht es darum, das Feuer mit einem soliden Holzscheit lange brennen zu lassen, anstatt es nur mit Papier zu füttern. So können wir uns auf unser übriges Leben konzentrieren, ohne andauernd unseren Appetit stillen zu müssen.

### ZUM AUSPROBIEREN

#### SNACK-ATTACKEN EINDÄMMEN

Wenn ich zwischen den Mahlzeiten Hunger bekomme, liegt es meist daran, dass ich (noch) nicht *richtig* satt bin. Dann finde ich Folgendes hilfreich:

- **15–20 Minuten warten.** Mein Stoffwechsel reagiert manchmal etwas langsam. Warten Sie ein bisschen – gehen Sie spazieren, erledigen Sie etwas – und schauen Sie, ob Sie dann immer noch Hunger haben.
- **Wasser trinken.** Oft ist der empfundene Hunger in Wirklichkeit Durst.
- **Einen Esslöffel Kokosöl essen** (siehe Seite 24). Das wirkt 100-prozentig und ein paar Stunden lang – versprochen!
- **Wenn ich zwischen den Mahlzeiten tatsächlich Hunger bekomme, dann esse ich.** Ich empfehle Nüsse, Käse oder Joghurt. Das ist alles fast überall erhältlich (sogar an Tankstellen) und wirkt schnell.

### ZUM AUSPROBIEREN

#### ESSEN SIE GANZE MAHLZEITEN

Ich glaube, dass die meisten Menschen nicht genug essen – zumindest nicht genügend nahrhafte Sachen – vor allem nicht beim Mittagessen. So erging es auch mir jahrelang. Ich aß mittags ganz bescheiden, nur um mich dann nachmittags gegen drei Uhr Snacks zuzuwenden – natürlich süßen. Sie setzen sich zu einem ordentlichen Mittagessen hin, von dem Sie bis abends satt bleiben. Es gibt keinen Nachmittagstee und in der Regel sollten Sie auch keine Snacks zu sich nehmen. Hier sind ein paar Vorschläge:

- Essen Sie beim Frühstück, Mittag- und Abendessen eine Portion Protein, ungefähr Handvoll.
- Zu jedem Mittag- und Abendessen sollte mindestens eine große Portion Gemüse gehören. Bei Salat sollte die Portion noch größer sein.
- Falls Sie in der Eingewöhnungsphase an drei Mahlzeiten pro Tag zwischendurch Hunger bekommen, fügen Sie Ihrem Essen noch ein gekochtes Ei (oder auch zwei) oder ein ordentliche Scheibe Feta extra hinzu. Streuen Sie Samen oder Nüsse über Ihr Essen und träufeln Sie großzügig Öl oder Dressing darüber.
- Scheuen Sie sich nicht, mehrere Elemente zu kombinieren. Ich esse oft eine Suppe oder Brühe *und* eine Schüssel übrig gebliebenes gebackenes Gemüse *und* ein übrig gebliebenes Kotelett.

#### Zimt und all die hübschen Dinge

Warum füge ich meinen „süßen" Rezepten Zimt hinzu? Neben Kurkuma, Nelken und Lorbeerblättern stimuliert es die Insulinaktivität (es verdreifacht sie sogar) und hilft, Zucker wirksamer zu verarbeiten.

## Warum die Franzosen nicht dick werden

Als ich kürzlich in Paris in einem Café saß, hörte ich, wie ein alter Mann neben mir über ein Paar sprach, das vorbeiging. Die Frau und der Mann aßen im Gehen Pizza von Papptellern. „Tztz, die beiden sind offensichtlich keine Europäer“, meinte der alte Mann kopfschüttelnd. Die Franzosen (und die meisten Europäer) essen nicht im Gehen, das wird als würdelos empfunden (eine Ausnahme ist ein Spaziergang mit einem Eis in der Hand). Ich finde es vor allem ungesund. Eine komplette Mahlzeit ist voller Nährstoffe und sättigt. Wenn wir im Gehen Junkfood essen, wollen wir immer mehr. Weil wir unserer Mahlzeit keine Aufmerksamkeit schenken, merken wir gar nicht, was und wie viel wir essen. Auch deswegen fühlen wir uns nicht wirklich gesättigt.

*Meine Großmutter bestickte dieses Tischset, und meine Mutter schickte es mir, damit ich daran denke, mich zum Essen hinzusetzen.*

# WIE MAN SICH AUF REISEN GUT ERNÄHRT

DIESE FRAGE BEKOMME ICH HÄUFIGER ALS ALLE ANDEREN GESTELLT – WIE SORGE ICH FÜR MEIN WOHLERGEHEN, WENN ICH AUF REISEN BIN?

**Das kann etwas schwierig sein, aber ich habe meine Methoden.**

Ja, sie sind etwas unkonventionell, doch ich habe mich an sie gewöhnt.

WANDERN. Ein wundervoller Grund, um zu reisen.

Wenn ich wandere, nehme ich oft ÜBRIG GEBLIEBENEN KÄSE und Gemüse vom Frühstück mit oder ich kaufe etwas auf dem Markt.

Sehr nährstoffreich: CRUDITÉS.

ESSEN WIE DIE EINHEIMISCHEN. Was sie wählen, ist oft saisonal und von hoher Qualität.

SALATBARS in großen Städten können eine gute Wahl sein. Nehmen Sie im Ofen gebackenes oder gedünstetes Gemüse, gebratenes Fleisch oder gedünsteten Fisch. Vermeiden Sie die Mischsalate – sie sind meist in Dressing ertränkt (also auch in Zucker).

LEIHEN SIE SICH EIN FAHRRAD. Das ist in vielen großen Städten möglich, die Räder kosten nicht viel, und man kann mit Ihnen prima die Stadt erkunden. .

**GREIFEN SIE ZU LEICHT MITNEHMBAREM** (siehe Seite 79) für Fahrten mit dem Auto oder kurze Flugreisen. Ich packe immer einen grünen Smoothie ein und benutze den Behälter den Rest der Reise als Wasserflasche.

Noch ein **EINFACHES MITTAGESSEN ZUM WANDERN**, vom Markt und dem Frühstücksbuffet im Hotel/Hostel.

Am liebsten nehme ich einen frühen Zug mit einem kleinen Picknick und einem Kaffee.

**BEI FRÜHSTÜCKSBUFFETS NEHME ICH EIER**, das Gemüse, das zur Auswahl steht, Obst mit wenig Fruktose und noch etwas extra Protein.

- **GREIFEN SIE IN RESTAURANTS UND CAFÉS ZU NÄHRSTOFFREICHEM** Wählen Sie bei jeder Gelegenheit Gemüse. Ich schaue mir immer die „Beilagen" auf der Karte an – wenn es gedünstete Gemüse der Saison gibt, bin ich versorgt. Dann brauche ich nur noch eine gute Proteinquelle.
- **WÄHLEN SIE ETWAS MIT WENIGEN ZUTATEN** Nehmen Sie ein Steak, schonend gegartes Lamm, gegrillten oder gebackenen Fisch anstatt Pasta, Pizza, Pfannengerichten oder anderer Gerichte mit schweren Saucen und Zutaten, die man nicht ohne weiteres identifizieren kann.
- **VERMEIDEN SIE KOHLENHYDRATE** Das tue ich auf Reisen meist. Teilweise, weil die Kohlenhydrate, die Sie unterwegs problemlos bekommen, oft stark verarbeitet sind und viel Zucker und Gluten enthalten. Außerdem, weil sie oft mit zuckrigen Saucen zugedeckt sind, um mehr Geschmack zu erzeugen. Und schließlich, weil Kohlenhydrate minderwertige Kalorien sind.
- **PACKEN SIE GRÜNPULVER EIN,** damit Sie genügend Vitamine und Mineralien bekommen. Sie werden auch in Portionsbeuteln angeboten, sodass Sie das Pulver in einem gekauften Smoothie oder beim Frühstück oder Mittagessen einfach mit Wasser zu sich nehmen können. Ich packe auch noch Proteinpulver in Portionsbeuteln ein.
- **PACKEN SIE AUCH FRÜHSTÜCKSBEUTEL** Ich mische Leinsamen, Nüsse, Chiasamen und Kokoschips und fülle sie in Plastikbeutel; dann kann ich die Mischung im Flugzeug, im Hotel oder auf Konferenzen in Joghurt oder Milch geben.
- **FRÜHSTÜCKEN SIE REICHLICH,** vor allem in Hotels oder Hostels, in denen das Frühstück im Preis eingeschlossen ist. Dann brauchen Sie mittags keine große Mahlzeit.
- **ESSEN SIE EINMAL AM TAG NÄHRSTOFFREICH** Ich lasse eine Mahlzeit aus (am besten das Mittagessen) und esse stattdessen einen einfachen „Snack" aus rohem Gemüse, zum Beispiel aus Gurke, Chicorée und einem guten Stück Käse – was auf dem Markt oder im Deli gerade angeboten wird.
- **BEI AUTOFAHRTEN** An Tankstellen und in Spätkauf-Läden können Sie Naturjoghurt, Nüsse, Cheddar und eine Packung Reis-Cracker kaufen.
- **GANZ WICHTIG – TÄGLICH SPORT MACHEN** Um das Lymphsystem zu reinigen und alles schön in Bewegung zu halten (Reisen führt zu Verstopfung, stört Vata und verlangsamt alle Körpersysteme). Sehr empfehlenswert auf Reisen ist, im Fitnessraum von Hotels Gewichte zu heben– es entzieht nicht so viel Energie wie Cardiotraining und ist gut für die Gelenke. Wenn es keinen Fitnessbereich gibt, laufe ich im Hotel die Treppen hoch und runter.
- **DAMPF** Benutzen Sie im Hotel die Sauna/Dampfsauna. Dampf ist sehr gut, um die Lymphdrüsen anzuregen und Giftstoffe aus dem Körper zu transportieren.
- **GEHEN SIE ZU FUSS** Das ist die beste Art, eine Stadt anzusehen, oft schneller als Verkehrsmittel, und Sie haben einmal Sport abgehakt.
- **IM FLUGZEUG** Ich trage Kompressionsstrümpfe, um zu verhindern, dass die Lymphe gestaut wird. Und trinken Sie viel Wasser und meditieren Sie, um die Vata-Energie zu besänftigen.
- **ICH NEHME LAVENDELÖL MIT** – für besseren Schlaf und um es auf Pickel zu tupfen (die ich auf Reisen immer bekomme).

CODE NR. 8

# ANDERS EINKAUFEN

ICH WERDE OFT GEFRAGT, WIE ICH EINKAUFE – BIO? AUS FREILANDHALTUNG? ETHISCH? SAISONAL? SACHEN MIT DEM KÜRZESTEN TRANSPORTWEG? Grundsätzlich sind Umwelt und ethische Gesichtspunkte mir wichtiger als meine persönliche Gesundheit und ich beherzige zwei Prinzipien …

## 1. Ich kaufe so regional wie möglich ein.

Warum? Damit erreiche ich gleich mehrere Ziele. Ich kaufe so viel wie möglich auf regionalen Märkten direkt vom Bauern, und anderswo achte ich darauf, dass die Ware nicht schon einmal um die Welt gereist ist. So berücksichtige ich einen kurzen Transportweg und kaufe saisonal, gleichzeitig sind oft auch die Kriterien ethisch und biologisch erfüllt. Kleinbauern haben eher einen Bezug zur Gemeinschaft und deren Öko-Interessen.

## 2. Ich verschwende keine Lebensmittel.

Ich verwerte soweit wie möglich auch Abfälle, mache aus Resten eine neue Mahlzeit und bewahre die Sachen so auf, dass sie nicht verderben. Das ist für den Planeten – und mein Portemonnaie – besser als jede andere Verhaltensregel. Das größte Umweltproblem auf dem Planeten, das mehr zur Kohlenstoffemission beiträgt als Autos und Industrie? Lebensmittelverschwendung! Der größte Faktor in dieser Verschwendungskette? Wir Konsumenten (nicht die Bauern oder die Supermärkte). Der größte Angriff auf unser Portemonnaie beim Einkaufen von Lebensmitteln? Das Wegwerfen von Essen.

Wenn man sich nur auf diese zwei Dinge konzentriert, kann man mit einer klaren Haltung und gutem Gewissen einkaufen.

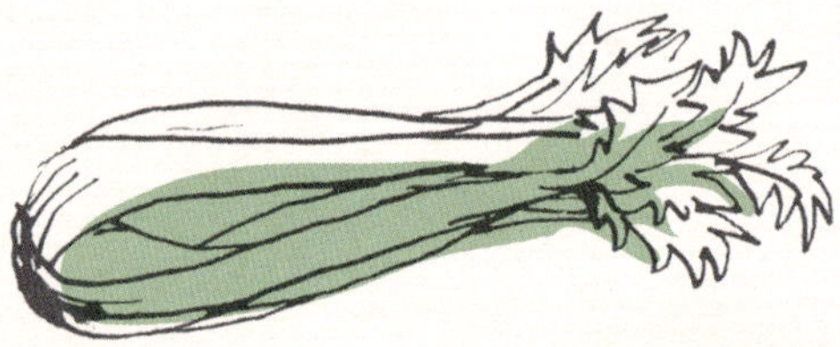

## WIE MAN GUT EINKAUFT

Aus einer Reihe von Gründen ist es besser, soweit wie möglich Biolebensmittel zu kaufen. Aber manche können sich das einfach nicht leisten. Wenn das so ist und Sie sich wegen Chemikalien im Essen Sorgen machen, können Sie folgende Prioritäten setzen. (Eine Bemerkung: Ich persönlich bin nicht dafür, zum Beispiel Sellerie aus Kalifornien zu kaufen, nur weil er bio ist. Regional zu kaufen ist hier allemal besser.)

### HÜHNER UND EIER – IMMER BIO KAUFEN

Freilandgeflügel kann sich vielleicht außerhalb eines Käfigs bewegen, aber es kann trotzdem mit Futter voller Chemie und anderer Zusätze gefüttert worden sein. Hier lohnt es sich, in Bioprodukte zu investieren. Denken Sie daran, wir verwerten das ganze Huhn, kochen es oft langsam, um so viele Nährstoffe wie möglich zu extrahieren. Und wir wollen ganz gestimmt keine Restchemikalien in unserer Hühnerbrühe! Aber verwerten Sie das Huhn so, dass sie es sich leisten können …

### ZUM AUSPROBIEREN

#### TIPPS FÜR PREISWERTES HUHN

- **Essen Sie die nicht so attraktiven Stücke.** Keulen und Flügel kosten oft nur einen Bruchteil der begehrteren Hühnerbrust.
- **Essen Sie den ganzen Vogel.** Ein ganzes Huhn ist eine sparsame Sache. Vor allem, wenn Sie Folgendes tun:
- **Verteilen Sie es auf mehrere Essen.** Ich verwende ein Biohuhn für 25 Euro für 15 Mahlzeiten.
- **Bereiten Sie eine Brühe zu.** Dadurch verwerten Sie auch das letzte Stückchen Ihres Huhns.

## RIND UND LAMM – AM BESTEN BIO UND AUS WEIDEZUCHT

Beim Kauf von rotem Fleisch wird die Frage immer wichtiger, ob die Tiere mit Rasen oder Körnern gefüttert wurden. Körnerfütterung stellt eine Reihe Probleme ethischer, gesundheitlicher und umweltbezogener Natur dar – die Tiere werden in engen Ställen gehalten, die Körner erhöhen den Anteil der Omega-6-Fettsäuren im Fleisch und der Anbau von Körnerfutter auf fruchtbarem Land ist eine Verschwendung von Land.

In Australien werden anders als im größten Teil der restlichen Welt die meisten Schafe und 70 Prozent der Rinder mit Gras gefüttert und auf trockenem Weideland aufgezogen, auf dem nichts anderes angepflanzt werden kann. Nur in Zeiten von Trockenheit werden Rinder mit Körnern gefüttert, und dann auch nur einen kleinen Teil ihres Lebens. Ganz selten wird Fleisch speziell mit Körnerfütterung erzeugt, also kann man dessen Kauf leicht vermeiden.

Bleibt noch der biologische Faktor. Nicht biologisch aufgezogene Tiere können mit Wachstumshormonen behandelt worden sein. Es sagt eine Menge aus, dass die Europäische Union Wachstumshormone verboten und als Gesundheitsrisiko eingeschätzt hat und dass diese für Hühner als ungeeignet gelten, für Tiere mit rotem Fleisch jedoch nicht.

### ZUM AUSPROBIEREN

#### TIPPS FÜR PREISWERTES ROTES FLEISCH

▶ **Kaufen Sie weniger zarte, nicht so begehrte Stücke.** Stücke wie Kamm, Brust, Haxe, Ossobuco und Beinscheiben sind viel billiger als Lendenstücke.

▶ **Garen Sie das Fleisch im Schongarer.** Das bedeutet, dass Sie nicht so viel Fleisch brauchen (da Sie auch viel Gemüse dazugeben), aber besonders viel Geschmack erhalten. Und Sie bekommen mehr Nährstoffe, weil dem Fleisch Mineralien und Gelatine entzogen werden, während die Enzyme erhalten bleiben (siehe Seite 36).

## OBST UND GEMÜSE – BIO (TEILWEISE)

In drei Obst- und Gemüsesorten sammeln sich chemische Rückstände besonders stark an; daher ist es besser, diese in Bioqualität zu kaufen:

1. Obst mit weichem Fleisch wie Steinobst und Beeren.

2. Gemüse, von dem man auch die Schale isst wie Karotten, Brokkoli, Paprika und Stangensellerie.

3. Blattgemüse wie Blattsalat und Spinat und Kräuter wie Petersilie und Koriander.

### ZUM AUSPROBIEREN

#### ESSEN SIE PREISWERTES GEMÜSE

Gemüse ist meist umso billiger, je weniger begehrt es ist. Für mich ist es wie ein Sport, das Gemüse zu kaufen, das sonst keiner will (oder von dem noch keiner gehört hat), und neue Arten der Verwendung zu erfinden. Dieses Spiel ist eine tolle Art, Ihren Speiseplan zu variieren und saisonal zu kaufen. Halten Sie Ausschau nach diesen Gemüsen:

**Kohlrübe:** Diese dicke, gelblich-lila Verwandte der Speiserübe finden Sie in den meisten Supermärkten. Dünsten und pürieren Sie sie, geben Sie sie gewürfelt in Suppen oder schneiden Sie sie in Stäbchen und essen Sie sie roh (das mache ich – sie ist supersüß!).

**Chicorée:** Wenn er Saison hat, gibt es diesen bittersüßen, torpedoförmigen Kopf weiß-gelber Blätter oft in Packungen mit drei oder vier Stück. Schneiden Sie ihn in Salate, ziehen Sie die hohlen Blätter ab, füllen Sie sie wie ein Wrap oder Taco oder verwenden Sie sie zum Dippen. Oder essen Sie Chicorée einfach roh wie er ist – toll beim Wandern und voller Nährstoffe. Sie können ihn auch dünsten, das bringt seine Süße optimal heraus.

**Gartenkürbis:** Gartenkürbisse sind im Sommer sehr billig. Sie schmecken mild und die meisten müssen nicht geschält werden. Füllen Sie sie, garen Sie sie im Backofen, dünsten Sie sie und servieren Sie sie mit viel Butter.

## FISCH – IMMER NACHHALTIG KAUFEN

Beim Einkauf von Fisch muss man eine Reihe von Dingen berücksichtigen. Am besten laden Sie eine App mit einer Liste von Fischen herunter, die nachhaltig gefischt werden. Außerdem können Sie sich nach ein paar Faustregeln richten, mit denen Sie gleichzeitig auf der sparsamen Seite sind:

▶ **Kaufen Sie Fisch mit weißem Fleisch** (Seelachs, Makrele, Meeräsche, Merlan oder Köhler).

▶ **Vermeiden Sie große Raubfische,** wie Blauflossen-Thunfisch, Haifisch, gestreiften Marlin und Schwertfisch, zum einen weil sie überfischt sind und sich nur langsam reproduzieren, aber auch weil sie in der Nahrungskette ganz oben stehen und daher große Mengen Quecksilber enthalten.

▶ **Wenn Sie Thunfisch essen,** wählen Sie echten Bonito anstatt Blauflossen-Thunfisch, Gelbflossen- oder Großaugen-Thunfisch, die alle überfischt sind.

▶ **Greifen Sie zu kleinen** und schnell wachsenden Fischen, die sich rascher wieder vermehren, wenn ihre Population gefährdet ist.

▶ **Essen Sie keinen Lachs aus Aquakultur.** In Fischfarmen werden Antibiotika eingesetzt, was Umweltprobleme verursacht. Außerdem wird der Lachs mit großen Mengen kleinerer Fische gefüttert, die wir besser direkt essen sollten. Kaufen Sie stattdessen wild gefangenen Lachs.

### ZUM AUSPROBIEREN

## TIPPS FÜR BILLIGEN FISCH

**Probieren Sie Sardinen.** Haben Sie sie schon einmal frisch gekauft? Sie sind besonders preiswert, sehr gut für Sie und eine der nachhaltigsten Optionen beim Fischhändler. Ich gare sie auf einem Bogen Alufolie unter dem Grill und esse sie auf Toast mit etwas selbst gemachter Mayonnaise und Senf. Frische gegrillte Sardinen oder Dosensardinen zerdrücke ich mit Zitrone, Pfeffer, Chiliflocken und Petersilie und verteile das Ganze auf Avocado-Toast.

**Versuchen Sie, Reststücke von Fischen zu bekommen.** Sie kosten oft nur die Hälfte des Preises für den ganzen Fisch und können für Suppen, Eintöpfe oder paniert für Fish and Chips verwendet werden. Wenn ich Lachs essen möchte, kaufe ich Lachsschwänze, die viel Haut haben (der nahrhafteste Teil des Fischs, also nicht wegwerfen!).

## F. WELCHER DOSENTHUNFISCH IST AM BESTEN?

Dosenthunfisch wird meist mit Ringwadennetzen und Lockbojen gefangen oder mit zerstörerischen und unethischen Schleppnetzen. Kaufen Sie nur mit der Angelrute gefangene Fische – diese Fischereiart ist selektiver und verhindert, dass andere Fischarten wie Großaugen- und Gelbflossenthun mitgefangen werden. Die meisten großen Thunfischkonserven-Firmen gehen inzwischen zu dieser Fangmethode über. Auf den Dosen steht „mit der Angel gefangen" und sie kosten kaum mehr als die mit äußerst unethischen Methoden gefangenen Fische. Ich engagiere mich seit Jahren für nachhaltigen Fischfang und Sie finden weitere Informationen auf meinem Blog sarahwilson.com.au.

### ZUM AUSPROBIEREN

## KAUFEN SIE „ABGELAUFENE" WARE

Viele Lebensmittel werden verschwendet, weil wir denken, sie sind überaltert und nicht mehr ohne Gesundheitsrisiko zu essen. Aber die Aufschriften „Mindesthaltbarkeitsdatum" (MHD) und „Verbrauchsdatum" (zu verbrauchen bis …) bezeichnen Unterschiedliches. Mit dem Verbrauchsdatum ist tatsächlich gemeint, dass die Ware bis dahin aus Gesundheits- und Sicherheitsgründen verbraucht werden muss. Das MHD gibt nur an, bis wann sie am besten verbraucht wird. Supermärkte dürfen diese Ware auch noch nach dem MHD verkaufen. Wenn also Fisch oder Fleisch herabgesetzt ist, weil sich das MHD nähert, kaufen Sie die Sachen und frieren Sie sie ein. Verbrauchen Sie sie innerhalb der nächsten zwei bis drei Monate und frieren Sie sie nach dem Auftauen nicht wieder ein.

## REZEPT ZUM AUSPROBIEREN

### NACHHALTIGE FISH AND CHIPS (SIEHE SEITE 98)

Für dieses Rezept nehme ich Fischreste von Fisch mit weißem Fleisch.

**ÖKO-TIPP:** Wenn ich einen Bund Frühlingszwiebeln kaufe, pflanze ich sie sofort in einen Topf mit Erde. So bleiben sie wochen- bis monatelang frisch.

TIPP: Ich verwende meine Plastikbeutel immer mehrere Male. Ich wasche sie mit Seifenwasser aus, drehe sie um und klebe sie zum Trocknen ans Küchenfenster. Genial, oder?

CODE NR. 9

# ANDERS KOCHEN

IN DIESEM LETZTEN CODE WERDEN SIE DAS MEISTE VON DEM VORHER GESAGTEN WIEDERFINDEN. Kochen befähigt uns, so zu leben, wie wir wollen, ohne Abhängigkeit und mit Entscheidungsfreiheit. Es begründet unser Wohlbefinden. Der Autor und Essens-Aktivist Michael Pollan schreibt: „Nicht zu kochen, verursacht Hilflosigkeit, Abhängigkeit und Unwissenheit."

Die Art, wie wir kochen, kann uns noch weiter stärken. Die einfachen Techniken, die wir im Rezepte-Kapitel des Buches anwenden, sorgen dafür, dass wir weniger verschwenden und den Nährwert unseres Essens maximieren. So leben wir gut, mit weniger Einschränkungen und mehr Leichtigkeit. Und ohne Zucker.

## GOODBYE-ZUCKER-MANTRA 7

EINFACHHEIT Finden Sie Mittel und Wege und reduzieren Sie Umständlichkeit, unnötigen Schnickschnack, Ihre Fitness-Ausstattung, Ihre Kochgefäße, Ihren ganzen Besitz, Rezeptschritte und Zutaten und zögerliches Verhalten – vereinfachen Sie Ihr Leben! Wir müssen uns frei fühlen. Wirkliches Wohlbefinden heißt auch, sich frei und leicht zu fühlen.

Lernen Sie, einfach, klug und unkompliziert zu kochen, wie unsere Großmütter das taten. Nur zu oft gibt es Rezepte, für die wir loslaufen und neue Zutaten kaufen, unzählige Schritte befolgen und Unmengen Geschirr benutzen müssen. Dabei wird uns nicht gezeigt, was mit den Resten und dem Abfall passiert, wie wir aus einem Rezept zusätzliche Mahlzeiten zubereiten können oder wie wir gleich größere Mengen kochen, um uns fürs nächste Essen Arbeit zu ersparen.

Aber das können wir selbst lernen.

## DIE AUSRÜSTUNG

Oft ist es gar nicht nötig, loszuziehen und besondere Geräte zu kaufen. Arbeiten Sie mit dem, was Sie haben. Wenn Sie jedoch in ein paar Sachen investieren wollen, empfehle ich die folgenden:

- **Einen elektrischen Schongarer oder Slow Cooker.** Diese Töpfe sind ziemlich preiswert. Sie brauchen keinen großen - meiner fasst 4,5 Liter und reicht locker für 6–8 Portionen. Achten Sie jedoch darauf, einen mit Zeituhr zu kaufen. Das habe ich leider versäumt!
- **Einen Stabmixer oder Handmixer oder Pürierstab.** Den können Sie einzeln kaufen oder als Teil eines Mixer-Ensembles.
- **Ein Mixer mit hoher Leistungskraft.** Teuer, aber der Schlüssel zum Herstellen grüner Smoothies. Ich benutze meinen jeden Tag.
- **BPA-freie Gefäße zum Einfrieren.** Mehr dazu auf Seite 59.

## LERNEN SIE SCHONGAREN

Warum? Weil dadurch gleich viele unserer Wellness-Codex-Kriterien erfüllt werden. Schongaren erhält Enzyme in Fleisch und Gemüse, weil bei niedriger Temperatur gegart wird und dadurch dem Knorpelgewebe und Knochenmark mehr Nährstoffe entzogen werden. Es bietet sich an zur Verwendung sparsamer Fleischstücke, die sonst vielleicht weggeworfen werden würden – Bein, Hals, Backe und Kamm –, da diese die besten Stücke zum Schongaren sind. Und weil das lange Garen auf niedriger Temperatur dem Fleisch so viel Geschmack entzieht, kann man weniger davon verwenden und das Gericht mit preiswertem Gemüse und stärkehaltigen Lebensmitteln auffüllen.

**Warum einen elektrischen Schongarer?** Erstens ist dieser der reinste Wundertopf, in nur einem Schritt füllen Sie nur einen Topf mit allen Zutaten und drücken nur noch einen Knopf. Zweitens braucht er nur so viel Strom wie eine Glühbirne und hat nur etwa ein Drittel der CO2-Bilanz eines Backofens.

**Wenn Sie keinen Schongarer haben,** können Sie stattdessen eine Schmorpfanne mit schwerem Boden oder eine gusseiserne Kasserolle auf dem Herd oder im Backofen verwenden. Sie müssen dann mehr Flüssigkeit hinzugeben (etwa das Doppelte) und die Garzeit von 8 Stunden (niedrige Stufe) oder 4 Stunden (hohe Stufe) auf 1–2 Stunden verringern.

## REDUZIEREN SIE ZUBEREITUNGSSCHRITTE UND TÖPFE

Die Rezepte in diesem Buch sind so oft wie möglich als Ein-Topf-Wunder ausgelegt, die nicht mehr als drei Zubereitungsschritte erfordern. Ich ermutige Sie, noch effektiver zu werden:

- **Verwenden Sie Ihren Mixer gleich als Schüssel.** Beginnen Sie mit dem Zerkleinern, Aufschlagen oder Pürieren und geben Sie dann die restlichen Zutaten direkt in die Mixerschüssel, in der Sie sie mit dem Löffel verrühren oder mit dem Mixer vermengen.
- **Kochen Sie Pasta und Reis gleich in der Sauce,** um Töpfe zu sparen. Okay, das ist nicht gerade Haute cuisine, aber für ein Wochentags-Essen, warum nicht? Eine Relation von eins zu eins Pasta zu Sauce ist am besten (bei Reis und Sauce eins zu zwei). Geben Sie mehr Flüssigkeit hinzu, wenn die Sauce sehr stückig ist. Dann genauso lange kochen wie in Wasser.
- **Verwenden Sie eine ofenfeste Pfanne.** Manchmal steht in Rezepten, dass man etwas erst auf dem Herd anbraten, dann in eine feuerfeste Form füllen und dann zum Bräunen oder Garen unter den Grill oder in den Backofen stellen soll. Erleichtern Sie sich die Arbeit, indem Sie auf dem Herd mit einer ofenfesten Pfanne arbeiten, die Sie auch unter den Grill oder in den Backofen stellen können.
- **Verwenden Sie einen mehrstöckigen Dampfgartopf** oder einen Dämpfeinsatz über einem Topf und kochen Sie die stärkehaltigen Gemüse oder sogar ein Schmorgericht oder eine Suppe auf dem Boden, während Sie obenauf das Grüngemüse dämpfen.

## VERWERTEN SIE IHRE RESTE

Im Durchschnitt wirft jeder 20 Prozent seines täglichen Einkaufs weg. Diese Verschwendung finde ich unerträglich. Und auch die Behauptung, dass viele sich kein gutes Essen leisten können, finde ich unerträglich. Es müsste doch jedem einleuchten, dass man Kosten sparen kann, indem man nicht so viel verschwendet. Im Kapitel „Mit Resten zaubern" auf Seite 195 finden Sie Ideen für die Resteverwertung.

### ZUM AUSPROBIEREN

#### Kochen im Schongarer

Darauf sollten Sie achten:

- **Kochen Sie in großen Mengen.** Schongarer funktionieren am besten, wenn sie zu zwei Dritteln gefüllt sind. Wenn das mehr ist, als Sie brauchen, frieren Sie den Rest ein.
- **Auf die Reihenfolge kommt es an.** Die Gemüse mit der längsten Garzeit kommen auf den Boden. Legen Sie das Fleisch über das Gemüse, darüber kommt die Sauce. Schnell garende Gemüse wie Zucchini und Erbsen sollten erst in den letzten 30 Minuten hinzugegeben werden, ebenso Milchprodukte und Meeresfrüchte.
- **Öffnen Sie den Topf nach Kochbeginn nicht.** Wenn Sie den Deckel heben und Feuchtigkeit und Hitze entweichen, verlängert sich die Garzeit. Müssen Sie den Topf öffnen (um Zutaten hinzuzufügen), stellen Sie ihn danach 20 Minuten auf die höchste Stufe.
- **Wenn das Endprodukt zu flüssig geworden ist,** fügen Sie einfach ein oder zwei Esslöffel Pfeilwurzel- oder Maismehl oder Chiasamen hinzu, um es anzudicken. Oder heben Sie etwas von der Flüssigkeit auf und verwenden Sie sie später für ein anderes Gericht als reichhaltige Brühe.
- **Lassen Sie beim Schongaren die Anbräunstufe weg.** Sie fügt durch die Karamellisierung zusätzlichen Geschmack hinzu, aber ich finde, dass den Zutaten durch das Schongaren genug Geschmack entzogen wird.

## WIE SIE IHREN GEFRIERSCHRANK BESSER NUTZEN

WENN MICH JEMAND BITTET, IHM DEN KLÜGSTEN TRICK MEINER KÜCHENPHILOSOPHIE ZU VERRATEN, ANTWORTE ICH: IN GROSSEN MENGEN KAUFEN UND EINFRIEREN.

Ich kaufe Lebensmittel, wenn sie Saison haben (und billig sind), bereite sie gleich in großen Mengen zu (das spart Zeit) und friere sie ein. So schone ich Umwelt und mein Portemonnaie und außerdem:

*Ein voller Gefrierschrank ist effizienter als ein leerer.*

Warum? Weil feste Objekte kälter frieren, als die Luft um sie herum kalt ist – und so weniger Strom verbrauchen.

### ZUM AUSPROBIEREN

**Kühlschrank-Überraschung**

Öffnen Sie Ihren Kühlschrank und schauen Sie nach, was alles drin ist. Kreieren Sie nun eine Mahlzeit mit dem, was Sie finden. Die Herausforderung: Sie kaufen nichts dazu! Falls nötig, verwenden Sie Ersatzzutaten. Ihr Kühlschrankvorrat bestimmt Ihre Mahlzeit. Wenn Ihnen das Ergebnis gefällt, teilen Sie es gern mit mir auf Instagram (@_sarahwilson_) unter dem Hashtag #fridgesurprise.

Schauen Sie in Kochbücher oder Rezepte-Apps mit Rezepten auf der Grundlage Ihrer Kühlschrank-Zutaten. (Dafür finde ich Stephanie Alexanders *The Cook's Companion* toll.) Wenn Sie zwei Auberginen haben, suchen Sie nach Rezepten mit Auberginen.

## GROSSE MENGEN KAUFEN UND EINFRIEREN

Kaufen Sie diese Produkte in großen Mengen, wenn sie Saison haben:

▶ **Avocados.** Mit Kokoswasser oder Kokosmilch und etwas Limettensaft pürieren. In Förmchen für Eis am Stiel einfrieren, um sie später als Eis zu essen oder mit anderem Grünzeug als Smoothie zu pürieren. Oder ersetzen Sie den Limettensaft für ein Eis am Stiel durch Rohkakao.

▶ **Zitronen und Limetten.** Entsaften und für Smoothies in Eiswürfelbehältern einfrieren.

▶ **Zwiebeln, Sellerie, Paprikaschoten, Tomaten.** Würfeln und für Suppen und Aufläufe einfrieren.

▶ **Zucchini.** Würfeln und einfrieren oder reiben und in Eiswürfelbereitern einfrieren, um damit Fleischgerichte, Omeletts oder Suppen mehr Geschmack und Festigkeit zu verleihen.

▶ **Kohl, Mangold, Brokkoli.** Blanchieren und einfrieren wie auf Seite 58 beschrieben. Sie können sie auch pürieren und in Eiswürfelbereitern einfrieren, um sie später zu Smoothies zu geben.

▶ **Blumenkohl.** Blanchieren und einfrieren oder roh reiben (für Blumenkohl-„Reis") und einfrieren für die Blumenkohl-Reis-Pfanne (Seite 100) oder den Blumenkohl-Pizza-Boden (Seite 106).

▶ **Rote Bete.** Blanchieren und einfrieren (Seite 58).

▶ **Kürbis und Süßkartoffeln.** Blanchieren und einfrieren oder pürieren (wie auf Seite 58 beschrieben), um später Mahlzeiten mehr Dichte zu verleihen oder den Süßkartoffel-Auflauf (Seite 119) oder den Erdnuss-Kürbis-Smoothie (Seite 82) zuzubereiten.

▶ **Hackfleisch.** Aus Hackfleisch Fleischklößchen oder flache Frikadellen formen und roh einfrieren; so können Sie später schnell für meine Hamburger auf Salat darauf zurückgreifen.

▶ **Eiweiß.** Jedes Eiweiß in einem Eiswürfelbereiter einfrieren und dann in einen Tiefkühlbehälter umfüllen. Eiweiß muss vor der Verwendung komplett aufgetaut sein – es lässt sich bei Raumtemperatur besser schlagen

▶ **Eigelb.** Das Einfrieren verändert die Konsistenz des Eigelbs, es wird nach dem Auftauen gelartig dick. Das kann man vermeiden, indem man für vier Eigelb ⅛ Teelöffel Salz oder 1 ½ Teelöffel Reissirup hinzugibt.

▶ **Speck.** Wenn man Speck nur als Geschmacksintensivierung hinzugibt (was ich oft tue), ist es mühselig, ihn dafür extra anzubraten. Würfeln Sie ihn und braten Sie gleich eine ganze Packung an, dann können Sie die Würfel jederzeit in Suppen krümeln oder zu Eiern hinzufügen.

▶ **Frische Kräuter.** Siehe Seite 210.

▶ **Ganze Beeren.** Einfach einfrieren, um sie in Smoothies zu verwenden (zusätzliches Eis ist dann nicht nötig).

▶ **Nüsse und Samen.** Im Gefriergerät aufbewahren. So halten sie sich besser frisch und werden nicht ranzig. Noch besser erst aktivieren und dann einfrieren.

# IHR TIEFKÜHLVORRAT

Ich empfehle Ihnen, sich im Gefrierschrank einen Vorrat anzulegen, auf den Sie jederzeit zurückgreifen können. Fangen Sie mit Folgendem an:

## KÜRBISPÜREE

1 großer Kürbis, in 4 große Spalten geschnitten
2 EL Olivenöl
1 Prise Salz

Backofen auf 180 °C vorheizen. Kürbiskerne und weiches Fleisch auskratzen. Kürbisspalten auf ein Backblech legen und mit Olivenöl und Salz einreiben. Auf der mittleren Schiene backen, bis der Kürbis weich ist – etwa eine Stunde. (Falls Sie es eilig haben, Kürbis in kleinere Stücke schneiden und 30 Minuten backen.) Fleisch von der Schale lösen und mit Stabmixer pürieren oder mit einer Gabel gut zerdrücken. Abkühlen lassen und in Portionen von 250 g in Gefrierbeuteln oder -gefäßen einfrieren. Nach diesem Rezept kann auch Süßkartoffelpüree zubereitet werden (etwa 4 Kartoffeln entsprechen einem großen Kürbis).

## VORGEKOCHTE UND TIEFGEFRORENE GEMÜSE

▶ **Kaufen Sie eine große Menge Gemüse.** Versorgen Sie sich mit Ihrem Lieblingsgemüse, wenn es Saison hat oder im Angebot ist. Biogemüse kann zu bestimmten Zeiten im Jahr sehr preiswert sein – kaufen Sie es dann. Mischen Sie verschiedene Gemüse. Brokkoli, Spinat, Rote Bete, Grünkohl, Bohnen und Blumenkohl passen alle gut zusammen; aber probieren Sie auch andere Gemüse.

▶ **Dämpfen Sie die Gemüse** in einem Topf mit Dämpfeinsatz (oder zwei Einsätzen) ein bis zwei Minuten, spülen Sie sie dann mit eiskaltem Wasser ab, um den Garprozess zu stoppen. Rote Bete breiten Sie auf einem Backblech aus (kein Öl oder Salz) und backen sie bei 180 °C 20–30 Minuten, bis sie weich sind.

▶ **Frieren Sie das Gemüse abgetropft portionsweise ein.** Ich teile mein Gemüse in Portionen für eine Mahlzeit und friere es in Tiefkühlbeuteln ein. Sie können auch alles in einen großen Beutel füllen und dann abbrechen, was Sie gerade brauchen.

## ANDERE PRAKTISCHE VORRÄTE ...

- Aktivierte Nüsse (siehe Seite 212)
- Molke (siehe Seite 212)
- Knochenbrühe (siehe Seite 198)
- Hühnerbrühe aus Resten (siehe Seite 199)

## WIE LANGE HALTEN GEFRORENE LEBENSMITTEL?

Was die Sicherheit der Lebensmittel angeht, so können sie beliebig lange eingefroren werden. Allerdings können mit der Zeit Geschmack und Aussehen leiden.

- **Fleischsuppen:** 2 Monate.
- **Gemüsesuppen:** 3 Monate.
- **Vorgekochte und eingefrorene Gemüse:** 3–6 Monate. Im Allgemeinen muss das Gemüse vorm Kochen nicht aufgetaut werden, aber einige grüne Blattgemüse lassen sich leichter trennen, wenn sie etwas angetaut sind.
- **Gegartes Fleisch:** 2 Monate. Wenn möglich, Fleisch nicht ganz zu Ende garen, wenn es noch einmal erhitzt wird.
- **Gegarter Fisch:** 1 Monat.
- **Gebackene Muffins:** 3 Monate. In einzelnen Beuteln einfrieren oder in einem Behälter mit Tiefkühlpapier zwischen den Muffins, damit sie später einfach getrennt werden können.

## TIPPS ZUM EINFRIEREN

- Notieren Sie auf den Lebensmitteln, die Sie ins Gefriergerät stellen, das Datum, bis zu dem sie aufgebraucht werden sollten.
- Tauen Sie die Lebensmittel im Kühlschrank und nicht auf dem Arbeitstisch auf. Je langsamer Lebensmittel auftauen, desto ähnlicher sind sie dem Zustand vor dem Einfrieren.
- Gut einpacken: Glas- und Keramikbehälter, braune Papiertüten oder Papier (nicht fettdicht) sind am besten, aber nicht immer praktisch. Gute Nachricht: Frischhaltefolie ist jetzt viel sicherer (nicht mehr aus PVC) und es gibt sicherere BPA-freie Plastikbehälter.
- Frieren Sie Sachen im Gefrierbeutel in einer dünnen Schicht ein, dann können Sie später das abbrechen, was Sie gerade brauchen.
- Wenn Sie Sachen in Eiswürfelbereitern einfrieren, füllen Sie die gefrorenen Würfel in Gefrierbeutel, um die Behälter wieder zur Verfügung zu haben.
- Alles, was beim Kochen übrig bleibt – Hühnerteile, Fleischknochen, Fischgräten und -köpfe und Gemüsereste – können Sie in einem großen Gefrierbeutel im Gefriergerät sammeln (verschiedenes Fleisch in einzelnen Beuteln) und dann eine Brühe daraus kochen, wenn der Beutel voll ist (siehe mein Rezept für Hühnerbrühe aus Resten auf Seite 199).



## ZUM KOCHEN MIT MEINEN REZEPTEN

### WÄHLEN SIE IHR EIGENES (ERNÄHRUNGS-)ABENTEUER

Unter jedem Rezept finden Sie kleine farbige Symbole, die bestimmte Ernährungsgewohnheiten kennzeichnen. Manchmal ist das Gericht leicht an eine besondere Ernährungsart anzupassen. Die Symbole bedeuten:

- **P** PALEO/GLUTENFREI
- **V** VEGAN/FREI VON MILCHPRODUKTEN
- **CW** CLEAN WEEK (für die Rezepte der Reinigungswoche)
- **8WP** 8WP (zum Essen während des Goodbye-Zucker-Programms, also Sachen ohne Zucker)

**SOLO-KÖCHE:** Sie können alle für vier Personen ausgelegten Gerichte an mehreren Tagen essen (ich füge Tipps dazu an) oder Sie frieren extra Portionen ein.

**VIERER-FAMILIEN:** Nehmen Sie die Rezepte für eine Portion einfach mal vier.

LA

# 148 ZUCKERFREIE REZEPTE

Wenn man Zucker goodbye gesagt hat, wird das Frühstück ein Spaß und eine mit vielen Nährstoffen vollgepackte Angelegenheit …

# INTERESSANTE FRÜHSTÜCKSIDEEN

*Schluss mit getrockneten, zuckrigen Cornflakes!*

# ERDBEER-AVOCADO-TOAST

**FÜR 8 PORTIONEN**

Das Brot unter dem Grill auf nur einer Seite toasten. Die andere Seite mit der Avocado bestreichen, die Erdbeeren und den Käse darauf verteilen und unter dem Grill toasten, bis der Käse gebräunt ist. Mit viel Pfeffer und etwas darübergeträufeltem Olivenöl servieren.

P V 8WP CW

**2 Scheiben Brot (vorzugsweise Sauerteig oder wenn nötig glutenfrei)**

**½ Avocado, zerdrückt mit einem Spritzer Zitronensaft**

**40 g Erdbeeren, in Scheiben geschnitten**

**2 EL weicher Ziegenkäse**

**frisch gemahlener schwarzer Pfeffer nach Geschmack**

**etwas Olivenöl**

# MEXIKANISCHE NACHO-MUFFINS

FÜR 8 PORTIONEN

Diese Muffins mit Fleisch können Sie für eine eindrucksvolle Wirkung dekorieren – ohne Deko lassen sie sich prima für unterwegs mitnehmen.

2 TL Olivenöl und etwas zum Einfetten

1 kleine Zwiebel, gehackt

500 g mageres Bio-Rinderhackfleisch

2 Eier

125 g Kürbispüree (siehe Seite 58)

125 g ungesüßte Maiskörner aus der Dose, abgetropft

1 große Handvoll Maischips (gesalzen), zerdrückt

1 TL Kurkumapulver

1 TL geräuchertes süßes Paprikapulver

Meersalz und frisch gemahlener schwarzer Pfeffer

1 kleine Avocado

225 g selbst gemachter Frischkäse (siehe Seite 212)

1 EL Zitronen- oder Limettensaft

Chiliflocken (optional)

Den Backofen auf 160 °C vorheizen und eine 8er-Muffinform einfetten. Das Öl in einer kleinen Pfanne bei mittlerer Temperatur erhitzen und die Zwiebeln etwa drei Minuten weich schwitzen. Zwiebeln in eine Schüssel füllen, Hackfleisch, Eier, Kürbispüree, Maiskörner, zerdrückte Maischips und Gewürze hinzufügen und mit je einer guten Prise Salz und Pfeffer würzen. Alles mit den Händen gut verkneten, Mischung in acht gleich große Teile teilen und in die Förmchen des Muffinblechs drücken. Etwa 25 Minuten backen, bis das Fleisch durchgegart und die Oberfläche leicht gebräunt ist. Aus dem Backofen nehmen und vor dem Servieren erkalten lassen.

Avocado, Frischkäse und Zitronensaft in einem Mixer oder mit einem Pürierstab vermischen, dann von der Creme einen großen Klecks auf jeden Muffin geben. Die übrigen Maischips in die Creme stecken und mit Chiliflocken besprenkeln.

**ANMERKUNG:** Diese Muffins halten sich ohne Garnitur im Kühlschrank 2–3 Tage oder nach dem Einfrieren 2–3 Monate.

P 8WP

LURPAK

# GEHALTVOLLES PALEO-BROT

**FÜR 1 BROT**

Bei diesem einfach zuzubereitenden Brot ist der Sandwich-Belag innen drin – jede Scheibe eine Mahlzeit!

**150 g Mandelmehl**
**100 g Pfeilwurzelmehl**
**½ TL Meersalz**
**½ TL Natron**
**5 Eier**
**1 ½ TL Apfelessig**
**1 EL fein gehackte glatte Petersilie**
**50 g entsteinte Oliven, halbiert**
**125 g geraspelte Zucchini**
**50 g fein geschnittener Schinken**
**50 g fein geriebener Parmesankäse**
**2 EL Kürbiskerne**

Den Backofen auf 160 °C vorheizen und eine Brotbackform mit Backpapier auslegen. In einer großen Schüssel Mandelmehl, Pfeilwurzelmehl, Salz und Natron vermengen. In einer anderen Schüssel die Eier mit dem Apfelessig leicht mit einer Gabel verschlagen. Petersilie, Oliven, Zucchini, Schinken und Käse hinzufügen und gut verrühren, dann die Eimischung zu den trockenen Zutaten hinzufügen. Alles gut vermengen, in die Brotbackform füllen und mit den Kürbiskernen bestreuen.

Das Brot etwa 30–35 Minuten backen, bis die Oberfläche anfängt, sich golden zu färben, und ein in das Brot gestecktes Holzstäbchen sauber wieder herauskommt. Brot aus dem Backofen nehmen und vor dem Anschneiden auf einem Kuchengitter fünf Minuten abkühlen lassen. Übrig gebliebene Scheiben kann man mit Backpapier getrennt in einem Plastikbeutel einfrieren.

## Deluxe-Variante:
## FRENCH TOAST

Von zwei Brotscheiben beide Seiten in ein mit einem Spritzer Milch verschlagenes Ei tauchen. Etwas Olivenöl oder Kokosöl in einer Pfanne bei mittlerer Temperatur erhitzen und die mit dem flüssigen Ei getränkten Scheiben etwa zwei Minuten auf jeder Seite braten, bis sie schön gebräunt sind. Mit Guacamole servieren.

P 8WP

## CHAYOTE-MUFFINS

**FÜR 12 MUFFINS**

Den Backofen auf 180 °C vorheizen und Papierförmchen in eine 12er-Muffinform setzen. In einer großen Schüssel Mandelmehl, Pfeilwurzelmehl, Backpulver, Zimt und gewürfelte Chayote, Pfirsiche oder Äpfel vermengen, bis die Stücke ganz mit der Mischung bedeckt sind. In einer separaten Schüssel oder einem Messbecher die Chiasamen mit dem Wasser, 75 ml des Reissirups und dem Apfelessig gründlich verrühren.

Diese Mischung zu den trockenen Zutaten gießen und unterheben, bis alles gerade vermischt ist – nicht zu lange rühren, sonst werden die Muffins nicht locker. Teig in die vorbereiteten Papierförmchen füllen. Die gehackten Pekannüsse mit dem restlichen Reissirup vermischen und mit einem Löffel auf den Teig verteilen.

35–40 Minuten backen, bis die Muffins beginnen, goldbraun zu werden. Aus dem Backofen nehmen und auf einem Abkühlgitter erkalten lassen.

**ANMERKUNG:** Wenn die Muffins ein besonders üppiges Dessert werden sollen, beträufeln Sie sie noch mit Karamellsauce (siehe Seite 148) und Sahne.

**250 g Mandelmehl**

**30 g Pfeilwurzelmehl**

**2 TL Backpulver**

**2 TL Zimt**

**1 große Chayote, geschält und gewürfelt, oder 2 Pfirsiche oder grüne Äpfel, gewürfelt**

**4 EL Chiasamen**

**250 ml Wasser**

**125 ml Reissirup**

**1 EL Apfelessig**

**120 g Pekannüsse, grob gehackt**

### NOCH NIE EINE CHAYOTE GEGESSEN?

Dieses exotische Gemüse wird auch als Gemüsebirne, Christophine, Pepinello oder Choko bezeichnet und ist mit dem Kürbis verwandt. In Deutschland ist die Chayote in den Wintermonaten erhältlich. Man kann sie einfach dämpfen, schälen und mit Butter, Pfeffer und Salz essen und wie Butternut-Kürbis servieren.

P V 8WP CW

# SATTES KITCHERI

**FÜR 4 PORTIONEN**

Ich erinnerte mich an meine Liebe zu diesem indischen Standardgericht, als ich in London war und dort die britische Version davon aß. Das indische Original (Kitcheri bedeutet in Hindi Mischmasch) basiert auf einem sehr heilenden ayurvedischen Rezept, und man sagt, dass es das reinigendste und augleichendste Gericht überhaupt ist. Die Basis des Gerichts besteht aus Basmati-Reis (der gesündeste Reis: sehr nährstoffreich und am leichtesten verdaulich) und halbierten gelben Linsen oder Mung Dal (ohne Schale, enthalten daher weniger Phytinsäure), die es zu einer sehr guten Proteinquelle machen. Die Gewürze regen die Verdauung an und schwemmen Toxine aus, laut indischen Heilern vor allem Pestizide und Umweltschadstoffe.

- **2–3 EL Ghee**
- **1 TL schwarze Senfsamen**
- **1 TL Kreuzkümmelsamen**
- **½ TL Fenchelsamen**
- **½ TL frischer geriebener Ingwer**
- **125 g halbierte gelbe Linsen (Mung Dal), abgespült, über Nacht eingeweicht und abgetropft**
- **200 g weißer Basmati-Reis, gut abgespült und abgetropft**
- **1,2 l Wasser**
- **1 TL Steinsalz**
- **1 TL gemahlener Kreuzkümmel**
- **1 TL gemahlener Koriander**
- **1 TL Kurkumapulver**
- **½ Limette**

Das Ghee in einem Topf erwärmen und Senfsamen, Kreuzkümmelsamen, Fenchelsamen und Ingwer hinzugeben und ein bis zwei Minuten anbraten, bis die Senfsamen zu springen beginnen. Linsen und Reis hinzufügen und unter Rühren ein paar Minuten anbraten.

Wasser, Salz und gemahlene Gewürze hinzufügen und alles zum Kochen bringen. Temperatur herunterschalten, dann den Deckel auflegen und 30–45 Minuten köcheln lassen, bis die Linsen und der Reis weich sind. Mit einem Spritzer Zitrone servieren.

**FÜR SOLO-KÖCHE:** Die übrigen Portionen einfrieren – sie halten sich dann bis zu 2 Monaten. Oder Sie machen ein Mini-Fasten zum Ausruhen des Darms und essen das Gericht ein paar Tage hintereinander zum Frühstück und als Mittagessen.

## Serviervorschläge

**Wählen Sie Garnierungen oder Extras nach Ihren Bedürfnissen:**

- Frischer Koriander. Perfekt, um Pitta zu kühlen.
- Kokosnuss. Perfekt, um Pitta zu kühlen und Vata auszubalancieren.
- Süßkartoffel. 15 Minuten nach dem Zugießen des Wassers 150 g gewürfelte Süßkartoffel mit 250 ml Wasser hinzufügen. Sehr gut, um Vata zu erden.
- Oder servieren Sie das Kitchari mit einem pochierten Ei, einem gekochten Ei in Vierteln, geräucherter Forelle, Schellfisch oder Joghurt.

### BLÄHUNGEN?

Um die weniger wünschenswerte Auswirkung der Linsen einzudämmen, fügen Inder Asant (Asafoetida) hinzu, ein wie Knoblauch schmeckendes Gewürz. Man kann das Gericht auch mit einem Streifen Kombu kochen. Beides kann zu allen Gerichten auf Reis- oder Hülsenfrüchtebasis hinzugegeben werden, um Blähungen zu vermeiden.

8WP CW

## SARDINEN-FRÜHSTÜCKSTOPF

**FÜR 1 BECHER**

Den Backofen auf 180 °C vorheizen. Die Spinatblättchen in eine kleine ofenfeste Auflaufform drücken und die Sardinen darauflegen. Die Eier darüber aufbrechen und den Käse darüberstreuen. Form auf ein Backblech stellen und 20 Minuten backen.

**ÖKO-TIPP:** Den Backofen für einen kleinen Becher einzuschalten, ist eine Energieverschwendung. Machen Sie gleichzeitig ein Süßkartoffelpüree oder vorgekochte und tiefgefrorene Rote Bete (Seite 51) auf Vorrat – oder ein anderes Gericht, wofür Sie den 180 °C heißen Backofen brauchen.

15 g Babyspinatblätter

1–2 Sardinen, frisch und gegrillt (siehe Seite 124) oder aus der Dose und abgetropft

2 Eier

4 EL geriebener kräftiger Käse

P 8WP

## GEBACKENE BOHNEN MIT SCHWEINEBAUCH IM SCHONGARER

**FÜR 4 PORTIONEN**

Toll zum Frühstück, Brunch oder Mittagessen mit einem gebratenen oder pochierten Ei obenauf.

Die eingeweichten Bohnen unter fließendem kaltem Wasser abspülen, alle verfärbten Bohnen entfernen und die Bohnen in einen Schongarer füllen. Den Schweinebauch in mundgerechte Stücke schneiden und zu den Bohnen geben. Mit der Brühe bedecken und Paprikapulver, Oregano und Pfeffer hinzufügen. Vier Stunden auf hoher Stufe oder 6 Stunden auf niedriger Stufe garen. Das Gericht ist fertig, wenn die Bohnen weich sind.

**ANMERKUNG:** Wenn Sie keinen Schongarer haben, können Sie stattdessen einen Schmortopf mit schwerem Boden nehmen. Fügen Sie dann 250 ml extra Brühe oder Wasser hinzu und reduzieren Sie die Kochzeit auf etwa eine Stunde, bis die Bohnen weich sind.

340 g getrocknete Borlotti- oder Kidneybohnen, über Nacht eingeweicht

400 g Schweinebauch ohne Schwarte

1 l Hühnerbrühe aus Resten (siehe Seite 199)

2 EL geräuchertes süßes Paprikapulver

1 EL getrocknetes Oregano

1 TL frisch gemahlener schwarzer Pfeffer

8WP

Sardinen-Frühstückstöpfe

## PALEO-SCHOKOS-MUFFIN IM BECHER

FÜR **1** BECHER

Mikrowellengeräte sind nicht toll, aber ich sehe es so: Wenn die Mikrowelle mir ermöglicht, anständig zu frühstücken anstatt gar nicht, dann nehme ich sie in Kauf. Manchmal ist sie das kleinere von zwei Übeln.

Alle Zutaten in einem für die Mikrowelle geeigneten Porzellanbecher mit einem Löffel vermischen. Bei hoher Stufe 1 ½–2 Minuten in die Mikrowelle stellen. Mit Joghurt servieren.

**ANMERKUNG:** Wenn Sie den Muffin mit zur Arbeit nehmen wollen, garen Sie es zu Hause an, damit es nicht ausläuft.

P V CW

- 25 g Mandelmehl oder glutenfreies Mehl
- 2 EL Kokosraspeln
- 1 EL rohes Kakaopulver
- ½ EL Reissirup oder ½ TL Steviagranulat
- 60 ml Kokosmilch oder eine andere Milch
- vollfetter griechischer Bio-Naturjoghurt zum Servieren

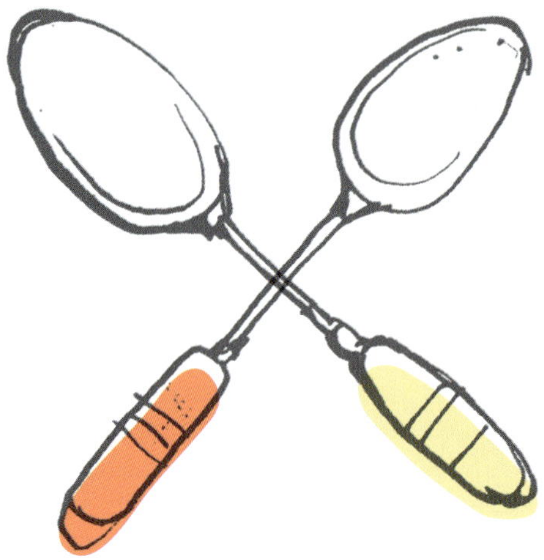

FRÜHSTÜCK IM BETT

## BEERENOMELETT

FÜR **4** PORTIONEN

Ein schöner Start in den Sonntag – ich träume davon, dass ein geliebter Mensch mir das Omelett serviert. Mit einer Kanne Earl Grey.

- **4 Eier**
- **1–2 EL Reissirup**
- **1 EL Butter**
- **150 g gemischte Beeren (am besten frisch; wenn Sie gefrorene nehmen, vorher auftauen und gut abtropfen)**
- **Mascarpone oder vollfetter Bio-Naturjoghurt zum Servieren**

Eier trennen und das Eigelb und den Reissirup mit einem Pürierstab vermischen. In einer extra Schüssel Eiweiß dick und locker aufschlagen, dann unter die Eigelb-Sirup-Mischung heben.

Die Butter bei niedriger Temperatur in einer Omelett-Pfanne mit 22 cm Durchmesser schmelzen. Die Eimasse angießen und die Beeren darüberstreuen. Bei niedriger Temperatur stocken lassen, bis der Boden goldbraun ist. Dann die Pfanne unter den Backofengrill stellen und die Eimasse oben leicht bräunen lassen. Das Omelett sollte nicht mehr flüssig, aber noch etwas cremig sein.

Mit Mascarpone oder Joghurt servieren.

**FÜR SOLO-KÖCHE:** Schaffen Sie sich eine kleine Omelett-Pfanne für eine Portion an. Sie brauchen das Omelett dann nicht so lange wie das in der großen Pfanne zu braten.

P

## FRÜHSTÜCKS-KUGELN

FÜR **16** KUGELN

- **4 EL natürliche, zucker- und salzfreie Erdnussbutter**
- **1 EL Reissirup**
- **125 ml Kokoscreme**
- **50 g Kokosöl, geschmolzen**
- **½ TL Meersalz**
- **50 g Kokosmehl**
- **50 g kalte gekochte Quinoa (siehe Seite 102)**
- **50 g Kokosraspeln, leicht geröstet**

In einer großen Schüssel Erdnussbutter, Reissirup, Kokoscreme und Kokosöl vermischen. Salz, Kokosmehl und Quinoa hinzufügen und zu einem Teig verkneten. Falls die Mischung zu flüssig ist, um Kugeln zu formen, noch etwas Kokosmehl hinzufügen. Etwa walnussgroße Stücke von dem Teig abzupfen und zu Kugeln formen. Die Kugeln in den Kokosraspeln wälzen, sodass sie davon bedeckt sind. In einem luftdicht verschlossenen Behälter aufbewahren und innerhalb von drei Tagen verbrauchen.

### Gebackene Variante: PROTEINKEKSE

Den Backofen auf 200 °C vorheizen und ein Backblech mit Backpapier auslegen. Die Teigkugeln etwas flach drücken und auf das vorbereitete Backblech legen. Etwa acht Minuten backen, bis die Kekse anfangen, sich goldbraun zu färben. Aus dem Backofen nehmen und auf einem Abkühlgitter erkalten lassen.

P 8WP CW

Frühstück im Bett - Beerenomelett

# PRIMA ZUM MITNEHMEN

Ich mache jeden Tag mein Frühstück und mein Mittagessen selbst.

Da ich nicht vor zehn Uhr morgens esse, frühstücke ich meist im Büro oder in Flugzeugen.

Mittags bin ich oft bei Besprechungen oder irgendwo mit dem Flugzeug oder dem Auto unterwegs …

Also nehme ich mein Essen mit.

## KAROTTEN-HAFERFLOCKENPUDDING

FÜR 2 PORTIONEN

Okay, hier ist eine halbe Banane drin, aber pro Portion macht das nur eine viertel Banane (etwa ¾ Teelöffel Zucker). Das geht, oder?

- 50 g Haferflocken
- 1 EL Chiasamen (optional)
- 350 ml Kokosmilch, einschließlich der Creme, die sich darauf gebildet hat (oder eine andere Milch)
- 1 TL Vanilleextrakt oder ¼ TL Vanillepulver
- 1 große Karotte, fein geraspelt (oder einfach in große Stücke geschnitten, falls man einen leistungsstarken Mixer benutzt)
- 1 TL Zimt
- ¼ TL Ingwerpulver
- 1 Prise Muskatnuss
- 1 Prise Meersalz
- ½ gefrorene Banane oder ½ Avocado, vermischt mit ½ EL Reissirup
- 2 EL zerdrückte Walnüsse
- 2 EL Kokoschips
- Joghurt oder geschlagene Kokoscreme (siehe unten)
- zusätzliche Walnüsse, Kokoschips und zuckerfreies Granola zum Servieren

Haferflocken, Chiasamen, Milch, Vanilleextrakt oder -pulver, Karotte, Gewürze, Salz, Banane oder Avocadomischung, Walnüsse und Kokoschips pürieren, bis ein glatter Brei entsteht. In zwei Gläser füllen und über Nacht mit geschlossenem Deckel in den Kühlschrank stellen. Morgens mit Joghurt oder geschlagener Kokoscreme, Granola und zusätzlichen Walnüssen und Kokoschips garnieren.

### DER VORTEIL EINGEWEICHTER HAFERFLOCKEN

Durch das Einweichen von Haferflocken werden Enzyme, Laktobazillen und andere hilfreiche Organismen aktiviert und die Phytinsäure neutralisiert.

V

## GESCHLAGENE KOKOSCREME

FÜR 2 GLÄSER

Diese Creme ist himmlisch und kann sowohl von Veganern als auch Allesessern anstatt Zuckerguss verwendet werden. Sie hält sich im Kühlschrank bis zu einer Woche.

- 400-ml-Dose Kokoscreme
- 1 EL Steviagranulat

Die Dose mit der Kokoscreme über Nacht verkehrt herum in den Kühlschrank stellen – nicht vorher schütteln! Am nächsten Tag umdrehen und öffnen, ohne die Dose zu schütteln. Die oberste Schicht Flüssigkeit herauslöffeln und für Smoothies oder andere Rezepte mit Kokosmilch oder Kokoswasser aufbewahren. Den Rest der härteren Creme in der Dose lassen, das Steviagranulat hinzufügen und mit einem Pürierstab schlagen, bis die Mischung dick und cremig ist. Wer keinen Pürierstab hat, füllt die Creme in eine Schüssel und schlägt sie mit einem Handmixer oder in einem Mixer. Die Textur wird am besten, wenn man die Creme mindestens zwei Stunden vor dem Servieren in den Kühlschrank stellt. Je länger die Creme gekühlt wird, desto dicker wird sie.

P V

Karotten-Haferflockenpudding

## ERDNUSS-KÜRBIS-SMOOTHIE

FÜR **2** PORTIONEN

Dieser Smoothie ist ein vollständiges und nahrhaftes Frühstück. Je nachdem, wie cremig oder flüssig Sie Ihren Smoothie mögen, können Sie etwas extra Milch, Wasser oder Eis hinzufügen.

Alle Zutaten in einen Mixer füllen und zu einem glatten Smoothie mixen. Bei einem Hochleistungsmixer können Sie die Eiswürfel hinzufügen. In einem Glasbecher oder einem großen Iso-Becher servieren.

P V 8WP

**1 kleine Handvoll Babyspinat**

**1 ½ EL rohes Kakaopulver (oder nach Geschmack)**

**125 ml Milch (alle Arten einschließlich Kokosmilch) oder vollfetter Bio-Naturjoghurt**

**1 EL Vanille-Proteinpulver (Sie können ein veganes, auf Hülsenfrüchten basierendes oder ein auf Molkebasis hergestelltes nehmen – Hauptsache, es enthält keinen Zucker)**

**1 EL natürliche, zucker- und salzfreie, stückige Erdnussbutter**

**½ TL Mischung aus Zimtpulver, geriebener Muskatnuss und geriebenem Ingwer**

**125 g Kürbispüree (siehe Seite 58)**

**1 Prise Salz**

**1 kleine Handvoll Eiswürfel**

## HASELNUSS-KAFFEE-SHAKE

FÜR **2** PORTIONEN

Die Haselnüsse in einem Mixer zerkleinern, dann der Anleitung für den Erdnuss-Kürbis-Smoothie folgen, aber den Kürbis weglassen und die Erdnussbutter mit den Haselnüssen ersetzen und den Kaffee hinzufügen.

P V 8WP

**2 EL ganze Haselnüsse**

**125 ml schwarzer Kaffee**

## HEISSER KURKUMA-MILCHSHAKE

FÜR **2** PORTIONEN

Dieses beruhigende Getränk tut gut an windigen Tagen, wenn die Vata-Energie aus dem Gleichgewicht gerät. Stevia oder Reissirup ist für diesen sehr schön erdenden Drink nicht nötig, aber wenn Ihnen nach Süße ist, bringt ein Teelöffel Kokosöl genug davon.

Die Mandeln und die Milch in einen Mixer geben und zu einem glatten Drink mixen. Die Gewürze unterrühren. In zwei Glasgefäße füllen und vor dem Servieren in der Mikrowelle erhitzen.

P V 8WP CW

- 35 g Mandeln, über Nacht in kaltem Wasser eingeweicht
- 250 ml Milch (alle Arten einschließlich Kokosmilch)
- ¼ TL gemahlene oder – besser – frische geriebene Kurkuma
- 1 TL Zimt
- 1 TL Ingwerpulver
- 1 TL Vanillepulver

## HAFERFLOCKENPUDDING MIT ERDNUSS-KOKOSCREME

FÜR **2** PORTIONEN

Haferflocken, Chiasamen, Milch, Proteinpulver und Vanille in einen Mixer füllen und zu einer glatten Masse mixen. In zwei Gläser gießen, Gläser verschließen und über Nacht in den Kühlschrank stellen. Mit einem Pürierstab auf niedriger Geschwindigkeit die Erdnuss- oder Mandelbutter unter die geschlagene Kokoscreme rühren, nacheinander jeweils einen halben Esslöffel. Den Reissirup hinzufügen und etwas weiterrühren, dann die Creme über Nacht im Kühlschrank aufbewahren. Am Morgen den Pudding mit der Erdbeerkonfitüre und der Erdnuss-Kokoscreme garnieren.

**ANMERKUNG:** Sie können gleich eine große Menge der Erdnuss-Kokoscreme machen, indem Sie der geschlagenen Kokoscreme aus einer 400-ml-Dose drei bis vier Esslöffel Erdnussbutter und zwei Teelöffel Reissirup hinzufügen. Die Creme hält sich im Kühlschrank eine Woche (eventuell müssen Sie sie noch einmal aufschlagen, damit sie wieder locker wird.)

V

- 50 g Haferflocken
- 1 EL Chiasamen
- 350 ml Milch (alle Arten)
- 2 EL Vanille-Proteinpulver
- 1 TL Vanilleextrakt oder ¼ TL Vanillepulver
- 1 EL Erdnuss- oder Mandelmus
- 120 ml geschlagene Kokoscreme (siehe Seite 80)
- 1 TL Reissirup
- 1 EL Erdbeerkonfitüre (siehe Seite 215)

### SCHNELLE VARIANTE

Fügen Sie der Haferflockenmischung vor dem Einweichen noch Kokoschips hinzu, lassen Sie den Schritt mit der Erdnussbutter weg und garnieren Sie den Haferflockenpudding mit frischen oder tiefgefrorenen Erdbeeren, einem Klecks Erdnussbutter und ein paar Walnüssen und Pekannüssen, dann erhitzen Sie das Ganze im Büro in der Mikrowelle und essen es mit Naturjoghurt.

# VIER GRÜNE SMOOTHIES

## für strahlende Haut

Es gibt viele Arten, eine Gurke zu schälen und sich einen reinigenden grünen Saft zu machen. Ich persönlich habe dafür ein paar Grundsätze:

Ich mixe oder püriere; ich „entsafte", indem ich einen Mixer und keinen Entsafter benutze. So verwende und verzehre ich das ganze Gemüse und das ganze Obst, anstatt nur den Saft herauszuholen. Ich gebe auch die Kerne und alles hinzu (und noch etwas Zitronen- oder Limettenschale – die Schale soll gut gegen Krebs sein). Ballaststoffe sind wichtig, vor allem, wenn Sie auch Obst oder fruktosereiches Gemüse verwenden. Außerdem ist das Wegwerfen der Ballaststoffe Lebensmittelverschwendung. Und wenn ich meine Smoothies auf diese Art herstelle, brauche ich nicht auch noch einen teuren Entsafter, der Platz in der Küche wegnimmt.

Ich habe einen leistungsstarken Mixer, aber einer mit normaler Leistung tut es auch. Wenn Sie auch einen leistungsstarken haben, fügen Sie ein paar Eiswürfel hinzu (und füllen Sie diese zusammen mit den harten Gemüsen als Erstes in den Mixer). Bei einem normalen Mixer halten Sie sich einfach an weichere grüne Gemüse wie Gurke, Salat, Babyspinat und Brunnenkresse.

Ich gebe auch immer etwas Fett dazu – Avocado, Kokosnuss, Milch und/oder Chiasamen. Die guten Inhaltsstoffe aus den grünen Gemüsen werden vom Körper am besten mit Fett absorbiert, daher ist es eine Verschwendung von Vitaminen, wenn nicht ein wenig Fett in der Mischung ist. **Die wichtigsten Vitamine in Gemüse – A, E, D und K – werden nur absorbiert, wenn man sie zusammen mit Fett isst**. Ich versuche auch noch, mit meinem Smoothie etwas Eiweiß zu mir zu nehmen, um daraus eine schöne ganze Mahlzeit zu machen.

Füllen Sie die Zutaten in der aufgeführten Reihenfolge in den Mixer und fügen Sie die angegebene Flüssigkeit hinzu. Dann mixen, bis die Masse glatt ist (nicht zu lange, sonst erwärmt sich das Gemüse), und auf zwei Gläser mit Deckel oder Thermobecher verteilen.

*Lassen Sie sich ein paar der Kombinationen gegenüber schmecken!*

gegenüber

P V CW

## 1. SÜSSE DETOX-PROTEIN-MASCHINE

*Dieser Smoothie ist eine Mahlzeit im Glas. Kids und Männer sind Fans davon.*

Eiswürfel, 3 gefrorene Erdbeeren, 1 geschälte Kiwi, 3 Handvoll Blattsalat/Babyspinat/Brunnenkresse/Rucola (was Sie gerade dahaben), 4 EL Vanille-Proteinpulver, 1 große Handvoll Minze, 1 TL Chiasamen (optional), 250 ml Kokoswasser.

## 2. DANKE-DAFÜR-SMOOTHIE (ENTZÜNDUNGSHEMMENDE MISCHUNG)

*Dieser Smoothie ist meine Rettung, wenn meine Autoimmunerkrankung verrückt spielt.*

Eiswürfel, 1 EL Chiasamen, 1 große Gurke 1 Zitrone, ½ grüner Apfel, 2 Selleriestangen, 1 Handvoll Koriander, je 1 3-cm-Stück frischer Ingwer und frische Kurkuma (falls erhältlich), 250 ml Kokoswasser, 1 Prise Steviagranulat oder ein paar Tropfen flüssiges Stevia (optional).

## 3. DER PRÄCHTIGE (HERZHAFTER-DETOX-SMOOTHIE)

*Der Geschmack dieses Smoothies ist vielleicht etwas überraschend. Wer nicht an herzhafte Drinks gewöhnt ist, mag das Rezept etwas merkwürdig finden ... Bloody-Mary-Fans können sich aber sicher dafür erwärmen.*

Eiswürfel, 75 g klein geschnittener Fenchel (oder 2 Selleriestangen), je ein 3-cm-Stück frischer Ingwer und frische Kurkuma (falls erhältlich), 1 Handvoll Babyspinat, Brunnenkresse oder Rucola (was gerade da ist), 1 kleine weiche Avocado, ½ Paprikaschote (am besten rot, gelb oder orange), 225 g vorgekochter und tiefgefrorener Brokkoli, 1 große Handvoll glatte Petersilie und/oder Koriander, 1 EL klein geschnittene rote Zwiebel, 1 Limette (auch etwas von der Schale), 250 ml Kokoswasser (oder Wasser), 1 große Prise Cayennepfeffer (oder Chilipulver oder 1 Spritzer Tabasco), 1 gute Prise Salz, 1 Prise Steviagranulat.

## 4. DER CREMIGE (BEEREN-DARMREINIGER)

*Mit diesem leckeren Beeren-Smoothie bringt man den Stoffwechsel ordentlich in Schwung.*

Eiswürfel, 2 Handvoll Babyspinat, 150 g tiefgefrorene gemischte Beeren, 250 ml Kefir oder vollfetter Bio-Naturjoghurt oder Mandelmilch (diese mit 50 g Mandelmehl), 2 EL Kokoschips oder Kokosöl (am Ende zugeben, damit es nicht kalt und hart wird), 2 EL Molke (optional), 1 Prise Steviagranulat.

## Varianten

- Fügen Sie nach Belieben anderes grünes Gemüse hinzu, wenn Sie es gerade da haben: Stangensellerie, Gurke, Fenchel, Pak Choi, vorgekochter und tiefgefrorener Brokkoli oder Grünkohl (siehe Seite 58), Blattsalat (alle Sorten).
- Kaufen Sie sich ein zuckerfreies Grünpulver (eine Mischung aus getrockneten, pulverisierten grünen Gemüsen) und fügen Sie Ihrem Smoothie einen Esslöffel hinzu.

Nützliche Tipps für

# SACHEN IN GLÄSERN

Viele der Sachen zum Mitnehmen sind für zwei Portionen berechnet. Eine für heute, eine für morgen (um Zeit und Mühe zu sparen).

Der Bonus, wenn Sie Ihre Suppe im Glas einfrieren:

IHRE MITNEHM-MAHLZEIT KANN NICHT AUSLAUFEN.

NEHMEN SIE FÜR SALATE EIN GLAS MIT BREITER ÖFFNUNG

(so passt Ihre Gabel rein).

NOCH EIN TRICK, DAMIT NICH AUSLÄUFT:

FÜGEN SIE IHRER CREME ODER IHR SMOOTHIE CHIASAMEN HINZU.

Zum Servieren können Sie immer noch extra Milch oder Wasser dazugeben.

Schokoladiges Nuss-Kokos-Granola mit Joghurt
ICH TRINKE SMOOTHIES MIT ETWAS PROTEIN UND FETT
(ein oder zwei gekochte Eier oder ein paar Nüsse).
Danke dafür! (entzündungs-hemmende Mischung) – grüner Smoothie für strahlende Haut
Isländisches Skyr-Parfait
WENN SIE IHREN SALAT IM GLAS SPÄTER IN EINER SCHÜSSEL SERVIEREN WOLLEN,
füllen Sie das Dressing auf den Boden des Glases.
(Wenn Sie das Glas dann umdrehen, ist das Dressing obenauf!)

# SCHOKOLADIGES NUSS-KOKOS-GRANOLA

FÜR 425 GRAMM

Dieses köstlich-knackige Granola kann man als Frühstück, als Snack oder zum Dessert genießen. Den Reissirup können Sie nach Geschmack auch reduzieren oder ganz weglassen. Für meinen Geschmack liefert das Kokosöl genügend Süße.

Den Backofen auf 120 °C vorheizen und ein Backblech mit Backpapier auslegen. Alle Zutaten bis auf den Joghurt vermengen und dann gleichmäßig auf dem Blech verteilen. 15–20 Minuten backen, bis die Mischung goldbraun wird; nach der Hälfte der Zeit wenden. Ich backe meins gern, bis es ziemlich dunkel ist – je dunkler, desto knuspriger. Aus dem Herd nehmen und abkühlen lassen.

Zum Servieren Joghurt in ein Glasgefäß oder eine Schüssel füllen und darauf 85 g Granola geben.

**ANMERKUNG:** Dieses Granola ist auch ein herrliches Dessert. Oder man streut es über etwas geschlagene Kokoscreme (siehe Seite 80).

P V

**175 g Kokoschips**

**250 g gemischte Mandeln, Cashewnüsse, Pekannüsse, Walnüsse und Kürbiskerne (vorzugsweise aktiviert, siehe Seite 212), grob gehackt**

**2 EL Chiasamen**

**1 TL Zimt (optional)**

**80–100 g Kokosöl oder geschmolzene Butter**

**4 EL Reissirup (optional)**

**50 g roher Kakao**

**2 EL Kakao-Nibs**

**125 ml vollfetter Bio-Naturjoghurt griechischer Art oder ungesüßter Kokosjoghurt zum Servieren**

# FÜNF VARIANTEN
## mit großem Raspelsalat

Diesen für mehrere Tage gedachten Salat bewahre ich im Kühlschrank auf und kombiniere ich ihn nach Wunsch mit verschiedenen Dressings, anderen Zutaten und Proteinen (perfekt für Solo-Köche!).

Wenn ich den Salat nicht aufesse, mache ich aus dem Rest Gemüsefrikadellen; ich gebe einfach Chiasamen oder Pfeilwurzelmehl zum Aufsaugen der Flüssigkeit und noch ein oder zwei Eier hinzu, forme Frikadellen und brate sie. Oder ich reichere mit dem Salatrest meine nächste Suppe an.

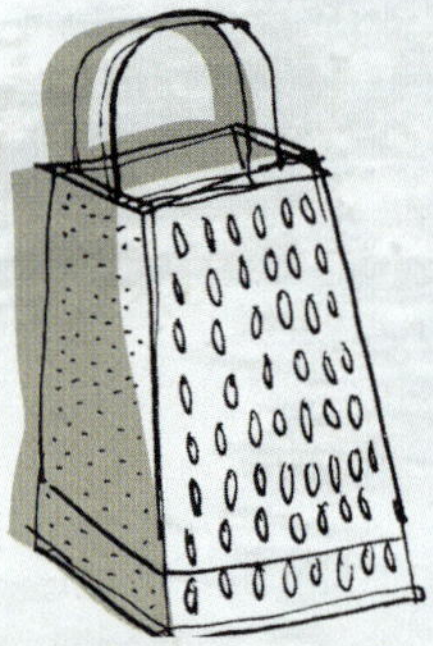

## GROSSER BASIS-RASPELSALAT

FÜR 4 PORTIONEN

- 2 Karotten
- 2 kleine Zucchini
- 225 g Blumenkohlröschen oder 1 Kohlrübe
- 4 Frühlingszwiebeln oder 1 rote Zwiebel, fein gehackt
- Dressing nach Wahl (siehe Rezepte auf Seite 213)
- 75 g Kürbiskerne und/oder Sonnenblumenkerne, leicht angeröstet (das Rösten ist optional)

Karotten, Zucchini und Blumenkohl oder Kohlrübe raspeln. Wenn möglich einen Mixer mit Raspeleinsatz verwenden, dann können Sie die restlichen Zutaten einfach in das Mixgefäß mit hineingeben. Frühlingszwiebeln oder rote Zwiebel mit dem Rest vermengen und dann die Masse auf 4 große, breite Glasgefäße verteilen. Auf jeden Salat das Dressing nach Wahl und die Kerne geben.

*Und nun probieren Sie die erweiterten Varianten auf der Seite gegenüber.*

## 1. VIETNAMESISCHER RASPEL-SALAT MIT HÜHNERSTREIFEN

**Hinzufügen**: Hühnerfleischrest vom knusprigen Brathähnchen (siehe Seite 119), Streifen von roter Paprikaschote und Minzeblättchen.
**Austauschen**: Sesamsamen anstatt Kürbiskernen
**Dressing**: Dressing auf asiatische Art (siehe Seite 221) oder koreanische Mayonnaise (siehe Seite 217).

## 2. REGENBOGEN-RASPELSALAT

**Hinzufügen**: Geraspelte Rote Bete und zerkrümelten weichen Feta.
**Austauschen**: leicht geröstete Walnüsse anstatt der Kürbiskerne, vorgekochter und tiefgefrorener Brokkoli (Seite 58) anstatt Blumenkohl
**Dressing**: Dressing im Glas (siehe Seite 213) oder Kürbispüree (siehe Seite 58).

## 3. ALKALISIERENDER RASPELSALAT

**Hinzufügen**: aufgetaute vorgekochte und tiefgefrorene Brokkoliröschen (siehe Seite 58), in sehr kleine Stücke geschnitten, und Sprossen (siehe Seite 170) oder selbst gemachtes Sauerkraut (siehe Seite 209).
**Dressing**: Cremige grüne Detox-Sauce (siehe Seite 217) oder Alkalisierendes Dressing (siehe Seite 213).

## 4. RASPELSALAT NIÇOISE

**Hinzufügen**: 95 g Thunfisch in Salzlake aus nachhaltigem Fischfang, Cherrytomaten, in Viertel geschnitten, klein gehackte Anchovis, Basilikumblätter, Salz und frisch gemahlenen schwarzen Pfeffer; nach Belieben auch ein gekochtes Ei.
**Dressing**: Sauce tartare (siehe Seite 216) oder Dressing französische Art (siehe Seite 213).

## 5. KRABBEN-COCKTAIL-MISCHMASCH-RASPELSALAT

**Hinzufügen**: Brunnenkresse, Alfalfa/Rettichsprossen oder grob gehackte Rucolablätter, ¼ Gurke oder Avocado in Würfeln, 3 Cherrytomaten, in Viertel geschnitten und 80 g gekochte und geschälte Krabben.
**Austauschen**: 50 g sehr fein geschnittenen Fenchel anstatt einigen der geraspelten Gemüse und ein paar Minzeblättchen anstatt der Frühlingszwiebeln.
**Dressing**: Tausend-Inseln-Dressing (siehe Seite 217).

## Varianten

- Geraspelter Kürbis anstatt geraspelter Karotte.
- Geraspelter Rettich oder Knollensellerie anstatt Blumenkohl.
- Probieren Sie einen „heißen Salat": in der Mikrowelle erwärmen (vorher Metall- oder Plastikdeckel vom Glas entfernen!). Passt gut mit einem Ei obenauf.

## ISLÄNDISCHES SKYR-PARFAIT

**FÜR 2 PORTIONEN**

Als ich durch Island reiste, um die dortige Slow-Food-Szene zu erkunden, aß ich immer wieder den traditionellen Skyr, der dort zum Frühstück, zum Mittagessen (auf einem Sandwich) und nach dem Abendessen serviert wird (mit Beeren anstatt Eiscreme). Skyr ist ein fermentierter Käse, der voller guter Darmbakterien ist und dem Frischkäse ähnelt, den ich seit Jahren selbst mache. Das Rezept für dieses köstliche Rezept stammt aus dem Aldin Café im Zentrum von Reykjavik, in dem die Leute morgens vor der Arbeit bei dampfendem Kaffee Wollmützen stricken. So macht man es, wenn man in Island wohnt.

- ½ Avocado
- 250 ml Kokosmilch
- 115 g selbst gemachter Frischkäse (siehe Seite 212)
- 75 g tiefgefrorene Beeren, ein paar Minuten in einem kleinen Topf erhitzt, dann wieder abgekühlt
- Kokoschips, etwas angeröstet

Avocado und drei Viertel der Kokosmilch in eine Schüssel füllen und mit einem Pürierstab verrühren. In einer separaten Schüssel den Rest der Kokosmilch mit dem Frischkäse verrühren. Beeren, Frischkäse und Avocado-Mousse in zwei großen Gläsern übereinander schichten und mit den Kokoschips bestreuen.

**SOLO-KÖCHE:** Die zweite Portion hält sich im Kühlschrank ein bis zwei Tage.

P

## FIXE FRÜHSTÜCKSCREME

**FÜR 1 PORTION**

Abgepackte Frühstücksflocken oder auch die so genannten Frühstückskekse sind meist alles andere als ein gesundes Frühstück, weil sie giftige Samenöle (ja!), Zucker und andere Chemikalien enthalten. Machen Sie lieber fix Ihr eigenes Frühstück. Dieses hier mögen vor allem männliche Teenager – ach was, männliche Zeitgenossen jeden Alters.

- 2–3 Weetabix-Kekse (oder andere zuckerarme Weizen-Frühstückskekse), zerdrückt
- 75 ml Milch Ihrer Wahl
- 2 Eiswürfel
- ½ TL Reissirup (optional)
- 1 EL Mandelmus oder Vanille-Proteinpulver
- 2 gefrorene Erdbeeren

Alle Zutaten in einen Hochleistungsmixer füllen und zu einer cremigen Masse schlagen. In einem Glas mit Deckel servieren.

V

# REINIGENDE UND BERUHIGENDE BRUNNENKRESSE-SUPPE

**FÜR 2 PORTIONEN**

Durch den Verzehr von Brunnenkresse wird Ihr Inneres gründlich sauber geschrubbt. Sie enthält alle essentiellen Vitamine und ist extrem alkalisierend. Außerdem ist sie reich an Fettsäuren, Chlorophyll und Jod – ein Segen beim Entgiften. Die ayurvedische Tradition besagt, dass bei etwas überhitzter Pitta-Energie (was im Sommer leicht passiert) die kühlenden, alkalisierenden Eigenschaften dieser Suppe ausgleichend wirken. Auch bei von Verdauungsstress hervorgerufener Entzündung tut die Suppe gut. Sie kann heiß oder kalt genossen werden, auf jeden Fall aber mit etwas gesättigtem Fett – hier Crème double oder Joghurt –, damit der Körper die vielen guten Mineralien und Vitamine auch absorbieren kann.

- 1 EL Butter
- 1 Zwiebel, fein gehackt
- 1,2 l Hühnerbrühe aus Resten (siehe Seite 199)
- 1 rote Kartoffel, gewürfelt
- 2–3 große Bunde Brunnenkresse, gehackt
- Salz und frisch gemahlener schwarzer Pfeffer nach Geschmack
- ½ TL gemahlener Kreuzkümmel
- ¼ TL Cayennepfeffer
- Crème double oder vollfetter Bio-Naturjoghurt zum Servieren

Die Butter in einem Topf bei niedriger Temperatur erhitzen und die Zwiebel darin anschwitzen, bis sie weich ist. Brühe und Kartoffel hinzufügen, zum Kochen bringen und köcheln, bis die Kartoffelstücke weich sind, etwa 20 Minuten. Nun die Wasserkresse dazugeben, mit Salz und Pfeffer abschmecken, Kumin und Cayennepfeffer hinzufügen und drei Minuten unter Rühren weiter köcheln. Vom Herd nehmen und portionsweise in einem Mixer pürieren oder im Topf mit einem Stabmixer. Wenn Sie die leuchtend grüne Farbe der Wasserkresse beibehalten wollen, gießen Sie die Suppe nach dem Pürieren in eine Metallschüssel und stellen diese in ein Spülbecken mit eiskaltem Wasser. In verschließbare Gläser füllen und heiß oder kalt mit etwas durchgezogener Crème double oder Joghurt servieren.

**SOLO-KÖCHE:** Übrige Portion im Glas einfrieren.

**ANMERKUNG:** Ein zusätzlicher Vorteil, wenn die Suppe im Glas eingefroren wird: Das Essen zum Mitnehmen kann nicht auslaufen! Dies ist eine Sommersuppe, aber wenn Sie sie in kühlerer Zeit machen, können Sie die Zwiebel auch durch Porree ersetzen.

## *Grüne(re) Variante:* BRUNNENKRESSE-SUPPE OHNE KARTOFFEL

Wenn Sie den Detox-Faktor noch verstärken möchten, ersetzen Sie die Kartoffel durch Fenchel oder Blumenkohl. Oder lassen Sie sie weg und geben Sie stattdessen nach dem Abkühlen und vor dem Pürieren eine weiche Avocado hinzu. Sie können auch die Zwiebel in etwas Brühe anstatt in Butter andünsten.

P 8WP CW

# NEU GESTALTETE WOHLFÜHL-KLASSIKER

In diesem Kapitel beziehe ich mich auf die Gerichte, die alle lieben (aber wünschten, sie wären gesünder), und gebe ihnen einen etwas anderen, nachhaltigen und nahrhaften Tiwst.

PS: Ich habe auch ein paar Lieblingsgerichte von Kids und Männern aufgenommen.

# HAMBURGER AUF SALAT *in der Schüssel*

**FÜR 4 PORTIONEN**

Bei diesem Rezept nehme ich die besten Teile des Hamburgers und versenke sie zusammen mit einer fantastischen Salatkreation in einer Schüssel. Ich mache den Salat gern mit vielen herzhaften Zutaten und zerkrümele die Hamburger ein bisschen, vielleicht wollen Sie es auch so machen.

**FRIKADELLE**

600 g mageres Rinderhackfleisch

1 kleine Zwiebel, gehackt

½ EL gehackte glatte Petersilie

Meersalz und frisch gemahlener schwarzer Pfeffer

1 EL Kokosöl, Butter oder Ghee

100 g geriebener Käse

**SALAT**

4 große Handvoll Rucola

2 Karotten, geraspelt

1 Avocado, gewürfelt

1 große Zwiebel, in dünne Ringe geschnitten

1 EL Apfelessig

½ TL getrockneter Thymian oder ein paar Zweige Thymian

300 g vorgekochte und tiefgefrorene Rote Bete (siehe Seite 58), aufgetaut

**BEILAGEN**

2 EL Harissa oder 1 EL Harissapulver, mit etwas Wasser oder Olivenöl vermischt

250 ml vollfetter Bio-Naturjoghurt

Senf

selbst gemachtes Sauerkraut (siehe Seite 208) oder fermentierte Gurke (siehe Seite 207)

Für die Frikadellen Fleisch, Zwiebel und Petersilie in einer großen Schüssel vermengen, nach Geschmack würzen und mit den Händen gut verkneten. Aus der Masse vier gleich große Frikadellen formen. Öl, Butter oder Ghee in einer Pfanne bei mittlerer Temperatur erhitzen und Frikadellen darin auf beiden Seiten braten, insgesamt 5–8 Minuten. Den Käse auf die Frikadellen streuen und Frikadellen noch ein paar Minuten bei geschlossenem Deckel durchgaren lassen, während der Käse schmilzt.

Derweil Rucola, Karotten und Avocado auf vier Schüsseln verteilen. Frikadellen aus der Pfanne heben und auf den Salat legen. Die Temperatur unter der Pfanne klein stellen und die Zwiebelringe in dem Fleischsaft dünsten. Die Zwiebel etwa gute fünf Minuten dünsten, sodass sie ein wenig karamellisiert. Mit dem Essig ablöschen, bevor die Zwiebel anbrennt, den Thymian hinzufügen und noch etwas köcheln lassen, bis die Zwiebel sehr weich ist. Dann in die Schüsseln füllen. Nun die Rote Bete in derselben Pfanne erwärmen und auf den Salat legen. Harissa durch den Joghurt ziehen, dann den Salat mit dem Joghurt, Senf und selbst gemachtem Sauerkraut oder fermentierter Gurke servieren.

**SOLO-KÖCHE:** Drei Frikadellen einfrieren, bevor sie gebraten sind, und die anderen Zutaten nach Belieben an eine Person anpassen.

## *Optionale Extras:*

▸ **MAYO MIT MOLKE**
(siehe Seite 216)

▸ **HALBIERTE CHERRYTOMATEN**

▸ **ROTE-BETE-APFEL-RELISH**
(siehe Seite 207) anstatt der Roten Bete.

P 8WP CW

HOT SAUCE
MOLHO PICANTE
PIKANTE SAUS

# NACHHALTIGE FISH AND CHIPS

**FÜR 4 PORTIONEN**

Das Tolle an dieser Variante eines klassischen Fast-Food-Lieblings ist, dass man alle Fischreste verbrauchen kann (man püriert den Fisch, warum dafür ein Filet verschwenden). Anstatt Brasse kann man jede Art festen weißen Fisch nehmen, zum Beispiel Mahi-Mahi-Filets ohne Haut oder die Reste von weißem Fisch, die Ihr Fischhändler gerade dahat.

- 2 mittelgroße Süßkartoffeln
- 1 EL Olivenöl oder Kokosöl, geschmolzen
- 600 g nachhaltig gefangene Brassenfilets oder vorzugsweise Fischreste
- 1 Ei
- 1 EL Schnittlauch, gehackt (getrockneter geht auch)
- ½ TL Meersalz
- 1 TL frisch gemahlener schwarzer Pfeffer
- 50 grob geriebener Parmesan
- Krautsalat (siehe Seite 100) oder sardischer Sellerieherz-Salat (siehe Seite 200) und Sauce tartare (siehe Seite 216) zum Servieren

Backofen auf 200 °C vorheizen und ein Backblech mit Backpapier auslegen. Die Süßkartoffeln quer halbieren, dann jede Hälfte längs in 1 cm dicke Streifen schneiden. Die Streifen in mittelgroße Pommes-Stücke schneiden. Mit Küchenpapier trocken tupfen, dann in dem Öl wälzen. Auf dem vorbereiteten Backblech ausbreiten, dabei Platz für die Fischstäbchen lassen. Nun schon mal etwa zehn Minuten backen.

Derweil die Fischstäbchen vorbereiten. Den Fisch zusammen mit dem Ei in der Küchenmaschine oder mit dem Stabmixer pürieren, eventuell portionsweise. In eine Schüssel füllen und Schnittlauch, Salz und Pfeffer hinzufügen. Mit einem Löffel alles gut vermischen. Nun jeweils vier Esslöffel der Fischmischung mit den Händen zu acht festen Stäbchen formen – hier sind latexfreie Einmalhandschuhe sehr hilfreich! Die Stäbchen mit dem Parmesan panieren. Das Backblech aus dem Ofen nehmen und die Fischstäbchen zu den Pommes legen. Alles zusammen 20–25 Minuten backen, nach der Hälfte der Zeit die Fischstäbchen wenden. Wenn der Parmesan golden ist und die Fischstäbchen durchgegart sind, Blech aus dem Ofen nehmen. Fish and Chips mit Krautsalat oder Sellerieherz-Salat und Sauce tartare servieren.

**SOLO-KÖCHE:** Die gebratenen Fischstäbchen können Sie einfrieren, sie halten sich dann bis zu zwei Monaten.

P 8WP CW

# GEBRATENE HÄHNCHENKEULEN

**FÜR 4 PORTIONEN**

Sie werden das Huhn mit den im Bauch versteckten Kräutern und Gewürzen nie mehr anrühren wollen, wenn Sie erst einmal diese Variante probiert haben, nach der sich alle die Finger lecken. Außerdem enthält sie viele (versteckte) extra Nährstoffe. Durch das Marinieren in Buttermilch bleibt das Huhn saftig. Buttermilch können Sie leicht selbst herstellen: Eine halbe Tasse Vollmilch mit 2 EL Zitronensaft vermischen und fünf Minuten stehen lassen.

Zuerst das Huhn vorbereiten. Die Buttermilch mit dem Senf in einer großen Glasschüssel gut verrühren. Die Hühnerteile hinzufügen und wenden, sodass sie ganz von der Marinade bedeckt sind, dann die Schüssel zudecken und das Huhn im Kühlschrank mindestens 30 Minuten bis zu acht Stunden marinieren.

Den Backofen auf 200 °C vorheizen und ein Backblech mit Backpapier auslegen. Mehl, Backpulver, Sesamsamen, Paprikapulver, Knoblauchpulver, Salz und Pfeffer in einen mittelgroßen Plastikbeutel füllen. Immer jeweils ein oder zwei Stücke des marinierten Huhns hinzufügen und schütteln, bis das Huhn mit der Panade bedeckt ist. Übriges Mehl abschütteln und Hühnerteile auf das vorbereitete Backblech legen. Die Hühnerteile dünn mit dem Olivenölspray einsprühen, wenn Sie mögen. Backen, bis die Hühnerteile goldbraun und in der Mitte nicht mehr rosa sind, etwa 30 Minuten für Schenkel oder 45 Minuten für Keulen.

Während das Huhn backt, das Püree zubereiten. Kartoffeln in einem Topf mit kaltem Wasser bei hoher Temperatur zum Kochen bringen, dann leicht sprudeln etwa zehn Minuten kochen, bis die Kartoffelstücke weich sind. Erbsen und Brokkoli hinzufügen, weitere drei Minuten kochen, abgießen und Minzeblättchen und Öl oder Butter hinzufügen. Gut verrühren, dann mit einer Gabel zerdrücken. Mit Salz und Pfeffer würzen.

Den Krautsalat zubereiten. Dafür Kohl, Karotte und Zwiebeln mit der Mayonnaise in einer Schüssel vermengen.

Für die Cremesauce die heiße Blumenkohlcreme und den Käse in einer kleinen Schüssel verrühren, bis der Käse geschmolzen ist.

Das Huhn mit dem Püree, der Sauce und dem Krautsalat servieren.

**SOLO-KÖCHE:** Hühnerkeulen am nächsten Tag als Mittagessen mit zur Arbeit nehmen und alle übrigen Portionen des gebratenen Huhns einfrieren. Es hält sich dann zwei bis drei Monate.

**MILCHFREI:** ür eine milchfreie Marinade 1,5 l Wasser, 2 EL Meersalz und 1 EL Dijon-Senf vermischen. Hühnerteile hinzufügen, mit Alufolie bedecken und im Kühlschrank vier Stunden marinieren. Abgießen und dem Rezept wie oben folgen.

125 ml Buttermilch
1 EL Dijon-Senf
8 Hähnchenkeulen oder Hähnchenschenkel
75 g Mehl, Kokosmehl oder glutenfreies Mehl
1 TL Backpulver
2 EL Sesamsamen
1 ½ TL Paprikapulver
2 TL Knoblauchpulver
1 TL feines Meersalz
1 TL fein gemahlener schwarzer Pfeffer
Olivenöl-Kochspray (optional)

### KARTOFFEL-ERBSEN-BROKKOLI-PÜREE

2 mittelgroße Kartoffeln, geschält und in Viertel geschnitten
150 g tiefgefrorene Erbsen
450 g vorgekochter und tiefgefrorener Brokkoli, aufgetaut (siehe Seite 58)
5 Minzeblättchen, fein gehackt
2 EL Olivenöl oder Butter
Meersalz und frisch gemahlener schwarzer Pfeffer

### KRAUTSALAT

200 g fein geraspelter Kohl (Rot- und/oder Weißkohl)
1 Karotte, in dünne Stäbchen geschnitten
4 Frühlingszwiebeln oder ½ kleine rote Zwiebel, in feine Streifen geschnitten
Mayo mit Molke (siehe Seite 216)

### KÄSESAUCE

½ Portion Blumenkohlcreme (siehe Seite 108)
40 g geriebener Cheddar

# DREI ARTEN, QUINOA ZUZUBEREITEN

## 1. LIBANESISCHE QUINOA-FALAFEL

**FÜR 4 PORTIONEN (12 FALAFEL)**

4 Pita-Taschen aus Vollkornmehl

**QUINOA-FALAFEL**

2 400-g-Dosen Kichererbsen, abgetropft

1 EL Harissa-Paste oder 2 EL Harissa-Pulver

4 Korianderzweige, die Stiele klein gehackt (ein paar Blätter für die Knoblauchsauce aufheben)

abgeriebene Schale von 1 Zitrone

1 EL Zitronensaft

135 g gekochte Quinoa (siehe Anmerkung)

1 Ei

25 g Kokosmehl

2 EL Olivenöl

**KNOBLAUCHSAUCE**

125 ml griechischer vollfetter Bio-Naturjoghurt

2 TL Knoblauchpulver oder 3 Knoblauchzehen, fein gehackt

Paprika-Tabouleh (siehe Seite 104) zum Servieren

Für die Quinoa-Falafel in der Küchenmaschine Kichererbsen mit dem Harissa und den Korianderstielen zu einer fast schon glatten Masse pürieren. In eine große Schüssel füllen, dann Zitronenschale und -saft, Quinoa, Ei und Kokosmehl hinzufügen und gründlich vermischen. Aus jeweils etwa vier Esslöffeln der Mischung zwölf Frikadellen formen. Olivenöl in einer Bratpfanne bei mittlerer Temperatur erhitzen. Die Falafel auf beiden Seiten braten, eventuell portionsweise, bis sie braun und knusprig sind.

Für die Knoblauchsauce den Joghurt mit Knoblauch und Korianderblättern vermischen.

Zum Servieren in jede Pita-Tasche drei Falafel füllen, mit Tabouleh ergänzen und die Knoblauchsauce darüberträufeln.

**ANMERKUNG:** Quinoa zubereiten: Zunächst 225 g Quinoa sehr gut abspülen. Mit 500 ml Wasser in einen Topf füllen, zugedeckt zum Kochen bringen, dann Temperatur herunterschalten und zugedeckt etwa 15 Minuten köcheln lassen, bis alles Wasser aufgenommen ist. Vom Herd nehmen und fünf Minuten mit Deckel stehen lassen. Mit einer Gabel auflockern. Ergibt 540 g.

**TIPP:** Übrige Korianderblätter können Sie für den entzündungshemmenden grünen Smoothie für strahlende Haut (siehe Seite 93) verwenden oder in Brühe-Würfeln einfrieren (siehe Seite 211).

**VEGAN:** Das Ei in dem Falafel mit zwei mit etwas warmem Wasser vermengten Esslöffeln Chiasamen ersetzen.

V 8WP

## 2. PAPRIKA-TABOULEH

Alle Zutaten in einer Schüssel gut vermischen.

FÜR 4 PORTIONEN

35 g gekochte Quinoa (siehe Seite 102)

60 g glatte Petersilienblätter, gehackt

1 kleine rote Paprika, in kleine Würfel geschnitten

30 g geröstete rohe Mandeln, gehackt

2 EL geröstete Pinienkerne

2 EL Zitronensaft

2 EL Olivenöl

Meersalz und frisch gemahlener schwarzer Pfeffer

---

## 3. QUINOA-KÄSEAUFLAUF

Den Grill auf mittlerer Stufe vorheizen (oder den Backofen auf 180 °C) und eine 22-cm-Auflaufform einfetten. Brokkoli und/oder Blumenkohl, Frischkäse und Quinoa in einen Topf füllen und bei mittlerer bis niedriger Temperatur rühren, bis alle Zutaten durchgewärmt sind. Die Mischung in die vorbereitete Auflaufform füllen und den extra Käse darüberstreuen. Drei Minuten grillen oder zehn Minuten backen, bis der Käse obenauf geschmolzen ist und beginnt, eine goldene Farbe anzunehmen und knusprig zu werden.

P 8WP CW

FÜR 4 PORTIONEN

450 g vorgekochter und tiefgefrorener Brokkoli und/oder Blumenkohl (siehe Seite 58), Röschen und Stiel in feine Scheiben geschnitten

115 g selbst gemachter Frischkäse (siehe Seite 212) oder vollfetter Bio-Naturjoghurt

400 g gekochte Quinoa (siehe Seite 102)

150 g geriebener Käse – Mozzarella ist hier am besten – plus 50 g für die Kruste

2 TL geräuchertes süßes Paprikapulver

1 TL getrockneter Schnittlauch

1 TL Knoblauchpulver (optional)

1 gute Prise Meersalz nach Geschmack

# ORIENTALISCHE HACKFLEISCH-PIZZA „MEATZA“

**FÜR 4 PORTIONEN**

Eine Fleisch-Pizza? Aber ja, eine Pizza mit Fleischboden.

Den Backofen auf 200 °C vorheizen und den Boden einer 23-cm-Auflaufform oder einer Springform mit Backpapier auslegen. In einer großen Schüssel Fleisch und Gewürze vermischen. Das Fleisch auf dem Boden der vorbereiteten Form verteilen und gut in die Ränder drücken – der Fleischboden sollte überall ungefähr 1 cm dick sein. 10–15 Minuten backen, bis der Boden an den Rändern braun zu werden beginnt. Aus dem Ofen nehmen und mit Küchenpapier trocken tupfen, dabei, falls nötig, alle Säfte von den Seiten abnehmen.

Joghurt, Zwiebel, Pinienkerne, Spargel und Käse auf dem Fleischboden verteilen. Wieder in den Ofen stellen und weitere zehn Minuten backen, bis der Käse geschmolzen ist. Derweil den Rucola mit Öl und Zitronensaft überziehen. Die Pizza aus dem Ofen nehmen und mit dem dressierten Rucola garnieren.

**SOLO-KÖCHE:** Vor dem Garnieren mit Rucola in vier Teile teilen und die extra Portionen einzeln einfrieren. Sie halten sich zwei bis drei Monate.

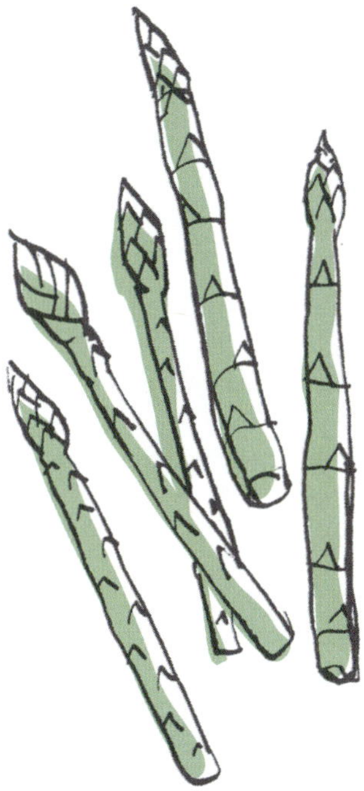

**500 g mageres Bio-Rinderhackfleisch**
**1 TL geräuchertes süßes Paprikapulver**
**2 TL Knoblauchpulver**
**2TL gemahlener Kreuzkümmel**
**1 TL gemahlener Piment**
**75 ml griechischer vollfetter Bio-Naturjoghurt**
**1 kleine rote Zwiebel, in feine Ringe geschnitten**
**2 TL Pinienkerne**
**1 Bund Spargel, geputzt**
**25 g fein geriebener Parmesankäse**
**1 TL Chiliflocken (optional) oder nach Geschmack**
**1 große Handvoll Rucola**
**½ EL Olivenöl**
**1 Spritzer Zitronensaft**

# DREI PFIFFIGE BLUMENKOHL-GERICHTE

## I. BLUMENKOHL-PIZZA

**FÜR 4 KLEINE PORTIONEN**

**BODEN**

1 mittelgroßer Blumenkohl, geraspelt (mit der Hand oder in einer Küchenmaschine zu Reisgröße, aber nicht zu Grieß vermahlen) und gekocht, gut abgetropft und etwas abgekühlt

100 g Ziegenkäse oder geriebener Cheddar

1 Ei

Meersalz und frisch gemahlener schwarzer Pfeffer r

**BELAG**

½ TL Currypulver

60 ml griechischer vollfetter Bio-Naturjoghurt

2 Stiele Brokkoli, längs in vier Teile geschnitten

½ kleine rote Zwiebel, in feine Ringe geschnitten

2 TL Kapern

115 g gewürfelter Feta

40 g kleine entsteinte Oliven

195-g-Dose nachhaltig gefangener Thunfisch in Olivenöl

4 Anchovis-Filets

2–3 Eier

Meersalz und frisch gemahlener schwarzer Pfeffer

Den Backofen auf 200 °C vorheizen und ein Backblech mit Backpapier auslegen. Für den Boden den Blumenkohl mit dem Käse und dem Ei in einer Schüssel vermischen und mit Salz und Pfeffer würzen. Mit einem Holzlöffel oder den Händen die Masse in einen großen Pizzaboden oder 4 kleine Böden formen. Die Böden sollten etwa 1–1½ cm dick sein. Etwa 30–35 Minuten backen, bis die Böden fest und goldbraun sind. Dann aus dem Backofen nehmen.

Für den Belag Curry mit Joghurt vermischen und die Mischung auf den Böden bis zum Rand verteilen. Mit Brokkoli, Zwiebeln, Kapern, Feta, Oliven, Thunfisch und Anchovis belegen, dann die Eier in die Mitte aufbrechen. Noch einmal acht bis zehn Minuten backen, bis das Eiweiß fest ist. Zum Schluss Salz und Pfeffer darüberstreuen.

**SOLO-KÖCHE:** Die Masse für den Boden wie oben beschrieben herstellen, dann die Mischung in vier einzelne Böden teilen und backen. Die extra Böden einfrieren. Vor der Verwendung auftauen, dann mit einem Viertel der für den Belag angegebenen Menge belegen und grillen, anstatt den Backofen für eine Portion einzuschalten.

**VIERER-FAMILIEN:** Dieses Rezept ergibt eine leichte Mahlzeit und mit Schinken und Käse belegt können Sie schnell ein Wochenend-Mittagessen daraus machen. Für eine vollständige Mahlzeit verdoppeln Sie das Rezept und fügen extra Gemüse hinzu.

P 8WP CW

Insgeheim könnte dies glatt
mein LIEBLINGSREZEPT
in diesem Buch sein.

## 2. BLUMENKOHLCREME

**FÜR 4 PORTIONEN**

½ Blumenkohl, in Röschen gebrochen
125 ml Sahne
2 EL Butter
Meersalz

Diese Creme ist ein weniger stärkehaltiger und nährstoffreicherer Ersatz für Kartoffelpüree und kann gut als Beilage zu den Gerichten aus dem Schongarer serviert werden. Kids lieben die damit zubereitete Käsesauce (siehe Seite 100).

Blumenkohl, Sahne und Butter in einen Topf geben, mit Salz würzen, dann zudecken und bei niedriger Temperatur 35 Minuten kochen. Zu einer glatten Masse pürieren, entweder mit einem Stabmixer oder einem Kartoffelstampfer.

P 8WP CW

## 3. BLUMENKOHL-REIS-PFANNE

**FÜR 4 PORTIONEN**

1 kleiner Blumenkohl
1 ½ EL Kokosöl oder Olivenöl
4 Eier, leicht verschlagen
4 Knoblauchzehen, fein gehackt
2 Karotten, gewürfelt
150 g tiefgefrorene Erbsen
6 Frühlingszwiebeln, in Ringe geschnitten
300 g gekochte Garnelen, geschält
Tamari- oder Sojasauce nach Geschmack
Meersalz

Ich wette, wenn ich's Ihnen hier nicht sagen würde, würden Sie gar nicht merken, dass das Gericht ohne Reis ist. Ich habe nichts gegen Reis, ich bin nur dafür, an einem Tag so viel Gemüse wie möglich zu essen.

Den Blumenkohl auf der gröberen Seite einer Käsereibe reiben oder in einer Küchenmaschine pürieren, bis er Reisgröße hat, aber noch nicht wie Grieß ist. Den Blumenkohlreis in eine paar Küchentücher wickeln und drücken, um überschüssige Flüssigkeit zu entfernen.

Einen Esslöffel des Öls in einer Pfanne bei mittlerer Temperatur erwärmen, dann die Eier darin wie ein flaches Omelett garen. Aus der Pfanne nehmen und mit einem Messer oder einer Schere in Streifen schneiden und beiseite stellen. Das übrige Öl in derselben Pfanne erhitzen und den Knoblauch anbraten. Karotten und Erbsen und einen Spritzer Wasser hinzufügen, damit nichts anbrennt, und fünf Minuten dünsten. Frühlingszwiebeln, Blumenkohlreis, Eierstreifen und Garnelen hinzufügen und nach Geschmack mit einem kräftigen Schuss Tamari- oder Sojasauce und Salz würzen. Alles gut verrühren und weitere drei bis fünf Minuten köcheln lassen.

**SOLO-KÖCHE:** Die ganze Menge Blumenkohlreis machen und drei Viertel einfrieren. Dann die anderen Zutaten für eine bis zwei Portionen anpassen.

**VEGAN:** Anstatt der Eier zerkrümelten Tofu nehmen und für eine extra Portion Eiweiß Sesamsamen oder andere Samen und/oder Nüsse über das Gericht streuen.

**GARNELEN KAUFEN:** Kaufen Sie keine Garnelen von asiatischen Garnelenfarmen, die sind ein ökologischer Albtraum. Sie können gefrorene oder gekochte Garnelen kaufen, aber wenn Sie sie einfrieren wollen, nur frische, nicht gefrorene (Meeresfrüchte dürfen nur einmal eingefroren werden).

P V

## GEBACKENE HÜHNER-FRÜHLINGSROLLEN

**FÜR 4 PORTIONEN**

Diese etwas gesünderen Frühlingsrollen – weil gebacken und nicht frittiert – sind eine tolle Art, um Reste vom Huhn oder Kürbis zu verbrauchen. Sie eignen sich auch perfekt für Kindergeburtstage und Pyjama-Partys.

- 300 g in kleine Stücken gerissenes Hühnerfleisch (zum Beispiel Reste vom Knusprigen Brathähnchen Seite 119)
- 75 g klein gezupfter Blattsalat
- 2 TL gemahlener Koriander
- 1 TL Currypulver
- 125 g Kürbispüree (siehe Seite 58)
- 1 Handvoll Minzeblätter
- 2 TL Sesamsamen
- 12 Frühlingsrollenblätter, 18 cm groß
- Olivenöl zum Einfetten
- Gemüsesticks (Karotten und Staudensellerie – in Stäbchen geschnitten – und Zuckerschoten) zum Servieren
- Satay-Sauce oder süße Chilisauce (siehe Seite 215) zum Dippen

Den Backofen auf 180 °C vorheizen und ein Backblech mit Backpapier auslegen. Alle Zutaten bis auf die Frühlingsrollenblätter, das Öl und die Sauce in einer Schüssel gründlich vermischen. Nun immer vier Esslöffel der Mischung auf das untere Drittel eines Blattes füllen. Die Seiten überklappen, dann von unten aufrollen, sodass man eine hübsche feste Rolle erhält. Auf das vorbereitete Backblech legen und leicht mit dem Olivenöl einstreichen. Etwa 15 Minuten backen, bis die Rollen goldbraun sind, nach der Hälfte der Zeit wenden. Mit Gemüsesticks und der Sauce zum Dippen servieren.

**GLUTENFREI:** Anstatt der Frühlingsrollenblätter aus Mehl solche aus Reispapier für „rohe" Frühlingsrollen verwenden. Jedes Reispapier vor dem Füllen etwa eine Minute in einer flachen Schüssel in lauwarmem Wasser einweichen. Herausnehmen, flach auf ein sauberes Küchenhandtuch legen und der Anleitung oben folgen, aber nicht backen.

HMM! THAI

*Wenn Sie Lust auf „süße" Thai-Alternativen haben – dieser Stempel weist darauf hin.*

# DREIMAL PULLED PORK

# I. BARBECUE-SCHWEINEFLEISCH AUS DEM SCHONGARER

FÜR 6 PORTIONEN

Klassischerweise wird dieses Gericht in den USA mit viel Zucker und in einem Barbecue-Smoker zubereitet. Ich habe dieses Rezept entwickelt, um solche Hindernisse zu überwinden (wer von uns hat schon einen Räuchergrill im Garten?). Das Schweinefleisch wird bei mir mit Fenchel und Salz anstatt Zucker eingerieben und für den Rauchgeschmack würze ich mit geräuchertem Paprikapulver. Am besten beginnen Sie mit der Zubereitung schon am Abend zuvor. Das Rezept ist für sechs Personen ausgelegt, damit man die Reste am nächsten Tag für Sandwiches oder Wraps oder die Zubereitung von Banh Mi und Tacos (siehe Seite 112) verwenden kann.

- 2 TL Fenchelsamen
- 1 ½ TL schwarze Pfefferkörner
- 3 TL Meersalz
- 3 TL geräuchertes süßes Paprikapulver (normales Paprikapulver geht auch)
- 1 TL gemahlener Kreuzkümmel
- 1 TL gemahlener Piment oder Zimtpulver
- 2 TL Chilipulver
- 1–1,5 kg Schweinenacken oder Schweineschulter (vorzugsweise mit Knochen)
- 2 EL Olivenöl oder Kokosöl
- 2 Lorbeerblätter
- 125 ml Rotwein oder Brühe
- 75 ml Apfelessig
- 440-g-Dose geschälte Tomaten in Stücken mit ein bisschen Flüssigkeit
- 2 Knoblauchzehen, fein gehackt
- 2 EL Reissirup
- Rote-Bete-Apfel-Relish (siehe Seite 207), gedämpftes grünes Gemüse (siehe Seite 136–137) und Blumenkohlcreme (siehe Seite 108) zum Servieren

Fenchelsamen und Pfefferkörner in einem Mörser mit dem Stößel oder im Mixer fein verreiben. Salz, Paprikapulver, Kreuzkümmel, Piment oder Zimt und Chilipulver hinzufügen und alles gut vermengen. Die Gewürzmischung in das Fleisch einreiben, gründlich auch in die fetten Teile. Gut mit den Fingern in das Fleisch drücken. Zugedeckt mindestens zwei Stunden in den Kühlschrank stellen (für einen intensiveren Geschmack können Sie das Fleisch auch über Nacht im Kühlschrank lassen).

Wenn das Fleisch mit den Gewürzen mariniert ist, das Öl ins Fleisch reiben und es dann in einer heißen Bratpfanne anbraten, bis es rundherum gebräunt ist (normalerweise brate ich mein Fleisch für Schongarer-Gerichte nicht an, aber hier trägt es zu dem Barbecue-Effekt bei). Zusammen mit den restlichen Zutaten in den elektrischen Schongarer füllen und acht Stunden bei niedriger oder fünf Stunden bei hoher Temperatur garen.

Fleisch aus dem Topf nehmen, in eine Schüssel legen und mit zwei Gabeln auseinanderzupfen. Dann das Fleisch mit der Sauce zurück in den Schongarer geben und noch einmal 20 Minuten bei hoher Temperatur ohne Deckel kochen.

**SOLO-KÖCHE UND VIERER-FAMILIEN:** Dies Rezept ergibt sechs Portionen. Frieren Sie alles übrig gebliebene Fleisch in Portionen von 125 g in Tiefkühlbeuteln ein und verwenden Sie es später für das Pork Banh Mi oder das Taco-Rezept – beide auf der folgenden Seite.

**ANMERKUNG:** Das klassische Fleischteil für dies Rezept ist die Schulter, die jedoch sehr groß sein kann und dann eventuell nicht in Ihren Schongarer passt. Bitten Sie Ihren Fleischer dann, den Endknochen abzuschneiden oder verwenden Sie das Nackenfleisch. Es ist teurer, aber kleiner.

P 8WP

## Schummel-Trick

Das Fleisch nur mit Salz einreiben und in 180 ml Brühe garen, dann das gezupfte Fleisch mit 240 ml meiner zuckerfreien, selbst gemachten BBQ-Sauce (siehe Seite 214) vermengen.

## 2. BANH MI MIT SCHWEINEFLEISCH

Mit diesen Sandwiches nach vietnamesischer Art lässt sich sehr gut übrig gebliebenes Schweinefleisch verbrauchen.

**FÜR 1 SANDWICH**

- 1 Portion Barbecue-Schweinefleisch aus dem Schongarer (siehe Seite 111)
- 1 weiches Brötchen, längs halbiert
- 2 EL Mayo mit Molke (siehe Seite 216)
- fermentierte Gurke (siehe Seite 207), in Scheiben, oder Gurkensalat (siehe unten)
- 1 Karotte, in feine Stäbchen geschnitten
- 2 Frühlingszwiebeln oder ¼ kleine rote Zwiebel, in feine Ringe geschnitten
- 4 EL Korianderblätter, grob gehackt
- Spritzer Limettensaft

In einer kleinen Pfanne das Schweinefleisch erhitzen, wenn nötig, etwas Wasser oder Brühe hinzufügen. Eine Seite des Brötchens mit der Mayonnaise bestreichen, darauf die Gurke und die Karotte legen. Nun das Brötchen mit dem gezupften Schweinefleisch füllen, dann mit Zwiebel, Korianderblättchen und Zitronensaft vervollständigen. Sofort servieren.

**GLUTENFREI:** Füllen Sie anstatt des Brötchens einen glutenfreien Wrap.

8WP

## 3. KOREANISCHE SCHWEINEFLEISCH-TACOS MIT GURKENSALAT

**FÜR 1 TACO**

- 100 g Krautsalat ohne Dressing oder fein gehobelter Rotkohl, vermischt mit 1 in feine Stäbchen geschnittenen Karotte
- 2 Frühlingszwiebeln oder ¼ kleine rote Zwiebel, in feine Ringe geschnitten
- 2 ½ EL gehackte Korianderblätter
- 2 EL koreanische Mayonnaise (siehe Seite 217)
- 1 Portion Barbecue-Schweinefleisch aus dem Schongarer (siehe Seite 111)
- 2 Maistortillas, erwärmt, zum Servieren

**GURKENSALAT**

- ¼ Gurke
- 1 Prise Chiliflocken
- 1 EL Apfel- oder Reisessig
- 1 Prise Salz

Etwa zwei Stunden vor dem Servieren den Gurkensalat zubereiten: Die Gurke mit einem Kartoffelschäler (oder einer Mandoline) in lange dünne Streifen hobeln. In einer Schüssel mit den Chiliflocken, dem Essig und dem Salz vermischen und für zwei Stunden in den Kühlschrank stellen.

Derweil in einer anderen Schüssel Krautsalat, Zwiebel, Koriander und Mayonnaise vermengen und beiseite stellen. In einer kleinen Pfanne das Fleisch erwärmen, eventuell etwas Wasser hinzugeben. Jede Tortilla mit der Hälfte des Fleischs füllen, darauf den Krautsalat geben und zusammen mit dem Gurkensalat servieren.

8WP

# SPAGHETTI MIT „THAI-BOLOGNESE“ UND THAI-SALAT

**FÜR 4 PORTIONEN**

Dieses Gericht hat gleich zwei gesunde Besonderheiten – es ist gleichzeitig tomatenfreie Bolognese und süßes Thai-Gericht. Der thailändisch angehauchte Salat gibt ihm einen zusätzlichen Kick.

- 2 EL Olivenöl
- 1 Zwiebel, gehackt
- 1 kleine rote Paprikaschote, in Streifen geschnitten
- 500 g Rinderhackfleisch
- 1 TL Fünf-Gewürze-Pulver
- 4 EL rote Currypaste
- 440-g-Dose Kokoscreme
- 75 g tiefgefrorene Erbsen
- 200 g Spaghetti
- Korianderblätter, grob gehackt, zum Servieren

**THAI-SALAT**

- 2 Gurken, längs halbiert und in dünne Streifen geschnitten
- 12 Cherrytomaten, halbiert
- 100 g Zuckerschoten, in dünne Streifen geschnitten
- ½ TL Chiliflocken
- 20 g Korianderblätter, grob gehackt
- 2 EL Dressing asiatische Art (siehe Seite 213)

Das Olivenöl in einer großen Pfanne bei mittlerer bis hoher Temperatur erhitzen und Zwiebel und Paprikaschote hinzugeben. Etwa eine Minute weich schwitzen. Schweinehackfleisch, Fünf-Gewürze-Pulver und Currypaste hinzufügen, mit einem Löffel oder Schneebesen das Fleisch in kleinere Stückchen auseinanderzupfen und alles etwa weitere fünf Minuten braten, bis das Fleisch gebräunt und durchgegart ist.

Die Kokoscreme in die Pfanne geben und gut verrühren, dann auf mittlere Temperatur herunterschalten und ohne Deckel zehn Minuten köcheln lassen. Die Erbsen dazugeben und weitere fünf Minuten köcheln, um alles durchzuwärmen.

Die Spaghetti nach Packungsanleitung kochen, dann abseihen und zu der Fleischsauce hinzugeben. Zutaten für den Thai-Salat in einer Schüssel vermengen. Spaghetti mit Sauce in Pastatellern servieren, dazu als Beilage den Salat.

**PALEO UND GLUTENFREI:** Anstatt der Spaghetti glutenfreie Spaghetti oder Zucchini-„Nudeln“ verwenden. Einfach pro Person ½ große Zucchini mit einem Kartoffelschäler in lange Streifen schneiden.

P 8WP

HMM! THAI

# ZUR WOCHENMITTE GIBT'S GERICHTE AUS EINEM TOPF

Besonders gerne kreiere ich:
Mahlzeiten, die wenig Arbeitsschritte
und Küchengeräte erfordern und es einem
leicht machen, wenn man wenig Zeit hat.

Tatsache: Jedes Gericht in diesem
Kapitel ist ein
Ein-Topf-Wunder!

W.E.C.

# DREI GERICHTE AUS EINER BRATHÄHNCHEN-PFANNE

## I. KNUSPRIGES BRATHÄHNCHEN MIT SÜSSKARTOFFEL-AUFLAUF

**FÜR 4–6 PERSONEN**

Dieses Brathähnchenrezept ist eine meiner liebsten Mischmasch-Mahlzeiten, denn es berücksichtigt die meisten meiner Essensgrundsätze in einem köstlichen Gericht: Nachhaltigkeit, Sparsamkeit und einfaches Gelingen. Dazu finden sich hier mehrere Kochtechniken, die Geschmack geben und das Kochen erleichtern: Das Huhn wird aufgeschnitten, wodurch sich die Garzeit verkürzt und es nicht dauernd gewendet werden muss; auch bleibt das Fleisch so saftiger. Die offenen Hühnerseiten direkt auf die Zwiebel zu legen, ergibt einen intensiven Geschmack, während die Butter unter der Haut das Huhn besonders kross macht.
PS: Heben Sie die Knochen auf – Sie werden sehen, warum.

- 1 Zwiebel, in dünne Ringe geschnitten (die abgeschnittenen Enden aufheben)
- 1 ganze Knoblauchknolle, in Viertel geschnitten
- 1 ganzes Huhn, Raumtemperatur
- 1 EL Butter
- 1 paar Zweige Thymian oder Oregano
- 2 Zitronen, halbiert
- Meersalz und frisch gemahlener schwarzer Pfeffer
- 125 ml Hühnerbrühe aus Resten (siehe Seite 199), Hühnerbrühe, Wermut oder trockener Weißwein

**SÜSSKARTOFFELAUFLAUF**

- Kokosöl, Butter oder Ghee zum Einfetten
- 750 g Süßkartoffelpüree (siehe Kürbispüree-Variante auf Seite 58)
- 60 ml Mandelmilch
- 1 EL Reissirup
- 1 TL Vanillepulver
- 1 Prise Salz
- 60 g gehackte Pekannüsse (vorzugsweise aktiviert, siehe Seite 212)
- 1 TL Zimt
- ½ TL gemahlener Piment
- gedämpftes grünes Gemüse (siehe Seiten 136–137) zum Servieren

Den Backofen auf 200 °C vorheizen. Die Zwiebel (bis auf die Enden) und den Knoblauch in einen Bräter geben. Mit der Küchenschere das Huhn in zwei Hälften schneiden, indem man an beiden Seiten der Wirbelsäule (das ist der kräftigere Rückenknochen, nicht der weichere Brustknochen) entlangschneidet, dann die Flügel am unteren Gelenk abschneiden oder abziehen und auch größere Fettteile wegschneiden.

Wirbelsäule, Flügelenden und Fettteile mit den Zwiebelenden in einen großen Brühetopf geben und beiseite stellen, um eine saftige Hühnerbrühe aus Resten (siehe Seite 199) zu kochen. Wenn Sie nicht sofort eine Brühe machen wollen, verstauen Sie alles in einem Plastikbeutel, den Sie in den Gefrierschrank legen. Fügen Sie Gemüse-, Fleisch- und Kräuterreste hinzu, bis Sie Zeit haben, daraus eine Brühe zu kochen.

Das Huhn innen und außen mit Küchenpapier gründlich trocken tupfen. Dann mit der Brust nach oben vor sich hinlegen und mit den Händen vom unteren Huhnende die Haut vom Fleisch heben und mit den Fingern unter der Haut bis ganz nach oben fahren. Die Hälfte der Butter und einen Teil der Kräuter unter die Haut schieben.

Die Zitronenhälften über dem Huhn ausdrücken und den Saft in das ganze Huhn einreiben – die Zitronenhälften aufheben. Dann mit Salz und Pfeffer und den übrigen Kräutern einreiben. Das Huhn ausgebreitet in den Bräter legen, die offene Körperseite auf die Zwiebel und den Knoblauch. Die ausgedrückten Zitronenhälften ebenfalls unter das Huhn stecken und Butterflöckchen von der übrigen Butter auf dem Huhn verteilen. 45 Minuten backen, dabei nach 15 und nach 30 Minuten das Huhn mit dem Bratensaft begießen.

Für den Süßkartoffel-Auflauf eine Auflaufform leicht mit Öl, Butter oder Ghee einfetten. Süßkartoffelpüree, Mandelmilch, Reissirup, Vanillepulver und Salz vermischen und in die Form füllen. Die übrigen Zutaten in einer kleinen Schüssel vermengen und dann gleichmäßig über die Süßkartoffelmischung streuen. Zu dem Huhn in den Backofen stellen, wenn dieses noch ungefähr 25 Minuten backen muss.

(Rezept geht auf der nächsten Seite weiter)

Das Huhn ist durchgegart, wenn man ein Holzstäbchen in eine Keule sticht und der auslaufende Saft klar und nicht mehr rosig ist. Dann das Huhn in eine feuerfeste Servierform umfüllen, Knoblauch und Zitronenhälften ebenfalls. Zudecken und in den noch warmen Backofen stellen (der Backofen kann schon ausgeschaltet werden). Den Bräter bei mittlerer Temperatur auf den Herd stellen und den Bratensatz mit der Brühe, dem Wermut oder dem Wein ablöschen. Die Flüssigkeit zum Kochen bringen, dabei die Zwiebeln und Fettstücke vom Bräterboden abkratzen. Nach Belieben etwas mehr Flüssigkeit hinzufügen, dann reduzieren. Die Sauce kann durchgeseiht werden, ich lasse sie lieber, wie sie ist.

Das Huhn in Stücke schneiden und mit der Zwiebel, dem Knoblauch, der Zitrone und der Sauce servieren, dazu den Süßkartoffelauflauf und Gemüse reichen (Rosenkohl passt prima).

**SOLO-KÖCHE UND VIERER-FAMILIEN:** Ein großes Huhn ergibt sechs Portionen. Nach dem Essen alles noch vorhandene Fleisch von den Knochen klauben und in Portionen von 75 g in Tiefkühlbeuteln im Gefrierfach lagern. Die Fleischreste können für den Mittags-Gratin mit Käsekruste (siehe gegenüberliegende Seite) oder meine Anti-Sorgen-Suppe (unten) verwendet werden.

**TIPP:** Reste des Süßkartoffel-Auflaufs können wieder aufgewärmt und zum Frühstück oder als Dessert mit Joghurt oder geschlagener Kokoscreme (siehe Seite 80) gegessen werden.

**ANMERKUNG:** Braten Sie möglichst keine tiefgefrorenen Hühner. Sie können zu wässrig sein. Wenn Sie ein tiefgefrorenes Huhn verwenden, lassen Sie es vorher auf etwas Küchenpapier im Kühlschrank auftauen (nicht zudecken). Vor der Verwendung gründlich trocken tupfen.

P 8WP

## 2. MEINE ANTI-SORGEN-SUPPE

**FÜR 1 PERSON**

Hühnersuppe ist gut für die Seele und gegen Erkältungen, man gibt sie Kranken und sie wirkt beruhigend. Wie kommt das? Wenn man Hühnerknochen (vor allem die Knochen) stundenlang kocht, wird Collagen freigesetzt, das die Schleimhaut des Dünndarms nährt, repariert und beruhigt. Unser Bauch ist unser „zweites Hirn", und sehr wichtig für unser ganzes Nervensystem. Mit dem Bauch beruhigt man gleichzeitig das Gehirn und den ganzen Körper. Diese Suppe ist extrem einfach zuzubereiten und außerordentlich beruhigend und nährend. Die Kohlrübe gibt ihr Süße und Erdigkeit.

- **250 ml Knochenbrühe aus Hühnerknochen (siehe Seite 198)**
- **½ Zucchini, in 1 cm große Würfel geschnitten**
- **1 gelber Kürbis, in 1 cm große Würfel geschnitten**
- **40 g Kohlrübe, in 1 cm große Würfel geschnitten**
- **½ Portion (4 EL) klein gezupftes Hühnerfleisch (zum Beispiel Reste des knusprigen Brathähnchens, siehe Seite 119 und oben)**
- **1 Handvoll gehackte Kräuter (Petersilie ist besonders gut für eine Portion Mineralien)**
- **frisch gemahlener schwarzer Pfeffer**

Brühe zum Kochen bringen, dann Temperatur zurückschalten und die Gemüse hinzufügen. Eine Minute kochen, dann Hühnerfleisch und Kräuter dazugeben und mit schwarzem Pfeffer nach Geschmack würzen. Langsam trinken.

**ANMERKUNG:** Kohlrüben oder Steckrüben sind ein super preiswertes und sehr erdendes Gemüse, das im Winter in den meisten Supermärkten erhältlich ist. Wenn Sie es nicht bekommen, können Sie Speiserüben oder Süßkartoffeln verwenden.

P 8WP CW

## TIPP

Nicht verwendete Kohlrüben können Sie zu einem süßen Snack pürieren oder in Stäbchen schneiden und roh essen (diese Gemüsestäbchen gehören zu meinen liebsten).

# 3. HUHN-GEMÜSE-GRATIN

**FÜR 1 PORTION**

- 1 Portion klein gezupftes Hühnerfleisch (zum Beispiel Reste des knusprigen Brathähnchens, siehe Seite 119)
- 75 g tiefgefrorene Erbsen
- 75 g Kürbis, in feine Scheiben geschnitten
- ¼ Zwiebel, in feine Ringe geschnitten
- 115 g vorgekochter und tiefgefrorener Blumenkohl (siehe Seite 58), aufgetaut in Scheiben oder zerkrümelt
- 40 g geriebener Käse (Cheddar oder Parmesan)
- gedämpftes grünes Gemüse (siehe Seiten 136–137) zum Servieren

Den Backofen auf 180 °C vorheizen. Das Hühnerfleisch in einer leicht eingefetteten feuerfesten Form verteilen. Die Erbsen kochen und den Kürbis, die Zwiebel und den Blumenkohl leicht dämpfen. Bei Verwendung eines mehrstöckigen Dampfkochtopfs die Erbsen zuunterst einfüllen und ein paar Minuten dämpfen, bevor die anderen Gemüse oben eingefüllt werden. Die gegarten Gemüse auf dem Hühnerfleisch verteilen und den Käse darüberstreuen. Etwa 15 Minuten backen, bis der Käse geschmolzen und gebräunt ist. Mit gedämpften Gemüsen servieren.

P 8WP

## ERDENDE WINTER-WURZELGEMÜSE-SUPPE

FÜR **4** PORTIONEN

Im Winter ist es wichtig, sich zu verwurzeln. In der ayurvedischen Tradition wird das Essen von erdenden Lebensmitteln für die beste Art gehalten, jetzt gesund zu bleiben, denn diese beruhigen und wärmen die unbeständige, wilde Vata-Energie, die sich über den Herbst aufgebaut hat. Diese Suppe ist der perfekte, beruhigende Anker. Auch die Süße des Joghurts und des Knollenselleries trägt dazu bei, Ihren flatternden Drachen zu erden.

- 3 EL Butter, Öl oder Kokosöl
- 2 Lauchstangen, klein geschnitten
- 750–900 g geschälte und klein geschnittene Wurzelgemüse (zum Beispiel 1 Steckrübe oder Speiserübe, 2 kleine Pastinaken, ½ Knollensellerie)
- 3 Knoblauchzehen, fein gehackt
- 3 Thymianzweige
- 2 Lorbeerblätter
- ¼ TL Cayennepfeffer
- ½ TL gemahlener Kreuzkümmel
- 1 l Hühnerbrühe aus Resten (siehe Seite 199)
- Meersalz und frisch gemahlener schwarzer Pfeffer
- 1 TL Butter, Öl oder Kokosöl zum Braten des Pancetta
- 6 Scheiben Pancetta
- 125 ml vollfetter Bio-Naturjoghurt

In einem großen Edelstahltopf bei sehr niedriger Temperatur die drei Esslöffel Butter, Öl oder Kokosöl erhitzen und darin den Lauch und die Wurzelgemüse zugedeckt behutsam etwa 30 Minuten garen. Knoblauch, Kräuter und Gewürze hinzufügen und alles noch etwas weiter anschwitzen. Die Brühe angießen, mit Salz und Pfeffer würzen und zum Kochen bringen. Temperatur herunterschalten und zugedeckt 20 Minuten köcheln lassen.

Derweil in einer kleinen Bratpfanne den Teelöffel Butter, Öl oder Kokosöl bei mittlerer Temperatur erhitzen und darin den Pancetta knusprig braten. Dabei einmal wenden. Auf einen Teller mit Küchenpapier legen und abkühlen lassen. Wenn er kalt ist, in Stücke brechen.

Thymianzweige und Lorbeerblätter aus der Suppe nehmen und diese dann mit einem Stabmixer oder portionsweise in einem Standmixer pürieren. Mit etwas durch die Suppe gezogenem Joghurt und den darübergestreuten Pancetta-Stücken servieren.

**ANMERKUNG:** Ich nehme für diese Suppe gern weiße Gemüse, aber Sie können stattdessen auch Karotten oder Süßkartoffeln verwenden.

P 8WP CW

# GRIECHISCHES SOUFIKO

FÜR 4 PORTIONEN

Hier lernen Sie von den Griechen auf Ikaria, Olivenöl so zu essen, wie es die Einwohner Ikarias tun. Sie essen es nicht in Maßen, sondern in großen Mengen. Machen Sie sich ihr Geheimnis zu eigen und essen Sie bei diesem Gericht mehr, als sie normalerweise essen. Soufiko ist ein klassisches Gericht aus Ikaria, das bei fast jeder Mahlzeit als Beilage serviert wird. Es besteht im Wesentlichen aus in Olivenöl gegarten frischen Gemüsen.

Die von mir hier verwendeten Gemüse passen am besten in den Sommer. Wenn etwas davon keine Saison hat, nehmen Sie zum Beispiel grüne Bohnen, Okra, Maiskölbchen oder erhöhen Sie die Menge der anderen Gemüse. Ich mag das Soufiko am liebsten nur mit Zucchini.

Die Gemüse in der aufgeführten Reihenfolge (also das Gemüse mit der längsten Garzeit nach unten) in einer großen Bratpfanne mit schwerem Boden und Deckel oder einem sehr flachen Topf aufschichten, salzen und am Ende das Olivenöl darübergießen. Zugedeckt bei niedriger Temperatur 20-30 Minuten garen. Zum Servieren Oregano darüberstreuen und mit extra Olivenöl beträufeln. Heiß oder kalt mit Brot oder meiner Sardinen-Wurzelgemüse-Pfanne (siehe Seite 124) oder Joghurt essen ... und mit noch mehr Öl!

P V 8WP CW

- 1 große Aubergine, in 2 cm dicke Scheiben geschnitten
- 2 Zwiebeln, halbiert und in Scheiben geschnitten
- 2 Knoblauchzehen, gehackt
- 2 Paprikaschoten (rot oder grün oder beides), in 2 cm große Stücke geschnitten
- 2 Zucchini, in 2 cm große Stücke geschnitten
- 2 Tomaten, in 2 cm große Stücke geschnitten
- 1 TL Meersalz
- 125 ml Olivenöl und etwas mehr zum Servieren
- 2 TL getrocknetes Oregano guter Qualität
- vollfetter Bio-Naturjoghurt zum Servieren

und 3 New Yorker Abwandlungen

## SARDINEN-WURZELGEMÜSE-PFANNE

FÜR 1 PORTION

Sardinen sind die besten Fische. Punkt. Sie haben einen besonders hohen Gehalt an den gesunden DHA-Fettsäuren, ihre essbaren Gräten sind voller Mineralien, sie enthalten wenig Quecksilber und sind die nachhaltigste Option bei Ihrem Fischhändler. Sie sind nicht überfischt, es gibt wenig oder gar keinen Beifang und man kann den ganzen Fisch essen. Zudem sind sie noch billig. PS: Untersuchungen haben gezeigt, dass die gesunden Öle der Sardinen am besten beim Backen im Ofen erhalten bleiben.

Sie können ganze Sardinen kaufen und sie selbst filetieren. Dazu schneidet man den Fisch von knapp unter dem Kopf den Bauch entlang auf und entfernt Kiemen und Innereien. Unter fließendem Wasser gründlich waschen, um Blut und Schuppen zu entfernen. Trocken tupfen. (Ich esse Kopf und Schwanz mit ... die besten Stücke, fragen Sie einen Italiener.) Oder lassen Sie das den Fischhändler für Sie machen, dann fangen Sie das Rezept mit dem aufgeklappten Filet an.

**150–300 g Kürbis, Kartoffeln oder Süßkartoffeln, mit Schale und in Scheiben geschnitten**

**1 EL Olivenöl**

**4 Sardinen (Oder 16, wenn sie für die Varianten unten welche aufheben wollen. Für diese Rezepte können Sie auch Konserven-Sardinen nehmen.)**

**¼ kleine rote Zwiebel, in Streifen geschnitten**

**2 Knoblauchzehen, zerdrückt, aber mit Haut**

**1 paar Zweige Thymian oder Oregano oder Rosmarin, gehackt**

**1 Prise Chiliflocken**

**1 Zitrone (½ in Schnitze geschnitten, ½ aufheben)**

**Meersalz und frisch gemahlener schwarzer Pfeffer (nach Geschmack, aber großzügig)**

P 8WP CW

Den Backofen auf 200 °C vorheizen. Das Wurzelgemüse in einem eingefetteten Bräter oder auf einem Blech gleichmäßig verteilen, würzen, mit der Hälfte des Olivenöls beträufeln und 20-25 Minuten backen.

Die Sardinen auf das Wurzelgemüse legen und Zwiebel, Knoblauch, Kräuter, Chiliflocken, viel Pfeffer und Salz und die Zitronenschnitze darauf verteilen. Den Saft der zurückbehaltenen halben Zitrone und das Öl darüberträufeln. Wieder in den Backofen schieben und weitere zehn Minuten backen, bis die Sardinen gar sind.

Wenn Sie extra Sardinen backen, diese mit der Innenseite nach oben neben das Wurzelgemüse oder auf ein anderes eingefettetes Blech legen. Mit extra Kräutern, Chiliflocken, Pfeffer und Salz bestreuen, mit Öl beträufeln und ebenfalls zehn Minuten backen.

**SOLO-KÖCHE UND VIERER-FAMILIEN:** Dieses Rezept ist für eine Person, kann aber leicht für vier oder mehr Portionen angepasst werden. Solo-Köchen empfehle ich, gleich mehrere Sardinen zu backen und dann aufzubewahren, um sie für die folgenden Rezepte zu verwenden.

### New-York-Varianten:

Während meines kürzlichen Besuchs in New York fiel mir auf, dass dort im Moment Sardinen sehr in Mode sind. Hier sind einige von New York inspirierte Rezepte.

### 1. BLOODY-MARY-TOAST

Zwei Sardinen zusammen mit einem Spritzer selbst gemachter Tomatensauce (siehe Seite 214), Tabasco- und Worcestershire-Sauce, Zitronensaft (und einem Spritzer Wodka) zerdrücken. Auf einem Toastbrot verteilen.

### 2. PRUNES SARDINEN AUF CRACKER

(Das „Prune" ist ein berühmter Brunch-Treff in Manhattan, und dort wird dieses Gericht an der Bar serviert.) Zwei Sardinen mit je einem Teelöffel Senf und Mayonnaise zerdrücken und mit einem herzhaften Cracker servieren.

### 3. SCHARFER SALAT MIT SARDINEN

Einfach ein paar Sardinen über einen Teller mit klein geschnittenen Gemüsen und Kräutern mit etwas Schärfe (Brunnenkresse, Rucola, Rettich, Fenchel und rote Zwiebel) krümeln. Mit Öl beträufeln und als Extra noch mit Avocadostücken garnieren.

DREI MAL

# LAMMHAXE

## 1. ZITRONEN-ZIMT-LAMMHAXE MIT GREMOLATA

**FÜR 6 PORTIONEN**

Ich finde manche Lammhaxen ziemlich groß und mache aus vier Haxen oft sechs Portionen, indem ich vor dem Servieren das Fleisch von den Knochen löse, etwas zerkleinere und wieder in die Sauce gebe. Und natürlich bewahre ich so auch das Knochenmark – das ist das Beste!

Zwiebel, Karotte und Sellerie (ohne Blätter) in einen Schongarer füllen. Die Lammhaxen darauflegen, dann die übrigen Zutaten ebenfalls einfüllen. Etwas umrühren, aber nicht alles komplett verrühren. Schongarer schließen und auf hoher Stufe 4 oder auf niedriger Stufe 8 Stunden garen.

Derweil die Gremolata machen. Alle Zutaten in ein Gefäß geben und sehr gut schütteln. Jeder Person eine Haxe mit einer guten Portion der Saucenmischung servieren, dazu noch die Gemüse und die Blumenkohlcreme.

**SOLO-KÖCHE UND VIERER-FAMILIEN:** Übrig gebliebenes Fleisch in Portionen à 75 g in Gefrierbeuteln einfrieren und für die Rezepte Lamm-Süßkartoffel-Auflauf oder Lamm-Pasta mit Oliven auf den folgenden Seiten verwenden. Übrig gebliebene Sauce in 250-ml-Portionen einfrieren.

**TIPP**

Reste der Gremolata in einem Eiswürfelbehälter einfrieren und später zum Beispiel für Suppe, Pasta oder auf Toast verwenden.

P 8WP CW

- 1 Zwiebel, klein geschnitten
- 2 kleine Karotten, in 2 cm große Stücke geschnitten
- 2 Selleriestangen, in 2 cm große Stücke geschnitten, die Blätter für die Gremolata aufheben
- 4 Lammhaxen (insgesamt etwa 1 kg)
- 2 Knoblauchzehen, zerdrückt
- 125 ml Knochenbrühe (siehe Seite 198) oder Hühnerbrühe aus Resten (siehe Seite 199) oder Wasser mit Brühwürfel oder -paste guter Qualität
- 125 ml Rotwein (oder Weißwein oder ein Spritzer Apfelessig)
- 1 Lorbeerblatt
- 4 Thymian- oder Rosmarinzweige (oder 1 TL getrockneter Thymian)
- ½ TL Steviagranulat (optional)
- 1 EL zerkleinerte eingelegte Zitronen, oder abgeriebene Schale und Saft einer Zitrone
- 1 TL Zimt
- gedämpfte grüne Gemüse (siehe Seite 136–137) und Blumenkohlcreme (siehe Seite 108) zum Servieren

**ZITRONIGE GREMOLATA**

- 1 Bund glatte Petersilie, sehr fein gehackt
- 6-8 Knoblauchzehen, sehr fein gehackt
- 2 Zitronen, abgeriebene Schale und Saft, oder 2 EL zerkleinerte eingelegte Zitrone
- 4 EL Olivenöl extra vergine
- 1 TL Meersalz
- klein gehackte Sellerieblätter, vom Lammhaxen-Rezept aufbewahrt (siehe oben)

## 2. LAMM-PASTA MIT OLIVEN

Die Flüssigkeiten in einen großen Topf füllen und bei hoher Temperatur zum Kochen bringen. Pasta hinzufügen und etwa fünf Minuten kochen. Lammfleisch und Oliven hinzugeben und verrühren. Weitere zwei Minuten kochen, um das Fleisch zu erwärmen und die Pasta zu garen. Dann Cherrytomaten und Babyspinat hinzufügen und mit Zimt und Pfeffer würzen. Alles vermischen und mit geriebenem Parmesan und der Gremolata servieren.

P 8WP

**FÜR 1 PORTION**

- 125 ml Schmorflüssigkeit von der Lammhaxe
- 180 ml Wasser
- 100 g Penne
- 1 Portion übrig gebliebenes Lammfleisch (siehe Seite 127), klein gezupft
- 40 g große entsteinte grüne Oliven (mit Feta gefüllte Oliven passen hier prima)
- 4 Cherrytomaten, halbiert (optional)
- 30 g Babyspinat
- Zimt nach Geschmack
- frisch gemahlener schwarzer Pfeffer
- Parmesankäse zum Servieren
- übrig gebliebene zitronige Gremolata (siehe Seite 127) zum Servieren

## 3. LAMM-SÜSSKARTOFFEL-AUFLAUF

Backofen auf 200 °C vorheizen und eine kleine Auflaufform leicht einfetten. Öl, Butter oder Ghee in einem kleinen Topf erhitzen und Karotte und Zwiebel mit dem Kreuzkümmel anschwitzen, bis sie weich sind. Das klein gezupfte Fleisch und die Flüssigkeit hinzufügen und zwei bis drei Minuten köcheln lassen. Diese Mischung in die vorbereitete Auflaufform füllen und das Süßkartoffelpüree darüberstreichen. Butterflöckchen aufsetzen und etwa 25 Minuten backen, bis die Oberfläche eine goldene Farbe annimmt.

**VIERER-FAMILIEN:** Dieses Rezept lässt sich leicht für vier umrechnen. Wenn Sie das Gericht gehaltvoller machen wollen, können Sie zum Beispiel eine 440-g-Dose braune Linsen hinzufügen.

P 8WP CW

**FÜR 1 PORTION**

- 1 TL Kokosöl, Butter oder Ghee
- 1 kleine Karotte, fein gewürfelt
- ½ Zwiebel, fein gewürfelt
- ¼ TL gemahlener Kreuzkümmel
- 1 Portion übrig gebliebenes Lammhaxenfleisch, klein gezupft
- 2 EL Schmorflüssigkeit von der Lammhaxe oder andere Brühe oder Wasser mit Brühwürfel oder -paste guter Qualität
- 125 g Süßkartoffelpüree (siehe Kürbispüree-Variante auf Seite 58)
- 1 EL Butter

# VIETNAMESISCHES HÜHNER-CURRY

FÜR 4 PERSONEN

*Das Gericht, das mich zum Weinen brachte!*

Wenn ich nach meiner liebsten Essenserfahrung gefragt werde, erzähle ich folgende Geschichte. Dieses Hühner-Curry, auf Vietnamesisch „Cà ri gà", aß ich zum ersten Mal, als ich mit meinem Bruder Pete auf einer Mountainbike-Tour in Vietnam war. Neun Stunden lang waren wir durch eine Wüste und auf einen der höchsten Berge des Landes gefahren. Dazu hatte ich noch eine Lebensmittelvergiftung. Als wir unser Ziel erreichten, war ich wie im Fieberwahn. Pete fand ein Restaurant, in dem ein Kessel mit dieser vietnamesischen Variante eines Hühner-Currys dampfte. Ich hatte gerade einen Löffel davon gegessen, als ich zu weinen begann, weil dieses Essen mich sofort mit neuem Leben und übergroßer Freude erfüllte. Gleich bestellte ich noch zwei weitere Portionen. Über meinem Schreibtisch hängt ein Bild davon, um mich daran zu erinnern, was das Überwinden eines Berges wert sein kann. Cà ri gà wird traditionell mit Kartoffeln zubereitet und mit reichlich Baguette serviert, ich nehme hier stattdessen Süßkartoffeln.

Hühnerfleisch, Zitronengras, Knoblauch, Ingwer, Fischsauce und die Hälfte des Currypulvers oder der Currypaste in eine Schüssel geben (am besten in die entnehmbare Schüssel Ihres Schongarers) und vermischen. Zudecken und zum Marinieren mindestens eine Stunde kaltstellen. (Oder auch über Nacht.)

Die Mischung in den Schongarer füllen (wenn Sie das Fleisch in der Schüssel des Schongarers mariniert haben, einfach zurück in den Schongarer stellen). Das restliche Currypulver mit ein wenig von der Brühe verrühren und mit den Gemüsen, der restlichen Brühe, der Kokosmilch, dem Stevia, den Zitronengras-Enden und den Lorbeerblättern in die Schüssel geben. Gut verrühren und auf niedriger Stufe sieben bis acht Stunden oder auf hoher Stufe drei bis vier Stunden garen.

Das fertige Gericht mit den Frühlingszwiebeln garnieren und mit dem Brot servieren.

P 8WP

**700 g Hühnerkeule oder andere Hühnerteile, mit Haut und Knochen**

**1 Stiel Zitronengras, sehr klein geschnitten, die beiden Enden aufheben (oder 1 EL gekauftes gehacktes Zitronengras)**

**2 Knoblauchzehen, fein gehackt**

**3 cm großes Stück frischer Ingwer, fein gehackt (oder 1 EL gekaufter gehackter Ingwer)**

**2 EL Fischsauce**

**5 EL gelbes Currypulver oder Massaman-Currypaste**

**250 ml Hühnerbrühe aus Resten (siehe Seite 199)**

**2 mittelgroße Süßkartoffeln, in 2,5 cm große Stücke geschnitten**

**1 große Karotte, in 2,5 cm große Stücke geschnitten**

**1 Zwiebel, in 2,5 cm große Stücke geschnitten**

**400-ml-Dose Kokosmilch**

**½ TL Steviagranulat (optional)**

**2 Lorbeerblätter**

**2 EL Pfeilwurzel- oder Maismehl oder Chiakleie**

**2 Frühlingszwiebeln, klein geschnitten**

**Roti-Brot, Papadam oder anderes Fladenbrot oder Baguette zum Servieren**

SAY NO TO
GM FOODS

# FISCH MIT BROKKOLI, CASHEWS UND SÜSSER CHILISAUCE

**FÜR 4 PORTIONEN**

Den Backofen auf 180 °C vorheizen. In einer ofenfesten Form den Brokkoli mit seinen zarten Stielen (oder die Stiele schälen), die Basilikumblätter und die Cashewnüsse verteilen. Darauf den Fisch legen und mit süßer Chilisauce beträufeln. Etwa 15 Minuten backen, bis der Fisch durchgegart ist. Mit extra Basilikumblättern garnieren.

## Sättigendere Variante

Dieses Rezept können Sie für hungrige Familien durch die Zugabe von Reis sättigender machen. In eine große ofenfeste Pfanne oder eine gusseiserne Pfanne 100 g Reis und 350 ml Wasser füllen, zudecken und bei hoher Temperatur den Reis zum Kochen bringen. Dann Temperatur zurückschalten und bei mittlerer Temperatur zehn Minuten köcheln lassen – das meiste Wasser sollte aufgenommen sein und der Reis weich, aber noch nicht ganz gar sein. Die Pfanne vom Herd nehmen und dem Rezept wie oben folgen, wobei die Pfanne mit dem Reis die Basis bildet.

P 8WP

**2 Bunde Brokkoli mit zarten Stielen**

**1 kleine Handvoll Basilikumblätter und mehr zum Servieren**

**75 g Cashewnüsse**

**600 g Wittling-Filets ohne Haut, in gleichmäßige Stücke geschnitten**

**120 ml süße Chilisauce (siehe Seite 215)**

HMM! THAI

## TARTE TATIN MIT FENCHEL

FÜR **4** PORTIONEN

Als ich durch Südeuropa gereist bin, lernte ich viele verschiedene Arten kennen, Fenchel zuzubereiten. Kaufen Sie die süß schmeckenden, den Magen beruhigenden und antientzündlichen Knollen und machen Sie diese beiden Varianten des französischen Klassikers, wenn Fenchel Saison hat (Juni bis November). Die süße Version ist toll zum Nachmittagstee, die herzhafte für einen Wochenend-Lunch.

- **1 EL Kokosöl**
- **2 mittelgroße Fenchelknollen, geputzt und in Spalten geschnitten**
- **75 ml Reissirup**
- **2 EL vollfette Milch (oder jede andere Milchart)**
- **115 g Macadamia-Nüsse**
- **1 TL Zimt**
- **1 Platte Blätterteig oder glutenfreier Blätterteig, aufgetaut**
- **vollfetter Bio-Naturjoghurt, Sahne oder geschlagene Kokoscreme (siehe Seite 80) zum Servieren (optional)**

Den Backofen auf 200 °C vorheizen. Das Olivenöl in einer großen feuerfesten Pfanne bei mittlerer Temperatur erhitzen. Die Fenchelspalten zugeben und auf jeder Seite vier Minuten anschwitzen, bis sie golden und karamellisiert sind. Reissirup und Milch darüberträufeln und noch eine Minute dünsten, damit der Sirup andickt. Den Fenchel in der Pfanne in einem Muster arrangieren, die Macadamia-Nüsse hinzufügen und das Ganze mit dem Zimt bestäuben. Vom Herd nehmen und mit dem zurechtgeschnittenen Blätterteig belegen. Im Backofen 15–20 Minuten backen, bis der Blätterteig aufgegangen und golden ist. Zum Servieren die Ränder des Teigs mit einer Gabel oder einem Messer behutsam vom Pfannenrand lösen. Einen großen Teller verkehrt herum auf die Pfanne legen und das Ganze umdrehen. Vielleicht müssen Sie ein paar Fenchelspalten neu anordnen. Warm servieren, allein oder mit einem Löffel Joghurt, Sahne oder geschlagener Kokoscreme.

### *Herzhafte Variante:*
### EINE VERSION MIT KÄSE

Wie bei der süßen Tarte Tatin vorgehen, aber den Zimt durch einen halben Esslöffel Thymianblättchen ersetzen und anstatt Sahne oder Kokoscreme 125 g weichen Ziegenkäse über die fertige Tarte krümeln und mit frisch gemahlenem schwarzen Pfeffer würzen.

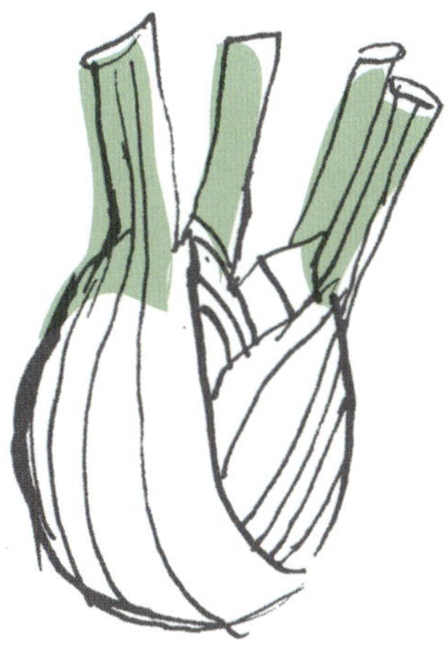

# ZWEI SEITEN

voll mit grünem Gemüse

## ESSEN SIE BEI JEDER HAUPTMAHLZEIT

2-3 Portionen grünes Gemüse extra

- EINE PORTION IST ETWA 120 G.
- Ich esse mein grünes Gemüse immer mit etwas Oliven-, Kokos- oder Macadamia-Öl oder einem großzügigen Stück Butter. Ich habe auch immer ein paar natürlich aromatisierte Öle oder Trüffelbutter vorrätig.

  NICHT VERGESSEN: GEMÜSE MUSS MIT FETT GEGESSEN WERDEN.

  Viele der wichtigen Vitamine in Gemüse – A, E, K und D – sind nur mit Fett verdaulich.
- Gemüse immer in gleichmäßig große Stücke schneiden.
- Nicht die Stiele wegwerfen (von Brokkoli, Mangold usw.): einfach in etwas kleinere Stücke schneiden und etwas länger als die grünen Blätter oder Röschen garen.
- Diese Rezepte ergeben eine Beilage von 2–3 Portionen grünem Gemüse für eine Person und können vervielfacht werden.

### BROKKOLI + AVOCADO

Eine Viertel Avocado zu 350 g gedämpftem Brokkoli (einschließlich der Stiele) geben, während dieser noch heiß ist, sodass die Avocado sich weich mit dem Brokkoli vermischt. Mit etwas French Dressing (siehe Seite 213) oder mit cremiger grüner Detox-Sauce (siehe Seite 217) beträufeln. Anstatt der Avocado kann man auch weichen Ziegenkäse nehmen.

### BROKKOLINI + HASELNUSS

Einen halben Bund kleine Brokkoli mit zarten Stielen in zwei Esslöffeln Kokos- oder Olivenöl schwenken, gehackte Haselnüsse und Meersalz darüberstreuen und im Backofen etwa acht Minuten backen. Anstatt Brokkoli kann man auch Spargel nehmen.

### TIPP

Dämpfen ist meine bevorzugte Methode. Verwenden Sie einen mehrstöckigen Dampftopf oder einen Bambus- oder Metalldämpfereinsatz auf einem Topf oder einen Dämpfeinsatz, den Sie in einen Topf stellen. Die Gemüse mit der längsten Garzeit (und die Stiele) kommen nach ganz unten. Gemüse, die gekocht werden müssen (zum Beispiel tiefgefrorene Erbsen) können gleichzeitig unten in dem Topf mit Wasser gekocht werden.

### SPARGEL + ZUCKERSCHOTEN

90 g gedämpften Spargel (in 5 cm langen Stücken) und 50 g Zuckerschoten mit je 1 EL Olivenöl und Zitronensaft vermengen, dann geriebenen Parmesankäse und Meersalz über das noch heiße Gemüse streuen. Die Zuckerschoten können Sie auch durch grüne Bohnen ersetzen.

Versuchen Sie auch Sardischen Sellerieherz-Salat (Seite 192), Krautsalat (Seite 92) und Gurkensalat (Seite 104).

## MANGOLD + TIEFGEFRORENE ERBSEN

60 g fein gehackten Mangold (auch die weißen Stiele) mit ¼ fein geschnittener roter Zwiebel und 75 g tiefgefrorenen Erbsen in Butter anschwitzen. Sie können auch Spinat nehmen.

## FENCHEL

225 g in Scheiben geschnittenen Fenchel in eine Auflaufform füllen, mit 25 g geriebenem Parmesan bestreuen und im auf 180 °C vorgeheizten Backofen backen, bis er goldbraun ist. Sie können auch in feine Scheiben geschnittenen Blumenkohl nehmen.

## GRÜNE BOHNEN

115 g mit 1 EL Butter und darübergestreuten Mandelblättchen oder Pinienkernen braten. Probieren Sie die Bohnen mit Senf, Thymianblättchen und Knoblauchsalz.

## ROSENKOHL

100 g Rosenkohl in Vierteln in einem Topf mit Kokosöl und 1 Scheibe klein geschnittenem Speck garen.

## KOHL

Eine Knoblauchzehe oder ¼ Zwiebel in Butter anschwitzen, 150 g in 3 cm große Spalten geschnittenen Kohl und 4 EL Hühnerbrühe aus Resten (siehe Seite 199) hinzufügen und zugedeckt 20–30 Minuten kochen, bis der Kohl weich ist. Mit dem entstandenen, reduzierten Saft und einem Spritzer Zitrone servieren. Sie können auch Fenchelspalten, halbierten Chicorée, Lauch oder in 10 cm lange Stücke geschnittenen Stangensellerie nehmen.

## ZUCCHINI

Eine Zucchini raspeln oder in sehr feine Scheiben schneiden und mit einem Spritzer Zitrone, etwas Olivenöl, Chiliflocken und gehackten Pfefferminzblättern oder 25 g geriebenem Pecorino oder Parmesan vermischen.

## PAK CHOI + ZUCKERSCHOTEN

Einen halben Kopf Pak Choi (jedes Blatt diagonal halbiert) und 50 g Zuckerschoten mit einer fein gehackten Knoblauchzehe und einem Spritzer Tamari-, Soja- oder Teriyaki-Sauce unter Rühren in der Pfanne dünsten. Mit 1 EL Cashewnüsse vermengen.

In diesem Kapitel finden Sie die Waffen, mit denen Sie diejenigen unter Ihren Lieben überzeugen werden, die Ihrem zuckerfreien Abenteuer noch immer skeptisch gegenüberstehen.

Diese Leckereien sind üppig und schön anzusehen und für richtig tolle Stunden gedacht.

PS: Einige sind ziemlich arbeitsintensiv – machen Sie ein fröhliches Wochenend-Projekt mit Kindern oder Freunden daraus!

# SCHLEMMEREIEN ZUM BEEINDRUCKEN VON SKEPTIKERN

Kleine Erinnerung:
Diese süßen Naschereien sind genau das.
Naschereien.

# ZITRONEN-MERINGUE-TÖRTCHEN IN GLÄSERN

**FÜR 6 TÖRTCHEN**

Ich weiß, ich habe ein Faible für Sachen in Gläsern, aber seien Sie nachsichtig: Diese Törtchen machen sich besonders hübsch in einzelnen Gläsern, in denen man sie außerdem leicht ins Büro oder zum Picknick mitnehmen kann. Für dieses Rezept brauchen Sie sechs 250-ml-Einmach- oder andere feuerfeste Gläser.

### STREUSELBODEN

85 g Mehl oder glutenfreies Mehl

1 EL Steviagranulat

½ TL gemahlener Ingwer

1 TL Vanillepulver

50 g kalte ungesalzene Butter in Würfeln

3 EL Wasser

### ZITRONENCREME

6 Eigelb (2 Eiweiß für die Meringue aufbewahren)

1 Ei

1 ½ EL Steviagranulat

2 Zitronen, Schale abgerieben und Saft durchgeseiht

100 g ungesalzene Butter

### MERINGUE

2 Eiweiß (vom Streuselboden aufbewahrt)

2 EL Reissirup

Den Backofen auf 160 °C vorheizen und ein Backblech mit Backpapier auslegen. Für den Streuselboden alle Zutaten bis auf das Wasser in eine Schüssel oder eine Küchenmaschine füllen. Mit der Küchenmaschine vorsichtig kneten oder pulsen oder zwischen den Fingern zerreiben, bis die Mischung feinen Brotkrumen ähnelt. Wasser hinzufügen und die Krümel weiter verarbeiten, bis sich kleine Teigstückchen anfangen zu bilden. Diese auf dem vorbereiteten Backblech ausbreiten und etwa 15 Minuten backen, bis sie golden sind. Aus dem Backofen nehmen und abkühlen lassen, bevor man sie wieder zu groben Krumen verarbeitet. Den Backofen gleich eingeschaltet lassen.

Während die Krümelteigstücke backen, die Zitronencreme herstellen. Eigelb, das Ei und Stevia in eine feuerfeste Schüssel füllen und diese über einen Topf mit simmerndem Wasser stellen (das Wasser darf den Boden der Schüssel nicht berühren, und die Schüssel soll genau auf den Topf passen). Die Masse mit einem Rührbesen schlagen, bis das Stevia aufgelöst ist und die Eier leicht geschlagen sind – das dauert etwa 30 Sekunden. Zitronensaft und -schale hinzugeben und etwa fünf bis acht Minuten weiterschlagen, bis die Creme so dick ist, dass eine Linie, die man mit dem Rührbesen hineinzeichnet, bestehen bleibt. Die Schüssel vom Topf nehmen und die Creme beiseite stellen, damit sie etwas abkühlt. Wenn sie kalt genug zum Anfassen ist, die Butter hinzufügen und wieder schlagen, bis sie geschmolzen und in der Creme verteilt ist.

Für die Meringue in einer anderen Schüssel Eiweiß und Reissirup schlagen, bis sich steife Spitzen formen. Ein guter Test ist es, die Schüssel ein paar Sekunden umzudrehen (erst einmal ganz vorsichtig!), und wenn die Meringue in der Schüssel bleibt, ist sie fertig.

Nun von den Streuseln ein Sechstel in jedes Glas füllen. Diesen Boden mit vier Esslöffeln Zitronencreme bedecken und darauf einen großzügigen Klecks Meringue geben, der etwa bis an den Rand des Glases reicht. Die Gläser auf ein Backblech stellen und zehn bis zwölf Minuten backen, bis die Meringue oben beginnt, Farbe anzunehmen. Warm oder kalt servieren oder Deckel aufschrauben und mitnehmen.

### DAS EIWEISS AUFBRAUCHEN

Das übrige Eiweiß kann mit Frischhaltefolie bedeckt ein paar Tage im Kühlschrank aufbewahrt oder auch eingefroren werden. Es ist perfekt für Muffins im Becher, Omeletts und Rührei.

## „MAL-KEINE-MUFFINS“ Nascherei zum Mitnehmen

Etwas merkwürdig finde ich es ja, aber ich werde oft um Ideen gebeten, was man Fruktosefreies zum Morgentee im Büro mitbringen kann. Diese hübschen Würfel sind vielseitig einsetzbar – zu Picknicks, dem Nachmittagstee bei der besten Freundin, zum Besuch bei Mama ...

### SCHOKO-PFEFFERMINZ-WÜRFEL

FÜR 25 STÜCK

**BODEN**

225 g Mandelmehl
30 g rohes Kakaopulver
30 g Pfeilwurzelmehl
2 TL Backpulver
3 Eier
75 ml Reissirup
60 ml Wasser

**PFEFFERMINZFÜLLUNG**

300 g Kokosraspeln
2 EL kochendes Wasser
1 EL Pfefferminzextrakt
115 g Kokosöl, geschmolzen

**GANACHE-TOPPING**

125 ml Sahne
100 g dunkle Schokolade, 85 % Kakaoanteil, grob gehackt

Für den Boden den Backofen auf 180 °C vorheizen und eine quadratische Backform mit 20 cm Seitenlänge mit Backpapier auslegen. Mandelmehl, Kakao, Pfeilwurzelmehl und Backpulver in einer Schüssel vermengen. In einer anderen Schüssel Eier, Reissirup und Wasser verschlagen, dann zu den trockenen Zutaten geben und alles gut verrühren. Den Teig in die vorbereitete Backform füllen und etwa 20 Minuten backen, bis er durchgebacken ist. Auf einem Abkühlgitter vollständig auskühlen lassen.

Für die Pfefferminzfüllung die Kokosraspeln mit dem kochenden Wasser und dem Pfefferminzextrakt in einer Küchenmaschine behutsam verrühren, bis die Mischung Brotkrumen ähnelt. Das Kokosöl zugeben und weiter verrühren, bis alles gut vermischt ist. Diese Mischung auf den ausgekühlten Schokoboden drücken und zum Festwerden etwa 30 Minuten in den Kühlschrank oder zehn Minuten ins Gefrierfach stellen.

Für das Ganache-Topping die Sahne in einem kleinen Topf zum Simmern bringen, vom Herd nehmen und die gehackte Schokolade hineingeben. Rühren, bis die Schokolade ganz geschmolzen ist. Beiseite stellen, damit die Ganache abkühlt und etwas eindickt. Wenn sie abgekühlt ist, muss sie vielleicht noch einmal kurz durchgerührt werden, bevor man sie auf die Pfefferminzfüllung gießt. Zum Festwerden wieder in den Kühlschrank stellen. Vor dem Servieren in kleine Quadrate schneiden.

### 6 weitere Ideen, um Ihre Kolleginnen zu beeindrucken

**ZITRONEN-MERINGUE-TÖRTCHEN IN GLÄSERN** (Seite 132)
Die Mischung in kleinere Gläser füllen.

**FESTLICHES POPCORN** (Seite 148)
In hübschen kleinen Behältern servieren oder in einer großen Schüssel in der Tischmitte.

**KÄSE-LOLLIPOPS MIT NUSS-SPECK-KRUSTE** (Seite 159) Stecken Sie die Lollis in ein großes Käserad (das sie nachher mit Kräckern essen können).

**TARTE TATIN MIT FENCHEL** (Seite 127)
Süß oder salzig – beides geht! Für ein extra WOW! mit essbaren Blüten bestreuen.

**CHAYOTE-MUFFINS** (Seite 62)
Warn servieren.

**OH-OH-OREOS** (Seite 184)
Oder praktisch alles aus dem Schokokapitel.

Schoko-Pfefferminz-Würfel

# EISBECHER-GEBURTSTAGSTORTE

FÜR **10** STÜCK TORTE

Gleich vorweg: Diese Torte ist anspruchsvoll. Ihre Zubereitung dauert etwa zwei Stunden, und da ist nicht die Zeit berechnet für Oreos, Erdbeermarmelade, Pralinensplitter, Meringue, Schokosauce und Karamellsauce. Aber man kann die Torte prima mit Kids machen. Sie können die Meringue-Menge auch gleich für eine weitere Party-Leckerei verdoppeln. Am besten backen Sie die Torte am selben Tag, damit sie schon kühl und cremig bleibt.

Für den Oreo-Boden eine Springform mit 20 cm Durchmesser mit Backpapier auslegen. Die Oreos in der Küchenmaschine zerkleinern und gleichmäßig in der Springform verteilen. Auf den Boden festdrücken und etwa zehn Minuten ins Gefrierfach stellen, bis die Masse fest ist.

Jetzt die Sahne mit Stevia und Vanillepulver schlagen, bis sich steife Spitzen formen. Die Schlagsahne im Kühlschrank aufbewahren, bis sie gebraucht wird – Sie brauchen immer ein Viertel auf einmal.

Für die Schokoschicht alle Zutaten bis auf die Pralinensplitter im Mixer oder mit einem Stabmixer zu einer glatten Masse verrühren. Die Pralinensplitter hinzufügen und dann ein Viertel der Schlagsahne unterheben, sodass alles gut vermischt ist. Die Tortenform aus dem Gefrierfach nehmen und die Schokoschicht über den Oreo-Boden gießen und gleichmäßig verteilen. Damit die Schokoschicht fest wird, 15 Minuten zurück ins Gefrierfach stellen. Derweil die Kokos-Vanille-Schicht vorbereiten.

Für die Kokos-Vanille-Schicht die Kokoscreme mit den Kokosraspeln vermischen, dann ein Viertel der Schlagsahne unterheben. Tortenform aus dem Gefrierfach nehmen und die Mischung über die Schokoschicht gießen und wieder gleichmäßig verteilen. Tortenform wieder 15 Minuten ins Gefrierfach stellen.

Für die Beerenschicht die Form aus dem Gefrierfach nehmen, die Konfitüre auf die Kokos-Vanille-Schicht streichen, dann zum Festwerden zurück ins Gefrierfach stellen. Beeren, Kokoscreme und Stevia im Mixer oder mit dem Stabmixer pürieren. Ein Viertel der Schlagsahne unterheben und – wenn verwendet – auch die Meringue-Stückchen. Torte aus dem Gefrierfach nehmen und Beerenmischung gleichmäßig auf der Konfitüre verstreichen. Torte etwa eine Stunde zum Festwerden ins Gefrierfach stellen.

Zum Servieren Torte aus dem Gefrierfach nehmen und auf einen Tortenteller stellen. Zehn Minuten stehen lassen (bei heißem Wetter reichen fünf). Die übrige Schlagsahne in einen Spritzbeutel oder eine Plastiktüte mit abgeschnittener Spitze füllen und um den Rand der Torte herum spritzen. Die Himbeeren auf der Schlagsahne verteilen. Die Schokosauce über die Torte träufeln und darüber die Karamellsauce.

### BODEN

**16 Oh-Oh-Oreos (siehe Seite 192)**

### SCHLAGSAHNE

**750 ml Sahne**

**2 EL Steviagranulat**

**1 EL Vanillepulver**

### SCHOKOSCHICHT

**1 kleine Avocado**

**180 ml Kokoscreme**

**1 EL Steviagranulat**

**2 EL rohes Kakaopulver**

**1 TL Vanillepulver**

**2 EL Pralinenmasse (siehe Seite 148)**

### KOKOS-VANILLE-SCHICHT

**125 ml Kokoscreme**

**1 ½ EL Kokosraspeln**

### BEERENSCHICHT

**150 g Erdbeerkonfitüre (siehe Seite 215)**

**300 g vorgeschnittene und tiefgefrorene Erdbeeren oder Blaubeeren**

**180 ml Kokoscreme**

**½ EL Steviagranulat**

**1 Handvoll zerbröckelte zuckerfreie Meringue-Stücke (siehe Seite 152, optional)**

### TOPPING

**12–14 Himbeeren**

**4 EL Schokosauce (siehe Seite 188)**

**1 Portion Karamellsauce (siehe Seite 148))**

# FESTLICHER BISKUIT-OSTERKUCHEN

FÜR 8 STÜCK KUCHEN

Hier wird ein einfacher Biskuitkuchen mit entzückenden fruktosefreien Garnierungen zur Attraktion beim Osterfest oder Kindergeburtstag. Natürlich können Sie den Basis-Biskuitkuchen auch einfach mit Schlagsahne und meiner Erdbeermarmelade oder frischen Beeren servieren.

**NEST**

3 Eiweiß

75 ml Reissirup

150 g Kokosraspeln

135 g gekochte Quinoa (siehe Seite 102)

1 Prise Salz

**BISKUITTEIG**

200 g ungesalzene Butter, und noch etwas zum Einfetten

60 ml Reissirup

4 Eier (die aufgeschlagenen Eierschalen für die Deko aufheben)

200 g Mehl und ein bisschen zum Bestäuben

2 TL Backpulver

1 Prise Salz

2 EL Steviagranulat

**DEKO**

1 Portion Rohschokolade (siehe Seite 183)

300 g Erdbeerkonfitüre (siehe Seite 215)

350 ml Sahne

1 TL Steviagranulat

kleine Osterküken als Deko

Für das Nest Eiweiß und Sirup verquirlen, dann Kokosraspeln, Quinoa und Salz unterheben.

Für den Biskuitteig den Backofen auf 160 °C vorheizen. Die Seiten einer Springform mit 20 cm Durchmesser einfetten, dann mit Mehl bestäuben und den Boden mit Backpapier auslegen. In einem kleinen Topf Butter und Sirup bei niedriger Temperatur schmelzen – die Mischung darf nicht kochen – dann beiseite stellen und etwas abkühlen lassen. Die Eier schlagen, bis die Masse leicht und locker ist. Mehl und Backpulver in eine große Schüssel sieben, Salz hinzufügen. Stevia und die geschmolzene Buttermischung dazugeben und gut vermischen. Die geschlagenen Eier unterheben. Den Teig in die vorbereitete Backform füllen und auf der mittleren Schiene 30–35 Minuten backen. Aus dem Backofen nehmen und zehn Minuten in der Form abkühlen lassen, bevor man die Torte auf ein Tortengitter stellt.

Die Eierschalen gründlich unter warmem laufendem Wasser waschen und alle Häutchen im Innern entfernen. Außen und innen mit Küchenpapier trocken tupfen. Eierschalen wieder in den Karton stellen und die noch flüssige Schokolade einfüllen. Im Kühlschrank oder Gefrierfach fest werden lassen.

Die Mischung für das Nest aus dem Kühlschrank nehmen und ein Backblech mit Backpapier auslegen. Die Mischung auf das Papier füllen und in eine Scheibe mit etwa 15 cm Durchmesser formen. Im Backofen etwa 20 Minuten backen, bis das Nest goldbraun ist. Zum Abkühlen beiseite stellen, dann bis zum Servieren des Kuchens im Kühlschrank aufbewahren.

Den abgekühlten Biskuitkuchen horizontal in der Mitte durchschneiden und obere Hälfte zur Seite legen. Die Konfitüre auf der unteren Hälfte verstreichen und die obere Hälfte wieder aufsetzen. Die Sahne mit dem Steviagranulat schlagen, bis sich steife Spitzen bilden, dann Seiten und Oberfläche des Kuchens damit garnieren. Das Nest auf den Kuchen legen und mit Schokolade gefüllte Eierschalen daraufsetzen. Zum Servieren mit kleinen Osterküken dekorieren.

# NUSS-KOKOS-BOMBE MIT KARAMELLFÜLLUNG UND SCHOKOSAUCE

**FÜR 10–12 STÜCK KUCHEN**

Ich wollte einen Party-Knaller kreieren, eine üppige Torte, bei der selbst das hartgesottenste Schleckermaul ausruft „Ich kann einfach nicht glauben, dass DAS ohne Zucker sein soll." Hier ist das Ergebnis. Eine Warnung vorweg: Die Torte ist super reichhaltig (allerdings auch mit vielen Nährwerten) und super süß (wenn auch vor allem durch den Kokosgehalt). Also sollten Sie sie nur als Nascherei einsetzen, okay? (Schauen Sie sich die Portionen an.)

**BODEN**

500 g Pekannüsse

2 EL rohes Kakaopulver

1 ½ EL Kokosöl, geschmolzen

3 TL Vanillepulver oder -extrakt

1 ½ EL Reissirup

**KARAMELLSAUCE**

100 g Butter, in kleine Stücke geschnitten

125 ml Reissirup

150 ml Kokoscreme

**PRALINENSPLITTER**

125 ml Reissirup

225 g Erdnüsse oder Macadamia-Nüsse oder beides, grob gehackt

**EISCREME-FÜLLUNG**

450 g rohe ungesalzene Cashewnüsse

300 ml Kokoscreme

3 kleine Avocados

30 g rohes Kakaopulver

1 ½ TL Meersalz

1 ½ EL Steviagranulat

¾ TL Zimt

340 g natürliche, zucker- und salzfreie, stückige Erdnussbutter

1 ½ EL Kakao-Nibs

**SCHOKOSAUCE**

50 g Kokosöl

1 ½ EL Reissirup

1 ½ EL rohes Kakaopulver

1 kleine Prise Meersalz

1 EL Kokoscreme

Boden und Seiten einer Springform mit 23 cm Durchmesser mit Backpapier auslegen, dann den Tortenboden herstellen. Die Pekannüsse in der Küchenmaschine grob zerkleinern. Die übrigen Zutaten hinzufügen und alles zu einer feuchten, etwas krümeligen Masse verarbeiten. Diese Mischung in die vorbereitete Backform füllen und gleichmäßig über den Boden und 5 cm die Seiten hoch verteilen. Zum Festwerden ins Gefriergerät oder in den Kühlschrank stellen.

Für die Karamellsauce in einem kleinen Topf Butter und Reissirup bei hoher Temperatur schmelzen. Zum Kochen bringen, dann auf mittlere Temperatur herunterschalten, sodass die Mischung weiter blubbert – nicht umrühren, sonst zerfällt die Mischung wieder. Weitere vier Minuten kochen, bis die Karamellsauce golden aussieht und zähflüssig ist, wenn man sie von der Rückseite eines Löffels tropfen lässt. Vom Herd nehmen und behutsam die Kokoscreme unterrühren. In eine Schüssel füllen und abkühlen lassen.

Für die Pralinensplitter den Grill auf hoher Stufe vorheizen und ein Backblech mit Backpapier auslegen. Den Reissirup in einem kleinen Topf erwärmen, dann mit den Nüssen vermischen und auf das vorbereitete Backblech füllen. Fünf Minuten grillen, bis das meiste Wasser verdampft ist und der Sirup eine goldene Farbe angenommen hat und um die Nüsse herum kristallisiert ist. Aus dem Grill nehmen und abkühlen lassen, dann die Pralinenmasse in kleine Stücke zerdrücken. Acht Esslöffel für das Topping beiseite stellen, der Rest kommt in die Eiscreme-Füllung.

Für die Eiscreme-Füllung die Cashewnüsse mit 75 ml der Kokoscreme in der Küchenmaschine zu einer glatten, buttrigen Masse verarbeiten. In eine große Schüssel umfüllen und beiseite stellen. Nun die Avocado mit der restlichen Kokoscreme, dem Kakao, Salz und Stevia in der Küchenmaschine glatt rühren. Die Cashewmischung hinzufügen, dann mit Zimt, Erdnussbutter, Kakao-Nibs und Pralinensplittern gut verrühren

(Rezept geht auf Seite 151 weiter.)

Etwa die Hälfte der Eiscreme-Mischung auf den Tortenboden in der Springform füllen und gut zu den Rändern hin verstreichen. Fünf bis zehn Minuten ins Gefrierfach stellen, dann die Hälfte der Karamellsauce auf die Creme träufeln. Wieder fünf bis zehn Minuten ins Gefrierfach stellen, dann die restliche Eiscreme-Mischung darauffüllen. Noch einmal fünf bis zehn Minuten ins Gefrierfach stellen, dann die übrige Karamellsauce auf der Creme verteilen und die Torte ins Gefrierfach stellen, mindestens sechs Stunden oder über Nacht.

Für die Schokosauce Kokosöl zusammen mit dem Reissirup in einem kleinen Topf bei niedriger Temperatur schmelzen. Vom Herd nehmen und gründlich mit dem Kakaopulver und dem Salz vermischen, sodass keine Klumpen bleiben. Fünf Minuten abkühlen lassen, dann Kokoscreme unterrühren, bis alles schön glatt ist. (Diese Sauce dickt beim Abkühlen ein und kann wieder angewärmt werden, um sie flüssiger zu machen.) Wenn Sie mehr Sauce erhalten, als Sie brauchen, einfach in Förmchen füllen und Schokopralinen daraus machen.

Zum Servieren die Torte aus dem Gefrierfach nehmen und ohne Form auf einen Servierteller stellen. Die zurückbehaltenen Pralinensplitter um den Rand der Torte herum verteilen und die Schokosauce über die Torte träufeln. Vorm Servieren noch fünf Minuten stehen lassen.

**VEGAN:** Ändern Sie die Karamellsauce ab. 60 ml Reissirup und 125 ml Kokoscreme in einem Topf bei hoher Temperatur zum Kochen bringen. Auf mittlere Temperatur herunterschalten und etwa sechs Minuten kochen lassen, bis die Sauce dick und zähflüssig ist. Sie hält sich im Kühlschrank fünf Tage.

# WEIHNACHTS-TRIFLE MIT BAISER

FÜR **8** STÜCK

Ich habe auch ein paar zuckerfreie Weihnachtsideen mit aufgenommen und sie so konzipiert, dass ein Großteil des Gerichts im Voraus zubereitet werden kann, damit Sie am Weihnachtstag in der Küche nicht in Hektik geraten. Schweinenacken ist eine fantastische Alternative zu Zucker und gekauftem Schinken voller Nitrat. Sein Geschmack liegt irgendwo zwischen Schinken und gebratenem Fleisch.

### BAISERS

4 Eiweiß

1 Prise Salz

75 ml Reissirup (optional)

250 g Kokosraspeln

### COULIS

225 g gefrorene Beeren

2 TL Steviagranulat

400-ml-Dose Kokoscreme oder -milch, im Kühlschrank gekühlt

350 ml vollfetter Bio-Naturjoghurt oder 350 g selbst gemachter Frischkäse (siehe Seite 212)

1 Prise Salz

**Am Abend vor der Weihnachtsfeier**: Zuerst die Baisers herstellen. Den Backofen auf 120 °C vorheizen und ein Backblech mit Backpapier auslegen. Eiweiß mit Salz schlagen, bis sich steife Spitzen bilden. Reissirup hinzufügen, falls Sie ihn verwenden, und noch etwas weiterschlagen. Nun behutsam die Kokosraspeln unterheben. Die Masse zu zwölf etwa kugelförmigen Gebilden formen und auf das vorbereitete Backblech setzen. 30 Minuten backen. Backofentemperatur auf 95 °C herunterschalten und noch einmal eine Stunde backen. Die Baisers sind jetzt noch etwas klebrig. Wenn Sie sie ganz trocken haben möchten, noch ein paar Stunden backen. Aus dem Ofen nehmen, Blech beiseite stellen und die Baisers komplett auskühlen lassen, bevor sie vom Backpapier genommen werden. Über Nacht in einem luftdichten Behälter aufbewahren.

Derweil ein einfaches Coulis herstellen, indem man die Beeren mit Stevia in einem Topf zum Köcheln bringt und ein paar Minuten einkocht. Über Nacht im Kühlschrank aufbewahren.

**Weihnachtstag**: Die Baisers grob zerdrücken und beiseite stellen. Kokoscreme oder -milch mit Joghurt oder Frischkäse zu einer glatten Masse verrühren. Die Baiserstücke (ein paar für das Topping aufbewahren) auf acht Gläser verteilen (Becher oder Cocktailgläser gehen auch). Drei Viertel des Coulis auf die Gläser verteilen, darauf jeweils einen großen Klecks der Kokosmischung setzen. Die übrigen Beeren und Baiserstücke darauffüllen und servieren.

P

## SÜSSER WEIHNACHTSBRATEN

FÜR 8–12 PERSONEN

**Am Abend vor der Weihnachtsfeier**: Einen Bräter mit Backpapier auslegen. Das Schweinefleisch unter fließendem kaltem Wasser abspülen und mit Küchenpapier trocken tupfen. Fleisch mit der von Fett durchwachsenen Seite nach oben auf das vorbereitete Backblech legen. Gewürze, Salz, Pfeffer, Reissirup, Olivenöl, Wasser und Orangenschale und -saft in einem Krug vermischen und über das Fleisch gießen und gut hineinreiben. Abdecken und im Kühlschrank mindestens acht Stunden oder über Nacht marinieren.

**Am Weihnachtstag**: Den Backofen auf 200 °C vorheizen. Das Schweinefleisch aus dem Kühlschrank nehmen und zehn Minuten bei Raumtemperatur stehen lassen. 125 ml Wasser auf den Boden des Bräters gießen und den Bräter mit dem marinierten Fleisch im Backofen 30 Minuten backen, dann den Bräter umdrehen und noch einmal 30 Minuten backen und weitere 125 ml Wasser angießen wenn nötig. Noch einmal 30 Minuten backen, dabei nach 15 Minuten den Bräter umdrehen. Warm allein servieren oder mit Relish, Muffins und Ihrer Gemüsewahl.

P

**2 kg Schweinenacken ohne Knochen**

**1 EL Paprikapulver**

**2 TL gemahlene Nelken**

**1 TL Zimt**

**1 TL Meersalz**

**1 TL frisch gemahlener schwarzer Pfeffer**

**125 ml Reissirup**

**4 EL Olivenöl**

**4 EL Wasser**

**abgeriebene Schale einer Orange**

**2 EL Orangensaft**

**Rote-Bete-Apfel-Relish (siehe Seite 207), herzhafte Muffins (siehe Seite 155) und gedämpftes grünes Gemüse (siehe 136–137) zum Servieren**

## MOSCOW MULE COCKTAIL

FÜR ETWA 10 DRINKS

Der perfekte magenfreundliche Drink für die Weihnachtszeit. Achtung: Die Ingwerlimonade muss eine Woche im Voraus hergestellt werden.

**Weihnachtstag**: Vier Limetten entsaften und in einen Krug zu dem Wodka geben. In einem anderen Krug Ingwerlimonade und Soda zusammengießen. Die übrigen zwei Limetten in kleine Stücke schneiden. Hohe Gläser zur Hälfte mit Crushed Ice und den Limettenstücken füllen, dann 75 ml von der Mischung aus Wodka und Limettensaft darübergießen. Mit der Ingwerlimonade-Soda-Mischung auffüllen und servieren.

**6 Limetten**

**500 ml Wodka**

**Crushed Ice**

**1 l Ingwerlimonade (siehe Seite 211)**

**1 Liter Sodawasser**

# HERZHAFTE MUFFINS

FÜR 16 STÜCK

Diese herzhaften und sättigenden Muffins sind einmal ganz anders gefüllt – und ohne Trockenobst.

Kokosöl, Butter oder Ghee zum Einfetten

500 g Pancetta, gewürfelt oder 500 g gute Schweinswurst in Scheiben

2 Selleriestangen, klein geschnitten

1 Zwiebel, gehackt

1 EL Butter

1 Laib Brot (beliebige Art), in dicke Scheiben und dann in 2 cm große Würfel geschnitten und 10 Minuten im 150 °C heißen Backofen geröstet

abgeriebene Schale einer Zitrone

30 g gehackte glatte Petersilie

3 Eier

125 ml Milch

750 ml Hühnerbrühe aus Resten (siehe Seite 199)

Meersalz und frisch gemahlener schwarzer Pfeffer

**Am Abend vor der Weihnachtsfeier**: Zwei 8er-Muffinformen mit Öl, Butter oder Ghee einfetten und die Mulden mit Backpapier auslegen. Eine Bratpfanne bei mittlerer bis hoher Temperatur erhitzen und darin den Pancetta oder die Wurst etwas anbraten. Auf Küchenpapier abtropfen lassen. In derselben Pfanne und in dem Fett von Pancetta oder Wurst den Sellerie und die Zwiebel mit der Butter anschwitzen, bis sie karamellisieren. Vom Herd nehmen und Pancetta oder Wurst, Brot, Zitronenschale und Petersilie einrühren. Die Eier mit der Milch leicht verschlagen, dann über die Mischung gießen. Nach und nach immer ein bisschen von der Hühnerbrühe hinzugeben, bis alles durchgefeuchtet, aber nicht zu nass ist. Mit Salz und Pfeffer würzen, dann die Mischung in die vorbereitete Muffinformen füllen und über Nacht in den Kühlschrank stellen.

**Weihnachtstag**: Den Backofen auf 200 °C vorheizen oder Muffins mit in den Ofen stellen, wenn der Braten schon darin und in der letzten Stufe des Backprozesses ist. Muffins 30–40 Minuten backen, bis sie durchgegart und leicht gebräunt sind.

P 8WP

## FESTLICHES POPCORN

ETWA **8** BECHER

In einem sehr großen Topf mit Deckel das Öl bei hoher Temperatur erhitzen und die Maiskörner einfüllen. Deckel aufsetzen und den Topf hin und her schütteln. Wenn die Körner aufhören zu poppen, Topf vom Herd nehmen. Das Popcorn in einen anderen großen Topf füllen. In einem kleinen Topf die Butter mit den Gewürzen, dem Salz und dem Reissirup schmelzen und über das Popcorn gießen. Gut verrühren. Warm oder kalt servieren.

**ANMERKUNG:** Wenn das Popcorn für eine Party gemacht wird, den Abend zuvor nur das Popcorn herstellen, abkühlen lassen und in einem luftdichten Behälter aufbewahren. Am nächsten Tag den Schritt mit der Butter und den Gewürzen durchführen.

- 2 EL Kokos- oder Olivenöl
- 160 g Popcorn-Mais
- 115 g Butter
- 5 TL Ras-el-Hanout (oder je 2 TL Zimt, Kreuzkümmel und Cayennepfeffer)
- 1 TL Meersalz
- 2 EL Reissirup

P

## ANZAC-KEKSE

FÜR **16** STÜCK

Eine Erklärung für alle, die nicht in Australiens oder Neuseeland leben und nicht wissen, was Anzac-Kekse sind: Sie wurden im Ersten Weltkrieg von unseren Soldaten anstelle von Brot gegessen und bestanden aus einer steinharten Mischung, die ewig haltbar war und die Fahrt mit dem Schiff zu den Truppen überstehen konnte: Haferflocken, Mehl, Sirup, Kokosraspeln und Natron. Die Kekse standen im Ruf, die Soldaten schon einige Zähne gekostet zu haben, also beschlossen die Ehefrauen und Mütter zu Hause, die Sache etwas zu verfeinern. Heute backen wir die Kekse in Australien, um an die gefallenen Soldaten zu erinnern – und weil sie toll schmecken.

Den Backofen auf 180 °C vorheizen und ein Backblech mit Backpapier auslegen. In einer Schüssel Mehl, Stevia, Kokosraspeln, Vanillepulver, Zimt und Haferflocken vermischen. In einem kleinen Topf Butter und Reissirup zum Schmelzen bringen und erhitzen, bis die Mischung zu blubbern beginnt, dann das Natron einrühren. Diese Mischung zu den trockenen Zutaten geben und alles gut vermengen. Aus gehäuften Teelöffeln der Masse kleine Kugeln formen und diese auf dem Backblech flach drücken. Etwa 15 Minuten backen, bis die Kekse goldbraun sind. Die Kekse auf dem Backblech etwas abkühlen lassen, dann auf ein Kuchengitter legen und völlig auskühlen lassen, damit sie auf jeden Fall knusprig werden!

**PALEO:** Das Mehl durch Quinoa ersetzen und die Haferflocken durch 50 g Mandelmehl.

- 85 g Mehl
- 75 g Steviagranulat
- 75 g Kokosraspeln
- ½ TL Vanillepulver
- ½ TL Zimt
- 75 g Haferflocken
- 100 g gesalzene Butter
- 2 EL Reissirup
- ½ TL Natron, in 1 EL kochendem Wasser aufgelöst

P

Festliches Popcorn

20

# MITTAGESSEN UND SNACKS FÜR KIDS

Wie bekommt man Kinder an Bord des zuckerfreien, nähstoffreichen Zuges?
Hmmm, Folgendes könnte helfen …

1. Versuchen Sie, Zucker nicht zu verteufeln (anstatt Verbote auszusprechen, haben Sie ihn einfach nicht im Haus).
2. Nehmen Sie Ihre Kids mit zum Lebensmitteleinkauf und bitten Sie sie, Ihnen bei der Suche nach den besten zuckerfreien, nährstoffreichen Optionen zu helfen.
3. Kochen Sie mit den Kids gemeinsam, oder pflanzen Sie gemeinsam Kräuter und anderes an. Versuchen Sie, sie für gutes Essen zu begeistern!

# PUFFREIS-RIEGEL

FÜR 16 STÜCK

Eine gesündere Version des beliebten Snacks, der normalerweise voller Zucker ist. Die Nüsse und der Reissirup erzeugen einen karamelligen, an Marshmallows erinnernden Geschmack.

- 225 g Macadamia-Nüsse
- 50 g zuckerarmer gepuffter Reis oder gepuffter Vollkornreis ohne Zucker oder Popcorn
- 125 ml Reissirup
- 1 TL Vanillepulver
- 1 ½ TL Meersalz (optional, für einen salzigen Karamellgeschmack)

Eine quadratische Backform mit 20 cm Seitenlänge mit Backpapier auslegen. Die Macadamia-Nüsse im Mixer oder mit dem Hackaufsatz eines Stabmixers etwa drei Minuten zu einer glatten Masse verarbeiten. Von der Macadamia-Paste 125 g in einen großen Topf geben. (Übrige Nussbutter hält sich in einem luftdichten Behälter oder einem Glas mit Schraubverschluss im Kühlschrank bis zu zwei Monaten.)

Den gepufften Reis oder das Popcorn in eine große Schüssel füllen. Den Reissirup, das Vanillepulver und das Salz (falls verwendet) in den Topf zu der Macadamia-Butter geben und bei niedriger Temperatur unter ständigem Rühren erwärmen, bis die Mischung weich und dünnflüssiger wird. Vom Herd nehmen und über den gepufften Reis oder das Popcorn gießen. Sehr gut vermischen, bis jedes Reiskorn oder Popcorn von der Mischung überzogen ist. In die vorbereitete Backform füllen und mit der Rückseite eines Löffels die Mischung auch in die Ecken drücken. Etwa 15 Minuten in den Kühlschrank stellen, bis die Mischung fest ist. In Quadrate oder Riegel schneiden und in einem luftdichten Behälter im Kühlschrank aufbewahren.

**ANMERKUNG:** Wenn Sie Vollkornreis verwenden, werden die Riegel eher weich als knusprig.

V

## KÜRBIS-KÄSEKUCHEN-LOLLIS

FÜR **6** STÜCK

Alle Zutaten im Mixer oder mit einem Stabmixer verrühren und in Stieleisformen gießen. Die Stiele hineinstecken und mindestens vier Stunden gefrieren lassen.

P

- 250 ml vollfetter Bio-Naturjoghurt (griechische Art ist am besten) oder Kokosjoghurt
- 250 ml Kokosmilch
- 1 TL Steviagranulat
- 250 g Kürbispüree (siehe Seite 58)
- 2 TL Zimt
- 1 TL gemahlener Piment oder gemahlene Muskatnuss (optional)

## KOKOS-MANGO-LOLLIS

FÜR **4–6** STÜCK

Genau das Richtige, um im Sommer draußen auf einer schönen, alten Bank mit abblätternder Farbe zu sitzen und zu genießen!

Kokoscreme, Reissirup und Kokosraspeln in einem Mixer oder mit einem Stabmixer verrühren und eine Eisform damit zu einem Drittel füllen. Etwas gehackte Macadamia-Nüsse daraufstreuen und eine Stunde ins Gefrierfach stellen Die Mango zu der übrigen Kokosmischung geben und pürieren. Die Eisformen mit der Mangomischung auffüllen, die Stiele hineinstecken und mindestens vier Stunden gefrieren lassen.

P V

- 400-ml-Dose Kokoscreme
- 1 EL Reissirup
- 35 g Kokosraspeln
- 120 g gefrorene Mango (vorher gewürfelt und eingefroren)
- etwas gehackte Macadamia-Nüsse

Wir haben einen kleinen Passanten das Eis für uns testen lassen. Max meinte, es schmecke „ganz toll“.

# WÜRZIGE KÜRBIS-GRANOLA-RIEGEL

FÜR **16** STÜCK

300 g gemischte Mandeln, Cashew-, Pekan- und Walnüsse und Kürbiskerne (vorzugsweise aktiviert, siehe Seite 212), grob gehackt
200 g Haferflocken
150 g Kokoschips
6 EL Kokosöl (oder Butter oder eine Mischung aus beiden)
180 ml Reissirup
250 g Kürbispüree (siehe Seite 58)
1 TL Zimt
1 TL gemahlener Piment
1 TL gemahlener Ingwer
½ TL gemahlene Nelken (optional)
5 EL Chiasamen

Den Backofen auf 160 °C vorheizen und eine quadratische Backform mit 20 cm Seitenlänge mit Backpapier auslegen. In einer großen Schüssel Nüsse, Haferflocken und Kokoschips vermischen. In einem Topf Öl oder Butter schmelzen, Reissirup, Kürbispüree und Gewürze einrühren, Chiasamen hinzufügen und die Mischung zu einem leisen Kochen bringen. Vom Herd nehmen und Nuss-Haferflocken-Mischung unterrühren, bis alles gut vermengt ist. Noch eine Minute weiterrühren, damit sich die Zutaten gut miteinander verbinden. Die Mischung in die vorbereitete Backform füllen und 30-40 Minuten backen, bis sie eine schöne goldene Farbe annimmt. Aus dem Ofen nehmen und abkühlen lassen, bevor man aus der Platte Riegel schneidet. In einem luftdichten Behälter halten die Riegel sich an einem kühlen, trockenen Ort ein bis zwei Wochen.

**PALEO:** Haferflocken durch gepuffte Quinoa oder gepufften Reis ersetzen.

## Variante für Erwachsene: KÜRBIS-PROTEIN-RIEGEL

Verstärken Sie die Protein-Power noch, indem Sie 50 g Vanille-Proteinpulver in die trockene Mischung rühren.

P V

# SUPER EINFACHE ZUCKERFREIE SNACK-IDEEN

Ich empfehle dringen, nur gelegentlich Snacks zu essen, zum Beispiel an einem DVD-Tag auf der Couch, bei Wanderungen, Autofahrten und ähnlichem. Bei diesen Gelegenheiten könnten Sie diese Rezepte mit fünf oder weniger Zutaten probieren.

## BOMBAY-GRANOLA

FÜR 5 BECHER

Dieses und auch das Käse-Granola eignen sich toll, um sie in Suppen oder über Salate zu streuen.

- 225 g Kokoschips
- 300 g gemischte Mandeln, Cashew-, Pekan- und Walnüsse und Kürbiskerne (vorzugsweise aktiviert, siehe Seite 212), grob gehackt
- 2 EL Chiasamen
- 1 EL Currypulver
- ½ TL Cayennepfeffer
- 1 TL Meersalz
- 1 TL Zwiebel- oder Knoblauchpulver
- 80–100 g Kokosöl oder Butter, geschmolzen
- 1 großes Eiweiß
- 1 TL Tamarisauce

Den Backofen auf 120 °C vorheizen und ein Backblech mit Backpapier auslegen. Alle Zutaten bis auf das Eiweiß und die Tamarisauce in einer großen Schüssel vermengen. In einer kleinen Schüssel das Eiweiß und die Tamarisauce verrühren, dann über die Nussmischung gießen und beides gründlich vermischen. Die Mischung gleichmäßig auf das vorbereitete Backblech streichen und 25 Minuten backen, dabei nach 15 Minuten noch einmal verrühren. Aus dem Ofen nehmen und völlig auskühlen lassen.

### *Üppige Variante:* KÄSE-GRANOLA

Kokoschips und Currypulver weglassen und 1 EL gehackte Thymianblätter, 200 g Haferflocken und 40 g fein geriebenen Käse hinzufügen (Gruyère passt super).

P 8WP

## REISWAFFELN MIT AVOCADOCREME

FÜR 4 STÜCK

- 1 große Avocado
- abgeriebene Schale und Saft von ½ Limette
- 1 EL Reissirup
- ½ TL Vanilleessenz oder etwas Vanillepulver
- 1 große Prise Salz
- 4 Reiswaffeln zum Servieren
- Kokoschips oder -raspeln zum Servieren

Avocado mit einer Gabel zerdrücken. Limettenschale und -saft, Reissirup, Vanillepulver und Salz unter die Creme rühren. Auf die Reiswaffeln streichen (Reiswaffeln nach Belieben vorher leicht toasten) und Kokoschips oder -raspeln darüberstreuen.

CW

## KÄSE-LOLLIPOPS MIT NUSS-SPECK-KRUSTE

**FÜR 8 STÜCK**

- 115 g selbst gemachter Frischkäse (siehe Seite 212)
- 50 g geriebener Cheddar oder zerkrümelter Ziegenkäse
- 4 EL gehackte Kräuter (Thymian oder Basilikum sind toll)
- Meersalz und frisch gemahlener schwarzer Pfeffer
- 4 Scheiben Speck
- 3–4 EL zerdrückte Pekannüsse oder Mandeln

Die Käse, die Hälfte der Kräuter, Salz und Pfeffer in einer Schüssel verrühren. In acht mundgerechte Stücke teilen, zu Kugeln rollen und in jedes ein Stäbchen stecken. Über Nacht in den Kühlschrank legen oder 20 Minuten ins Gefrierfach. Derweil den Speck knusprig braten. Abkühlen lassen, dann zerkrümeln und mit den zerdrückten Nüssen und den übrigen Kräutern mischen. Die Kugeln in der Mischung rollen und servieren.

### Einfache Variante:

Den Frischkäse zu einem Zylinder rollen und dann in der Speck-Nuss-Mischung wälzen. In fettdichtes Papier wickeln, über Nacht in den Kühlschrank legen und mit Kräckern servieren.

P 8WP

## SÜSSER HALLOUMI

**FÜR 1 PORTION**

Dieses griechische Gericht wird oft als Vorspeise serviert. Ich esse es als Dessert.

- 2 Scheiben Halloumi
- ½ EL Reissirup
- 1 TL Butter
- 1 TL fein gehackter Thymian, Rosmarin oder Minze
- 1 EL gehackte Walnüsse
- 1 kleine Zitronenspalte

In einer kleinen Pfanne den Halloumi auf einer Seite bei mittlerer Temperatur grillen. Wenn die Seite gebräunt ist, den Reissirup, die Butter und die Kräuter auf dem Käse verteilen, dann den Käse umdrehen und die andere Seite bräunen. Walnüsse hinzufügen und grillen, bis sie gebräunt sind. Zitronenspalte darüber ausdrücken und die Pfanne schütteln, bis die Sauce karamellisiert. Sofort servieren.

P

## KNUSPRIGE ROSENKOHLCHIPS

**FÜR 4 PORTIONEN**

10 Rosenkohlröschen
1 EL Olivenöl
¼ TL Meersalz

Den Backofen auf 200 °C vorheizen und ein Backblech mit Backpapier auslegen. Die untere Spitze von jedem Rosenkohlröchen abschneiden und die Blätter abziehen. Blätter in dem Öl wälzen, bis jedes einzelne davon bedeckt ist und dann in einer Schicht auf dem vorbereiteten Backblech ausbreiten. Mit Salz bestreuen und acht bis zehn Minuten backen, bis die Blätter leicht gebräunt und kross sind. Gleich essen (sie werden nach ein paar Stunden weich).

**ANMERKUNG:** Auf diese Art können Sie gut die äußeren Blätter der Rosenkohlröschen verwenden. Ich behalte gern die „Herzen" und nehme für diese Chips nur die äußeren Blätter.

P V 8WP CW

## KOKOS-CHAI-FROZEN-JOGHURT

**FÜR 6 PORTIONEN**

500 ml vollfetter Bio-Naturjoghurt
400-ml-Dose Kokosmilch
100 g Kokosraspeln
4 Chai-Teebeutel, in 2 EL kochendes Wasser eingeweicht

Joghurt, Kokosmilch und Kokosraspeln im Mixer oder mit einem Stabmixer pürieren. Die eingeweichten Chai-Teebeutel ausdrücken und die Teeflüssigkeit in die Joghurtmischung gießen und gut verrühren. Drei Stunden ins Gefrierfach stellen und noch einmal kurz durchrühren.

P 8WP

# ERDNUSS-MANDEL-VANILLE-CREME

FÜR 1 GROSSES GLAS

Alle Zutaten in einen Mixer geben und zu einer glatten Masse pürieren. In ein Glasgefäß füllen und in den Kühlschrank stellen, bis die Mischung dick geworden ist.

- 115 g natürliche, zucker- und salzfreie Erdnussbutter
- 125 ml Mandelmilch (Kokos- oder normale Milch geht auch)
- 4 EL Vanille-Proteinpulver
- ½ TL Zimt
- 1 EL Reissirup
- Meersalz

## Servierideen:

- Auf Kräcker streichen und Scheiben von fermentierter Gurke (siehe Seite 207) darauflegen.
- Geben Sie einen dicken Klecks auf Ihre fixe Frühstückscreme (Seite 92) oder den Haferflockenpudding mit Erdnuss-Kokoscreme (Seite 83).
- Ein wenig über vollfetten Bio-Naturjoghurt oder geschlagene Kokoscreme (siehe Seite 80) träufeln oder mit noch einem Klecks Erdbeermarmelade (siehe Seite 215) über Kürbispfannküchlein.
- Als Dip mit ein paar Apfelscheiben essen.

P V

# SALZIGES SCHOKO-POPCORN

FÜR 4 PORTIONEN

Die Maiskörner in einem Topf (siehe Seite 156) oder in einer Tüte in der Mikrowelle (siehe Seite 176) mit der Hälfte des Kokosöls poppen lassen. Das restliche Kokosöl mit Kakao, Reissirup und Meersalz vermischen und dann in einem kleinen Topf oder der Mikrowelle erwärmen, bis die Mischung geschmolzen ist. Mit dem Popcorn vermengen, sodass alles von der Mischung überzogen ist. Salzen, auf einem kleinen Tablett ausbreiten und im Kühlschrank fest werden lassen.

- 2 EL Popcorn-Mais
- 2 EL Kokosöl
- 1 ½ EL rohes Kakaopulver
- 1 EL Reissirup
- 1 große Prise Salz

P V

**ANMERKUNG:** Wenn Sie noch etwas Schokosauce (siehe Seite 188) übrig haben, können Sie diese nehmen, anstatt die Schokomischung neu herzustellen. Mit etwas Nussbutter und Cayennepfeffer peppen Sie das Popcorn noch weiter auf. Oder Sie backen das Ganze für eine knusprigere Variante 30 Minuten im Backofen bei 120 °C, dabei häufig umrühren.

# WOCHENENDPROJEKT

## Selbst gezogene Sprossen

Mit den Kids zusammen Lebensmittel zu ziehen, ist eine sehr gute Art, sie in das Thema Essen mit einzubeziehen. Samen keimen zu lassen, ist super einfach und das perfekte Wochenend-Projekt für kleine ungeduldige Wesen – sie können ihre Ernte schon Mitte der Woche essen. Die Chia-Köpfe (gegenüber) bringen eine Menge Spaß. Ich machte sie mit den Kindern meiner besten Freundin und war überrascht von ihrer Begeisterung.

## Warum Sprossen ziehen?

Hülsenfrüchte, Körner und Samen enthalten eine Menge Toxine. Das ist ganz natürlich. Tiere haben Hörner und Zähne, um sich gegen Fressfeinde zu wehren. Hülsenfrüchte, Körner und Samen haben Säuren und gefährliche Enzyminhibitoren, die uns in Schach halten, weil sie uns krank machen. Alle Kulturen der Welt haben Möglichkeiten entwickelt, um diese Schwierigkeiten zu überwinden. Durch das Keimen wird die chemische Zusammensetzung des Keimguts verändert. Das Keimen aktiviert die Enzyme der Samen oder Körner, was wiederum die schädlichen Toxine neutralisiert und die Keimlinge in verdauliche und sehr gesunde Lebensmittel verwandelt. Gleichzeitig werden noch extra Vitamine und Enzyme gebildet. Außerdem sind Keime Pflanzen – und Pflanzen wirken immer alkalisierend.

Und wie ich schon erwähnt habe, verlangsamt der Verzehr von Gekeimtem den Alterungsprozess – was die Kids allerdings nicht besonders interessieren dürfte. Aber Sie finden es vielleicht gut zu wissen, dass das Aktivieren der Enzyme Ihren Körper entlastet. Denn ein Mangel an Enzymen im Körper beschleunigt den Alterungsprozess.

## Achtung

ÜBERTREIBEN SIE ES NICHT – ZU VIELE ROHE GEKEIMTE HÜLSENFRÜCHTE SOLLTEN SIE NICHT ESSEN. SIE ENTHALTEN NOCH IMMER EIN PAAR TOXINE UND KÖNNEN ZU BLÄHUNGEN FÜHREN. BEIM VERZEHR VON GROSSEN MENGEN SOLLTE MAN DIE SPROSSEN WENN MÖGLICH AUCH ERHITZEN. ICH DÜNSTE ODER DÄMPFE MEINE ODER ICH FÜGE SIE EINTÖPFEN UND SUPPEN HINZU.

### GEKEIMTE HÜLSENFRÜCHTE UND SAMEN

**200 g trockene Hülsenfrüchte (gut geeignet sind Kichererbsen, braune Linsen und Mungobohnen) oder Samen (Sonnenblumenkerne ohne Schale, Kürbiskerne)**

Entweder Sie kaufen einen Keimapparat (im Gartencenter, Bioladen oder Reformhaus) oder Sie wenden folgende Methode an: Zunächst weichen die Kids die Hülsenfrüchte oder Samen ein – einfach mit viel Wasser in eine große Schüssel geben (das Keimgut muss bedeckt sein). Was an die Wasseroberfläche steigt, wird ausgelesen. Am nächsten Morgen abgießen und in einem Drahtsieb abspülen. Das Sieb in eine Schüssel hängen und einen Deckel auflegen. Zwei bis drei Tage auf der Arbeitsfläche stehen lassen (Sonnenblumenkerne brauchen nur 12–24 Stunden) und den Kindern den Auftrag geben, zweimal am Tag zu spülen. Das Spülen muss gründlich geschehen, zunächst die Schüssel mit Wasser füllen und das Keimgut etwas darin hin und her bewegen, ehe es gespült wird. Im Sommer muss man vielleicht noch öfter spülen. Etwa nach einem Tag zeigen sich schon kleine weiße Sprösslinge. Wenn Sie etwa fünf Millimeter lang sind, in einem luftdichten Behälter im Kühlschrank aufbewahren.

## GEKEIMTE CHIA-KÖPFE

Chiasamen
leere Eierschalen
Eierbecher
Acrylfarbe

Die leeren Eierschalen gründlich unter warmem, fließendem Wasser waschen, dabei alle innen anklebenden Häutchen entfernen. Etwas Erde einfüllen und darauf Chiasamen streuen. Gründlich mit Wasser einsprühen und ein oder zwei Tage stehen lassen (nicht in direkter Sonne). Jeden Tag ein bisschen einsprühen.

Nach fünf oder sechs Tagen kann man die Sprossen essen. Derweil einige Eierschalen mit Mini-Outfits bemalen. Nach Belieben Körperteile oder andere Ausstaffierungen hinzufügen. Geben Sie den Chia-Köpfen Namen. (Hey, schaut mal, der von Marija keimt schon!)

Benutzen Sie auch alte Schuhe, Kaffeebecher, Puppenköpfe, die Sie oben abschneiden (obwohl das vielleicht etwas makaber ist!) ...

### TIPPS
ZUM VERWENDEN VON KEIMEN

- ► Auf ein Erdnussbutter-Sandwich streuen.
- ► Ameisen auf einem Baumstamm machen (siehe Seite 176).
- ► Mit Gemüsepfannen, Suppen und Salaten vermengen.

# LUNCHBOXIDEEN FÜR EINE WOCHE

ES IST EINE TATSACHE: Lunchboxen für Kinder sind kleine Plastikgefäße voller Horror, was den versteckten (und weniger versteckten) Zucker angeht. In ein paar gekauften Müsliriegeln und einer Tüte Sultaninen sind etwa 22 Teelöffel Zucker. Eltern, die versuchen, das Richtige zu machen und irgendwelchen Empfehlungen folgen, stellen entsetzt fest, dass ein üblicher Müsliriegel und ein kleiner Tetrapack Apfelsaft etwa zwölf Teelöffel Zucker enthalten. Und so rufen Mütter und Väter auf der ganzen Welt mit in die Luft erhobenen Händen: „Aber was sollen wir ihnen denn mitgeben?"

Hier sind ein paar Ideen für die Lunchboxen für die Schule und für Snacks für die Nachmittags-Zwischenmahlzeit. Sie können sie beliebig zusammenstellen, aber versuchen Sie, so viel Gemüse wie möglich hineinzuschmuggeln.

## Montag

**GEBRATENE HÄHNCHENKEULE**
(Seite 100) – nennen Sie sie Lolli und stellen Sie ein kleines Töpfchen Satay-Sauce dazu (Seite 215).

**WÜRZIGE KÜRBIS-GRANOLA-RIEGEL**
(Seite 164)

**KLEINE GEMÜSEFORMEN**
(Seite 176)

## Dienstag

**LACHENDE GURKENKÖPFE** (Seite 176)
**KÄSESAUCE** (Seite 100)
**POPCORN-TÜTEN** (Seite 176)
**BOMBAY-GRANOLA** (Seite 166)

## Mittwoch

**HAFERFLOCKENPUDDING MIT ERDNUSS-KOKOSCREME** (Seite 83)
**BUNTE STICKS** (orange and rote Karotten und Sellerie)
**PUFFREIS-RIEGEL** (Seite 160)

## Donnerstag

**SÜSSKARTOFFEL-BURGER** (Seite 176)
**SÜSSER GRÜNER SMOOTHIE** (Seite 176)
**FLOWER-POWER-EI** (Seite 177)
**NUSS-ZÄHNE** (Seite 176)

## Freitag

**FRÜHSTÜCKSKUGELN** (Seite 76)
**CHAYOTE-MUFFIN** (Seite 70)
**AMEISEN AUF EINEM BAUMSTAMM** (Seite 176)
**REST VOM KÄSEAUFLAUF** (Seite 104)

(Rezepte auf der nächsten Seite)

## AMEISEN AUF EINEM BAUMSTAMM

Nussbutter in eine Selleriestange streichen und Mungobohnen- oder andere Sprossen hineinstecken.

## APFEL-KÄSE-SANDWICH

Selbst gemachten Frischkäse (Seite 204 oder auch gekauft) zwischen zwei Apfelscheiben streichen.

## KLEINE HÜBSCHE BISSEN

Mit Sandwich-Ausstechern (gibt es online) Scheiben von Gurke, Karotte, Paprikaschote, Käse, Schinken und gekochter Süßkartoffel in süße kleine Formen schneiden. Die Reste für Salate, Aufläufe und Frittatas verwenden.

## SÜSSKARTOFFEL-BURGER

Dicke Süßkartoffelscheiben mit etwas Olivenöl und Salz überziehen und bei 220 °C im Backofen 20 Minuten backen. Abgekühlt mit Avocadomus bestreichen und darauf eine Tomatenscheibe, Käse- und Zuckererbsenstückchen legen.

## GURKEN-KÄSE-SANDWICHES

Eine Scheibe Käse zwischen zwei dicke Gurkenscheiben legen. Mit einem Keksausstecher können Sie den Käse zur Gurkenscheibe passend schneiden. Machen Sie das am Abend zuvor mit den Kids. Stapeln Sie „Triple Burger" auf.

## NUSS-ZÄHNE

Nussbutter auf eine Apfelscheibe streichen und eine andere Apfelscheibe schräg in die Nussbutter stecken. Für die Zähne in beide Scheiben ein paar Mandelblättchen stecken.

## LACHENDE GURKENKÖPFE

Eine Gurke längs halbieren und die Kerne mit einem Löffel auskratzen. Eine Seite mit selbst gemachtem Frischkäse (siehe Seite 212) und die andere mit einer dünnen Lage Schinken füllen. Beide Hälften aufeinanderpressen, dann vorsichtig in 3 cm dicke Scheiben schneiden. Zwei Kapern als Augen in den Frischkäse drücken.

## HAFERFLOCKENPUDDING

[siehe Seiten 80 + 83]

Zwei Tricks machen diese kleinen Mahlzeiten besonders praktisch. Ersten müssen sie nicht gekocht werden und sind toll zum Mitnehmen. Zweitens macht das Einweichen über Nacht die Haferflocken leichter verdaulich.

## POPCORN-TÜTEN

50 g Maiskörner für Popcorn in eine braune Papiertüte füllen und ½ EL Kokosöl oder Butter dazugeben. Die Tüte schütteln und verschließen. In die Mikrowelle legen, bis zwischen zweimal Poppen nur noch zwei Sekunden vergehen.

## SÜSSER GRÜNER SMOOTHIE

In einem leistungsstarken Mixer 30 g Babyspinatblätter, 250 ml Milch (egal welche Art) und 150 g gefrorene Erdbeeren mit 1 gefrorenen Banane und 40 g über Nacht in kaltem Wasser eingeweichten Mandeln (oder Mandelmehl) zu einer glatten Masse pürieren und auf zwei Becher oder Gläser verteilen.

### TIPP

Kids mögen es nicht, wenn der Thunfisch das Sandwich durchweicht. Um das zu vermeiden, mischen Sie den Thunfisch mit etwa 1 TL Chiasamen. Nach fünf Minuten haben Sie einen festeren „Aufstrich".

# FLOWER-POWER-EIER

FÜR 4 EIER

Die Paprikaschote in 1,5 cm breite Ringe schneiden und bei niedriger Temperatur in eine leicht geölte Bratpfanne legen. In die Mitte jedes Rings ein Ei aufbrechen, dann die Pfanne zudecken und braten, bis die Eier gestockt sind. Wenn die Kids das Eigelb fest möchten, Eigelb anstechen, dann Pfanne zudecken und bei niedriger Temperatur braten, bis Eiweiß und -gelb fest sind.

**TIPP:** Übrige Paprikaschoten für Suppe, Salat, Saft, einen Auflauf oder für kleine hübsche Bissen verwenden.

- 1 kleine rote, grüne oder orange Paprikaschote oder eine Mischung
- Kokosöl, Butter oder Ghee
- 4 Eier

P 8WP CW

THE
COPIES SOLD WORLDWIDE

# EIN SCHOKOLADENKAPITEL

Diese Rezepte sind nährstoffreiche Päckchen
voller guter Sachen.
Einige sind gesund genug, um sie zum
Frühstück zu essen (was ich oft tue).

# SELBST GEMACHTE SCHOKOLADE:

## Was Sie wissen müssen

Schokolade kann etwas sehr Gesundes sein. Ich esse sie manchmal zum Frühstück – wirklich. Aber sie muss auf richtig Art zubereitet und gegessen werden.

## WIE MAN SCHOKOLADE ESSEN SOLLTE

### 1. ROH

Wenn Sie Studien über die erstaunlichen Gesundheitsvorteile von Schokolade lesen, müssen Sie dazu Folgendes wissen: Diese beziehen sich auf rohen Kakao. Rohes Kakaopulver wird gemacht, indem man ungeröstete Kakaobohnen kalt presst. Dadurch werden die lebenden Enzyme in den Kakaobohnen erhalten und das Fett (Kakaobutter) wird entfernt. Normales käufliches Kakaopulver ist Kakao, der bei hoher Temperatur geröstet wurde. Das verändert die Molekularstruktur der Kakaobohne, reduziert den Enzymgehalt und den gesamten Nährwert. Sollten Sie aber gerade kein rohes Kakaopulver dahaben oder bekommen, können Sie es in den Rezepten durch normales ersetzen.

Meine Experimente auf der Suche nach dem perfekten Rezept für rohe Schokolade.

### 2. MIT KAKAOBUTTER, NICHT MIT PFLANZENÖL

Kommerzielle Schokolade enthält häufig ungesunde, mehrfach ungesättigte Öle, oft Palmöl oder den chemisch hergestellten Emulgator PGPR. Warum? Weil das billiger ist, als Kakaobutter zu verwenden. Und was ist daran nicht gut? Diese Öle verursachen im Körper viel oxidativen Stress und werden mit Krebs und Herzkrankheiten in Zusammenhang gebracht. Kakaobutter ist das Fett in Kakaobohnen, das durch die Kaltpressung oder die Pressung gerösteter Bohnen entsteht. Durch Kaltpressung entstanden, ist Kakaobutter sehr gesund und eine gute Küchenzutat. Man erhält sie als Chips oder im Block in Bioläden oder online.

### IST CAROB IN ORDNUNG?

Kurze Antwort: Nein! Carobpulver enthält bis zu 50 Prozent Fruktose, während der Fruktosegehalt von Kakao weniger als ein Prozent beträgt.

### 3. SO DUNKEL WIE MÖGLICH

Ein paar Rezepte enthalten gekaufte Schokolade. Wenn Sie gekaufte Schokolade essen, entscheiden Sie sich für eine mit 85 Prozent Kakaoanteil. 70 Prozent Kakaoanteil ist in kleinen Mengen annehmbar. Rechnen Sie aber mit und seien Sie sich bewusst, wie viel Sie davon essen. Im Allgemeinen ist bei Schokolade alles, was nicht Kakao ist, Zucker. Eine 70-prozentige Schokolade enthält also 30 Prozent Zucker. Wenn Sie davon 35 Gramm essen, sind davon etwa 10,5 g Zucker, das sind 2 ½ Teelöffel. Machen Sie sich das klar.

### Achtung

Zuckerfreie Schokolade ist meist mit Zuckeraustauschstoffen gesüßt, manchmal mit Maltit, einem Zuckeralkohol, der direkt in den Dickdarm wandert, wo er von den Darmbakterien durch Fermentation heruntergebrochen wird. Das kann Blähungen und Durchfall verursachen. Maltit wird auch mit der Entstehung von Krebstumoren in Zusammenhang gebracht.

Das Team von iquitsugar.com
und unsere Follower auf Instagram
kreieren schon seit einiger Zeit immer
perfektere Schoko-Leckereien …

## WIE MAN GEKAUFTE SCHOKOLADE SCHMILZT

- Schokolade in gleich große Stücke schneiden.
- Eine Bain-Marie verwenden oder einfach einen kleinen Topf 2 cm Wasser hoch mit Wasser füllen und eine hitzefeste Schüssel daraufstellen.
- Das Wasser bei niedriger Temperatur erhitzen, aber nicht kochen und die Schokolade mit einem Gummispatel umrühren (nie einen Holz- oder Metalllöffel verwenden).
- Rühren, bis die Schokolade völlig geschmolzen und glatt ist und glänzt.
- Schokolade schmilzt schneller als andere halbfeste Stoffe, wenn Sie zum Beispiel also auch Kokoscreme verwenden, schmelzen Sie diese zuerst. (Dann klumpt die Schokolade auch nicht so leicht.)

· Blog posts
· Sunrise
- Book flights

# DREI LECKEREIEN
## aus roher Schokolade

## GRUNDREZEPT ROHE SCHOKOLADE

FÜR 320 GRAMM

Ich habe einige Zeit experimentiert, bis ich die meiner Meinung nach gesündeste und „süßeste" Version gefunden hatte. Dann experimentierte ich weiter und kreierte die Geschmacksbomben in diesem Kapitel.

Schokoladen- oder Pralinenformen leicht einfetten oder einen großen Teller mit Backpapier belegen. In einem kleinen Topf auf niedriger Temperatur langsam die Kakaobutter schmelzen, dabei rühren, bis sie glatt ist. Vom Herd nehmen. Mit den restlichen Zutaten verrühren, bis die Masse glatt ist und sich völlig verbunden hat. Nach Belieben zusätzliche Geschmackszutaten hinzufügen (siehe unten) und gut vermischen. In die Formen oder auf den vorbereiteten Teller gießen und im Kühlschrank oder Gefrierfach fest werden lassen. Ausgehärtet im Gefrierfach oder Kühlschrank aufbewahren (rohe Schokolade schmilzt bei einer Temperatur über etwa 22 °C). Wenn Sie die Schokolade auf dem Teller hergestellt haben, zum Servieren einfach in Stücke brechen.

P V

**115 g rohe Kakaobutter, Kakaobutter-Chips oder vom Block geraspelt (wenn Sie dies nicht haben, nehmen Sie stattdessen noch 115 g Kokosöl mehr)**

**115 g Kokosöl, geschmolzen**

**30 g rohes Kakaopulver**

**1–2 EL Reissirup oder 1–2 TL Steviagranulat**

**2 Prisen Meersalz**

## 1. SCHOKO-PROTEIN-HAPPEN

320 g geschmolzene rohe Schokolade, 50–75 g Vanille-Proteinpulver, 75 g Chiasamen und 40 g Macapulver (optional) oder etwas extra Proteinpulver in einer Schüssel zu einem dicken Brei verrühren. Sie können nach und nach je noch etwas Proteinpulver und Chiasamen hinzufügen, sodass die Mischung langsam dicker wird. Sofort in Silikonformen oder Cupcake-Papierförmchen gießen und zum Festwerden in den Kühlschrank oder ins Gefrierfach stellen. Für 20–30 Stück.

P V

## 2. SCHOKO-CHILI-PRALINEN

320 g geschmolzene rohe Schokolade und 2 TL gemahlenen Zimt und 1 TL Cayennepfeffer vermischen und in Silikonformen oder Cupcake-Papierförmchen gießen. Mit Meersalz besprenkeln und zum Festwerden in den Kühlschrank oder ins Gefrierfach stellen. Für 20–30 Pralinen.

P V

## 3. SCHOKO- ERDNUSS-BUTTER-FUDGECAKES

Für dieses Rezept eignen sich am besten vorher klein geschnittene und dann eingefrorene Erdbeeren. 320 g geschmolzene rohe Schokolade und 115 g natürliche, zucker- und salzfreie Erdnussbutter vermischen, während die Schokolade noch warm ist (sodass die Erdnussbutter darin schmilzt). 75 g Erdbeeren (wenn möglich in kleine Stücke geschnitten und eingefroren) unterrühren und sofort in Silikonformen oder Cupcake-Papierförmchen gießen. Für 20–30 Stück.

P V

# BEINAHE-PALEO-ZUCCHINI-BROWNIES

**FÜR 16 STÜCK**

Den Backofen auf 180 °C vorheizen und eine quadratische Brownieform mit einer Seitenlänge von 23 cm mit dem Kokosöl, der Butter oder dem Ghee einfetten. Die Zucchini in eine große Schüssel reiben, dann die anderen Zutaten hinzufügen und alles gründlich vermischen. In die vorbereitete Brownieform gießen und etwa 35 Minuten backen, bis ein in den Teig gestecktes Holzstäbchen sauber wieder herauskommt. In der Form auskühlen lassen, dann in Quadrate schneiden.

**ANMERKUNG:** Dieses Rezept enthält ziemlich viel gekaufte Schokolade, daher sind die Portionen recht klein.

- Kokosöl, Butter oder Ghee zum Einfetten
- 1 große oder 1 ½ kleine Zucchini
- 225 g Mandelbutter oder andere Nussbutter
- 1 Ei
- ½ TL Vanillepulver
- 4 EL Reissirup
- 1 TL gemahlener Zimt
- ¼ TL gemahlene Muskatnuss
- 1 TL Natron
- 100 g dunkle Schokolade (85 Prozent), grob gehackt

P

# SÜSSKARTOFFEL-MACADAMIA-FUDGE-BROWNIES

**FÜR 16 STÜCK**

Den Backofen auf 180 °C vorheizen und eine 23 x 36 cm große Brownieform mit dem Kokosöl, der Butter oder dem Ghee einfetten. Süßkartoffelpüree in eine Schüssel füllen. Reissirup, Butter oder Kokosöl, Vanillepulver, Mehl, Backpulver, Kakaopulver, Natron, Cayennepfeffer und Salz hinzufügen und mit einem Stabmixer verrühren. Die verschlagenen Eier, die Nüsse und die Schokolade unterrühren und die Masse in die vorbereitete Backform füllen. Etwa 30 Minuten backen, bis die Brownies durchgebacken sind (siehe Tipp unten). In der Form auskühlen lassen und dann in Quadrate schneiden.

- Kokosöl, Butter oder Ghee zum Einfetten
- 350 g Süßkartoffelpüree (siehe Kürbispüree-Variante auf Seite 58)
- 75 ml Reissirup
- 90 g Butter, weich, oder 50 g Kokosöl
- ½ TL Vanillepulver
- 50 g Mehl (auch glutenfrei)
- ½ TL Backpulver
- 40 g rohes Kakaopulver
- ¼ TL Natron
- ½ TL Cayennepfeffer
- 1 Prise Salz
- 3 Eier, gut verschlagen
- 175 g grob gehackte Macadamia-Nüsse
- 115 g grob gehackte dunkle Schokolade (85 % Kakaoanteil) oder Kakao-Nibs

## WELCHE BROWNIE-TEXTUR MÖGEN SIE?

Ich mag meine Brownies noch etwas knautschig. Stecken Sie zum Test ein Holzstäbchen in den Teig: Kommt es mit etwas feuchtem Teig wieder heraus, wäre es für mich richtig. Mögen Sie die Brownies lieber wie einen Kuchen, lassen Sie sie noch fünf bis zehn Minuten im Backofen. In dem Fall sollte das Holzstäbchen sauber wieder aus dem Teig kommen.

Diese Brownies sind am besten, wenn sie kalt serviert werden, und am nächsten Tag sind sie sogar noch besser!

# SCHOKOLADE-ERDBEER-BROWNIES

FÜR 16 STÜCK

Dieses Ein-Topf-Wunder erfordert kein Backen! Das Rezept gelingt am besten, wenn die Erdbeeren vorher in kleinen Stücken eingefroren wurden, aber wenn Sie nur frische dahaben, ist das auch kein Drama.

Eine große Brownieform mit Kokosöl, Butter oder Ghee einfetten. Alle Zutaten außer den Erdbeeren und Walnüssen im Mixer oder mit dem Stabmixer pürieren. Erdbeeren und Walnüsse unterrühren, in die vorbereitete Brownieform gießen und eine Stunde ins Gefrierfach stellen. In Quadrate schneiden und im Kühlschrank aufbewahren.

P V

**Kokosöl, Butter oder Ghee zum Einfetten**
**40 g rohes Kakaopulver**
**100 g Mandel- oder Haselnussmehl**
**2 EL Chiasamen**
**100 g Kokosraspeln**
**125 g Kürbispüree (siehe Seite 58)**
**1 TL Vanillepulver (optional)**
**2 EL Kokosöl, geschmolzen**
**150 g Erdbeeren, klein geschnitten**
**225 g Walnüsse, grob gehackt**

## SCHOKO-KOKOS-EISCREME

FÜR **4** PORTIONEN

Alle Zutaten in einem Mixer oder mit einem Stabmixer verrühren, bis die Masse glatt und cremig ist. In einen gefriergeeigneten Behälter (eine Lunchbox geht auch) gießen und fünf Stunden ins Gefrierfach stellen. (Oder verwenden Sie einen Eisbereiter, wenn Sie einen haben.) Mit Schokosauce (siehe unten) servieren. Die Eiscreme kann etwas zu fest werden, wenn sie zu lange im Gefrierfach steht. Lassen Sie sie dann vor dem Servieren etwas antauen.

P V

**400-ml-Dose Kokosmilch**
**40 g rohes Kakaopulver**
**4 EL Reissirup**
**½ TL Vanillepulver**

## SCHOKOSAUCE

FÜR **350** MILLILITER

Kokosöl in einem kleinen Topf bei niedriger Temperatur schmelzen, die übrigen Zutaten hinzufügen und alles sehr gut verrühren, bis das Steviagranulat aufgelöst ist. Etwas abkühlen lassen, dann über selbst gemachte zuckerfreie Eiscreme gießen. Im geschlossenen Behälter im Kühlschrank aufbewahren und vor der Verwendung bei Raumtemperatur schmelzen lassen.

P V

**115 g Kokosöl**
**50 g rohes Kakaopulver**
**50 g Steviagranulat**
**1 kräftige Prise Salz**

## ROTE-BETE-CUPCAKES

FÜR **12** STÜCK

Den Backofen auf 160 °C vorheizen und eine 12er-Cupcake-Form mit Papierförmchen bestücken. Alle Zutaten im Mixer oder mit einem Stabmixer zu einem weichen Teig verrühren, dann in die Papierförmchen füllen. Etwa 40 Minuten backen, bis ein in den Teig gestecktes Holzstäbchen sauber wieder herauskommt. Allein oder mit einem Klecks Joghurt, Frischkäse-Buttercreme oder geschlagener Kokoscreme servieren.

P

**2 große Rote Bete, gesäubert und geraspelt (ich verwende sie ungeschält)**

**2 Eier**

**½ TL Vanillepulver**

**1 TL gemahlener Zimt**

**1 Prise Salz**

**150 g Mandelmehl**

**40 g rohes Kakaopulver**

**4 EL Kokos- oder Olivenöl**

**4 EL Reissirup**

**1 TL Backpulver**

**vollfetter griechischer Bio-Naturjoghurt, Frischkäse-Buttercreme (siehe unten) oder geschlagene Kokoscreme (siehe Seite 80) zum Servieren**

## FRISCHKÄSE-BUTTERCREME

FÜR **375** GRAMM

Frischkäse und Butter im Mixer oder mit einem Stabmixer verrühren, dann übrige Zutaten hinzugeben und unterrühren. Wenn die Mischung zu dick ist, etwas mehr Zitronensaft hinzugeben.

P

**250 g selbst gemachter Frischkäse (siehe Seite 212) oder auch gekaufter**

**50 g ungesalzene Butter**

**4 EL Reissirup oder zuckerfreie Spritzglasur**

**1 Zitrone, Schale abgerieben und Saft**

# OH-OH-OREOS

FÜR 16 STÜCK

Den Backofen auf 180 °C vorheizen und ein Backblech mit Backpapier auslegen. Mehl, Backpulver, Stevia und Kakao in einer großen Schüssel oder der Schüssel der Küchenmaschine vermengen. Die gewürfelte kalte Butter hinzugeben und in der Küchenmaschine verrühren oder mit den Fingern verreiben, bis die Mischung Brotkrumen ähnelt. Milch und Reissirup hinzufügen und zu einem Teig verarbeiten. Auf einer leicht bemehlten Oberfläche noch etwa eine Minute kneten, bis der Teig schön glatt und geschmeidig ist.

Teig flach drücken und zwischen zwei Blätter Antihaft-Backpapier legen. Dann mit einer Kuchenrolle zu einer etwa vier bis fünf Millimeter dicken Platte ausrollen. Kreise ausstechen und diese auf das vorbereitete Backblech legen. Die Teigreste zusammendrücken, wieder ausrollen und Kreise ausstechen, bis der Teig aufgebraucht ist. Jeden Keks ein paarmal mit der Gabel einstechen. Die Kekse in dem vorgeheizten Backofen zehn Minuten backen, dann auf einem Drahtgitter auskühlen lassen.

Für die Füllung den Frischkäse schlagen, bis er leicht und cremig ist, dann die Butter, den Reissirup und das Vanillepulver hinzufügen und schlagen, bis alles verbunden ist.

Zum Zusammensetzen etwa einen Teelöffel der Füllung in die Mitte der Hälfte der Kekse setzen. Die übrigen Kekse auf die Füllung legen und etwas andrücken, damit sich die Füllung bis zum Rand ausbreitet.

## Variante für Erwachsene:
## MOKKA-OREOS

Zwei Teelöffel Instantkaffee in der Milch verrühren, bevor sie zu der krümeligen Teigmischung gegeben wird.

P

- 115 g glutenfreies Mehl und noch etwas zum Bestäuben
- 1 TL Backpulver
- 1 Prise Salz
- 2 EL Steviagranulat
- 40 g rohes Kakaopulver
- 75 g kalte, ungesalzene Butter, gewürfelt
- 60 ml Milch
- 1 EL Reissirup

**FÜLLUNG**

- 125 g selbst gemachter Frischkäse (siehe Seite 212)
- 25 g weiche Butter
- 1 EL Reissirup
- ½ TL Vanillepulver

SMEG
Shopping
· onions
· fennel
· lemons
· sour cream
· yoghurt
· coconut oil

# MIT RESTEN ZAUBERN

Lebensmittelverschwendung finde ich einfach unerträglich. Wenn Sie jemals in eine Situation geraten sollten, in der Sie mich beeindrucken möchten, servieren Sie mir Ihre Reste, kochen Sie mir eine „Kühlschrank-Überraschung" oder machen Sie etwas aus den Resten des Abendessens vom Vortag.

# FENCHEL-ROTE-BETE-BLÄTTER-SUPPE

**FÜR 4 PORTIONEN**

Sie haben ein Bund Rote Bete verbraucht, um Ihr Gefriergerät zu füllen (siehe Seite 58)? Nun, ich zeige Ihnen, was Sie mit den Blättern machen können.

Die Butter oder das Öl in einem großen Edelstahltopf bei niedriger Temperatur erhitzen und darin die Zwiebel langsam anschwitzen. Chiliflocken, Fenchel- oder Kümmelsamen, Fenchel (ohne Grün) und Knoblauch hinzufügen, Deckel schließen und anschwitzen, bis der Fenchel weich ist – etwa zehn Minuten. Rote-Bete-Blätter und -Stiele, Salz und Pfeffer, Zitrone (die ganze Hälfte, nicht klein schneiden oder entsaften) und Hühnerbrühe hinzugeben. Zum Kochen bringen, dann sofort den Herd ausschalten – die Blätter sollen nur gerade zusammengefallen sein. Im Topf mit einem Stabmixer pürieren oder portionsweise in einen Mixer füllen und pürieren. Mit einem Klecks saurer Sahne oder Joghurt oder Frischkäse servieren und das gehackte Fenchelgrün darüberstreuen.

**ANMERKUNG:** Diese Suppe schmeckt auch kalt sehr gut.

P 8WP CW

- 2 EL Butter oder Olivenöl
- 2 Zwiebeln, in Scheiben geschnitten
- ¼ TL Chiliflocken
- ¼ TL Fenchelsamen, zerdrückt (oder Kümmelsamen, nicht zerdrückt)
- 1 kleine Fenchelknolle, klein geschnitten, Grün aufbewahrt
- 2 Knoblauchzehen, fein gehackt
- Blätter und Stiele von 1 Bund Rote Bete, klein geschnitten
- Meersalz und frisch gemahlener schwarzer Pfeffer
- ½ Zitrone
- 1,2 l Hühnerbrühe aus Resten (siehe Seite 199)
- 125 ml saure Sahne, vollfetter Bio-Naturjoghurt oder 125 g selbst gemachter Frischkäse (siehe Seite 212)

# KNOCHENBRÜHE

**FÜR ETWA 4 LITER**

Knochenbrühe ist wie normale Brühe, aber aus großen, billigen Knochen gemacht, die Sie bei Ihrem Metzger bekommen (meiner gibt sie mir umsonst, wahrscheinlich wird Ihrer das auch tun oder nur einen geringfügigen Betrag dafür nehmen). Diese Knochen werden eine superlaaaaaaange Zeit (mindestens zwölf Stunden) köcheln gelassen, wodurch eine Menge Mineralien ausgelöst werden, die in dieser Form leicht verdaulich sind und das Immunsystem stärken. Knochenbrühe enthält auch Glucosamin und Chondroitin, die bei Arthritis und Gelenkschmerzen helfen, und die Gelatine fördert den Wiederaufbau der Darmschleimhaut (hallo, unter Reizdarmsyndrom Leidende!). Und es gibt noch viele weitere Gesundheitsvorteile. Ich trinke die Brühe angewärmt, wenn ich mich erschöpft fühle, und spüre sofort die positive Wirkung. Mein ganzer Körper wird davon durchströmt, und ich habe wieder neue Energie.

- **2–3 kg Knochen (Markknochen, Gelenkknochen, Rippen mit Fleischresten, Halsknochen – was der Metzger gerade dahat)**
- **125 ml weißer Essig**
- **2–3 Zwiebeln, in große Stücke geschnitten**
- **3 Karotten, in große Stücke geschnitten**
- **3 Selleriestangen, in große Stücke geschnitten**
- **mehrere Thymianzweige, zusammengebunden**
- **1 TL schwarze oder getrocknete grüne Pfefferkörner, zerdrückt**

Den Backofen auf 200 °C vorheizen. Die Knochen, an denen kaum Fleisch sitzt, mit dem Essig in einen großen Suppentopf geben und mit kaltem Wasser bedecken. Eine Stunde ziehen lassen. Derweil die Knochen mit noch mehr Fleisch daran in einem Bräter in den vorgeheizten Backofen stellen, bis sie gut gebräunt sind. Wenn sie fertig sind, zusammen mit dem Gemüse in den Suppentopf geben.

Wenn nötig, noch Wasser hinzugeben, sodass die Knochen bedeckt sind. Das Wasser darf jedoch nicht höher stehen als 2,5 cm unter dem Topfrand, da sich während des Kochens das Volumen etwas ausdehnt. Das zugesetzte Wasser soll kalt sein – langsames Erhitzen erbringt mehr Geschmack. Die Brühe zum Kochen bringen, dann Temperatur zurückschalten, Thymian und zerdrückte Pfefferkörner hinzufügen und 12–72 Stunden köcheln lassen.

Wenn die Brühe genügend abgekühlt ist, mit einer Zange oder den Händen die Knochen herausnehmen und den Rest durch ein Sieb in eine große Schüssel abseihen. Im Kühlschrank völlig auskühlen lassen, dann die abgesetzte Fettschicht auf der Brühe mit einer Zange oder einem großen Löffel entfernen – man kann sie stückweise abheben (wie Eis auf einem Teich) – und wegwerfen. Die verbleibende Flüssigkeit in Portionen von 250 ml aufteilen und einfrieren. Die Brühe hält sich tiefgekühlt bis zu sechs Monaten.

P 8WP CW

## CLEVERER TIPP ZUM EINFRIEREN

Die Brühe in großen Muffin-Silikonformen (250 ml) einfrieren. Wenn sie gefroren ist, die Brühe-Muffins aus der Form drücken und in Gefrierbeutel füllen. Beutel mit einem Etikett versehen und das Datum draufschreiben, bis zu dem die Brühe für Suppen oder andere Gerichte verwendet werden sollte.

# HÜHNERBRÜHE AUS RESTEN

FÜR 1,5 LITER

Sie können zuerst die Hühnerbrühe machen und das Fleisch von den Knochen lösen, um es ein andermal zu essen (in meinem ersten Buch habe ich ein Rezept der Hühnerbrühe meiner Mum aufgenommen, Sie finden es auch auf meinem Blog sarahwilson.com). Oder Sie machen es andersherum – Sie essen zuerst das Hühnerfleisch und verwenden die Reste für diese tolle Brühe.

Alle Zutaten in einem großen Gemüsetopf mit Wasser bedecken, zum Kochen bringen und dann zugedeckt ein paar Stunden köcheln lassen – zwei Stunden sind gut, drei sind besser, am besten sind sechs. Wenn die Brühe fertig ist, die größeren Knochen mit einer Zange herausnehmen und die Brühe in einen Behälter abseihen und Knochen und Gemüse wegwerfen. Die Brühe in den Kühlschrank stellen. Nach ein paar Stunden das Fett, das sich an der Oberfläche abgesetzt hat, abschöpfen und die Brühe in Portionen von 250 ml oder in Eiswürfelbereitern einfrieren.

**ANMERKUNG:** Die Brühe hält sich im Kühlschrank etwa fünf Tage, wenn sie wieder aufgekocht ist, länger. Im Gefrierfach hält sie sich mehrere Monate.

P 8WP CW

**Knochen von 1 Huhn, Reste eines Brathähnchens oder einer anderen Mahlzeit mit einem ganzen Huhn (einschließlich der von den Essern abgenagten Knochen – sie werden ausgekocht, keine Angst vor Keimen!)**

**150–300 g in Stücke geschnittene Gemüse und Kräuterreste (Karotten, Sellerie, Sellerieblätter, Petersilie, Thymian)**

**150–300 g grob kleingeschnittene übrige Schnittreste von Gemüse und Kräutern (Karotten, Sellerie, Sellerieblätter, Petersilie, Thymian)**

**3 Lorbeerblätter**

**ein paar Pfefferkörner**

**1 Spritzer weißer Essig**

# KÜRBISPFANNKÜCHLEIN

FÜR 1 PORTION

Kürbispüree, Mehl, Zimt und Eier in einer kleinen Schüssel vermengen. In einer kleinen Pfanne bei mittlerer Temperatur etwas Butter oder Kokosöl erhitzen und zwei Esslöffel des Kürbisteigs hineingeben und drei Minuten auf jeder Seite braten, bis der Pfannkuchen goldbraun ist.

Servieren Sie die Pfannküchlein zum Beispiel mit geriebenem Apfel, Walnüssen, extra Zimt, zerkrümeltem Feta und darübergeträufeltem Reissirup oder knusprigem Speck und einem Klecks Joghurt oder einem pochierten Ei oder mit Erdbeermarmelade (siehe Seite 215) und Sahne.

P 8WP CW

**125 g Kürbispüree (siehe Seite 58)**

**1 EL Mehl**

**½ TL gemahlener Zimt**

**2 Eier, leicht verschlagen**

**Butter oder Kokosöl zum Braten**

# SARDISCHER SELLERIEHERZ-SALAT

**FÜR 4 PORTIONEN**

Sardinien ist eine weitere „blaue Zone" – eins der Länder mit den meisten über Hundertjährigen. Zweifellos spielt die dortige Ernährung, bei der wenig Zucker verzehrt wird, eine Rolle bei der Langlebigkeit der Sarden. Die sardische Küche beruht außerdem auf einer Geschichte der Armut und hat infolgedessen einen kreativen Umgang mit Resten entwickelt. Wie lebt man länger? Reste essen! Dieses Rezept ist eine abgewandelte Version einer Beilage, die ich bei einem kürzlichen Besuch auf Sardinien serviert bekam. Dabei werden die Herzen der Selleriestangen verwendet, aber auch die Blätter, die viele oftmals einfach wegwerfen.

- **1 Kopf Chicorée oder ein kleiner Radicchio-Salat, Blätter abgezogen, Stielansatz in sehr feine Scheiben geschnitten**
- **1 Sellerieherz, in sehr feine Scheiben geschnitten**
- **4 EL Sellerieblätter, gehackt**
- **40 g gefrorene Erbsen, aufgetaut**
- **25 g grob gehackte Walnüsse**
- **2 EL Pecorinospäne**
- **2 EL Dressing im Glas (siehe Seite 213)**

Die Chicorée- oder Radicchio-Blätter in einer Schüssel am Rand herum anordnen. Selleriestücke und -blätter, Erbsen und klein geschnittene Chicorée- oder Radicchio-Blattansätze zusammen mit dem Dressing in eine andere Schüssel füllen und gut vermengen, sodass alles von dem Dressing überzogen ist. Auf den Salatblättern verteilen und mit Walnüssen und Käse bestreuen.

**ANMERKUNG:** Wenn Sie keinen Pecorino bekommen können, nehmen Sie stattdessen weichen Ziegenkäse, Feta oder Parmesanspäne.

P 8WP CW

# Sechs einfache Ideen für RESTE

## 1. ÜBRIG GEBLIEBENE KRÄUTE

Fein hacken und einen Eiswürfelbereiter zur Hälfte damit fül
len. Mit übrig gebliebener Brühe oder Weißwein auffüllen un
einfrieren. Gefrorene Würfel in einem Gefrierbeutel aufbe-
wahren und Suppen, Saucen und Pfannengerichten nach de
Anschwitzen der Zwiebel zugeben.

## 2. SELLERIEBLÄTTER

Ich füge sie Suppen und Salaten hinzu und verwende sie wie Petersilie. Oft nehme ich sie auch für meine zitronige Gremolata (siehe Seite 127).

## 3. PARMESANRINDE

Suppen oder Brühe hinzufügen oder beim Kochen von Risotto oder Reis. Die Rinde gibt einen kräftigen Geschmack. Denken Sie aber daran, sie vor dem Pürieren oder Servieren zu entfernen.

## 4. ROTE-BETE-BLÄTTER

Ich verwende sie wie Mangold, dämpfe sie oder dünste sie in etwas Brühe und esse sie dann mit Olivenöl und Pfeffer und Salz. Genauso verfahre ich mit Blättern von Blumenkohl oder Brokkoli. (Aber tun Sie dies nicht mit Rhabarberblättern – sie sind giftig.)

## 5. MANGOLDSTIELE

Ich liebe sie ... fast mehr als die Blätter, denn die Stiele sind supersüß. Dünsten Sie die klein geschnittenen Stiele in Butter oder Olivenöl oder etwas Brühe, dann mit Olivenöl, einem Spritzer Zitrone und etwas Salz anrichten. Oder machen Sie einen Gratin daraus – die gedünsteten Stiele mit etwas Sahne vermischen, mit Muskatnuss würzen, Parmesan darüberstreuen und im auf 180 °C vorgeheizten Backofen etwa 15 Minuten backen, bis der Käse goldbraun ist.

## 6. RESTE VON WEIN UND BRÜHE

In Eiswürfelbereiter gießen, dann im Gefrierfach in Gefrierbeuteln aufbewahren und zum Ablöschen verwenden. Ich verwende diese „Vorratswürfel", um mein Gemüse zu dünsten.

# FERMENTIERTES, SAUCEN UND DRESSINGS IN GLÄSERN

Hier finden Sie all die guten Sachen, mit denen Sie Ihren Gerichten noch mehr Geschmack geben und die zusätzlich gut für Magen und Darm sind.

Bereiten Sie ein paar dieser nützlichen Lebensmittel und ihrer Varianten zu und halten Sie sie im Kühlschrank einsatzbereit.

Ich habe die Rezepte so gestaltet, dass alles eine Weile haltbar ist.

# VIERMAL FERMENTIERTES
## für einen glücklichen Darm!

In vielen Kulturen der ganzen Welt wurden schon immer Lebensmittel fermentiert, zum Teil als Konservierungsmittel, aber auch um den Nährwert der Zutaten zu steigern.

Durch das Fermentieren verwandelt sich Zucker – Glukose, Fruktose und Saccharose – in zelluläre Energie und das Stoffwechsel-Nebenprodukt Milchsäure, das wiederum für fantastische Verdauungsenzyme und eine gesunde Darmflora sorgt und den Zuckergehalt eines Lebensmittels reduziert – viel Gutes auf einmal!

## GUT ZU WISSEN

- Verwenden Sie möglichst Molke – damit gelingt das Fermentieren besser. Molke ist einfach herzustellen (siehe Seite 212) und hält sich im Kühlschrank mehrere Wochen, im Gefrierfach Monate.

- Verwenden Sie super frisches Gemüse. Laktobazillen brauchen viele Nährstoffe, um ihre Arbeit zu verrichten.

- Achten Sie darauf, dass über dem Gemüse immer ein guter Zentimeter Flüssigkeit steht, sonst kann sich Schimmel bilden und alles ruinieren. Normal ist, wenn sich an der Oberfläche Blasen oder vielleicht etwas weißer Schaum bildet. Dieser kann mit einem Löffel abgeschöpft werden.

- Wenn sich nicht genug Flüssigkeit bildet, einfach ein wenig Wasser mit einer Prise Salz hinzufügen.

- Während des Fermentationsprozesses die Gläser nicht öffnen. Der Sauerstoff würde alles verderben.

- Die Gläser und anderes Gerät müssen nicht extra sterilisiert werden. Eventuell vorhandene Bakterien unterstützen den gewünschten Prozess.

- Denken Sie beim Kauf von fertigem Sauerkraut und Kimchi daran, dass sie häufig Zucker und Essig enthalten und manchmal auch pasteurisiert sind. Das alles tötet die Bakterien, die Milchsäure produzieren, was dem Zweck des Ganzen entgegensteht.

## 1. ROTE-BETE-APFEL-RELISH

**FÜR 750 MILLILITER**

- 3 große Äpfel, entkernt, aber nicht geschält
- 4 große Rote Bete, geschält
- 2 Sternanis
- 1 EL Nelken
- ¾ EL Meersalz
- 4 EL Molke (siehe Seite 212), optional, oder 1 TL Salz extra

Äpfel und Rote Bete auf einer Reibe oder in der Küchenmaschine raspeln und dann gut vermengen. Sternanis und Nelken hinzufügen und weiter vermengen, bis die Gewürze gleichmäßig verteilt sind. Schichtweise in ein Glas mit Schraubdeckel füllen, nach jeder Schicht etwas Salz darüberstreuen und Molke daraufgießen. Mit einem Holzlöffel oder Fleischklopfer alles gut zusammendrücken, damit die Säfte freigesetzt werden. Bei Raumtemperatur drei bis vier Tage fermentieren lassen.

Sternanis und Nelken herausnehmen und wegwerfen. Relish mit der Küchenmaschine oder dem Stabmixer zu einer glatten Paste pürieren.

P V 8WP CW

## 2. FERMENTIERTE GURKEN

**FÜR 500–750 MILLILITER**

Meine fermentierten Gurken sind wie gekaufte Gewürzgurken, nur dass diese meist mit Zucker und/oder Essig gemacht sind. Versuchen Sie, Einlegegurken oder zumindest Freilandgurken zu bekommen. Andere Gurken werden fast genauso gut, aber sie sollten so frisch wie möglich und fest sein.

- 6 Einlegegurken (oder 5 kleine, feste Salatgurken)
- 4 Dillzweige
- 2 Knoblauchzehen, geschält und mit dem Messerrücken zerdrückt
- ½ TL Fenchelsamen, leicht zerdrückt
- 1 TL Pfefferkörner
- 1 EL Meersalz
- 5 EL Molke (siehe Seite 212)
- 350 ml Wasser

Wählen Sie ein Glas mit breiter Öffnung und hoch genug, damit die Gurken hineinpassen und darüber noch 3 cm Platz ist. Gurken waschen, an beiden Enden 1 cm abschneiden und eine Stunde in eiskaltes Wasser legen – sie müssen von dem Wasser bedeckt sein. Dann die Gurken in das Glas füllen, entweder ganz oder durchgeschnitten, wenn sie sonst nicht hineinpassen. Dill, Knoblauchzehen, Fenchelsamen und Pfefferkörner dazugeben. Salz, Molke und Wasser in ein Gefäß geben und rühren, bis das Salz aufgelöst ist. Dann die Flüssigkeit in das Glas gießen und falls die Gurken nicht bedeckt sind, mit Wasser ergänzen. Die Gurken müssen mit einem kleinen Auflaufförmchen oder Teller beschwert werden, weil sie sonst während des Fermentierungsprozesses nach oben steigen. Das Glas verschließen und bei Raumtemperatur (vorzugsweise 18–21 °C) etwa drei Tage stehen lassen oder länger, wenn Sie sie sauer mögen. Dann in den Kühlschrank stellen, wo sie sich einen Monat halten, bevor sie weich werden.

P 8WP CW

## 3. SELBST GEMACHTES SAUERKRAUT

FÜR 3–4 GLÄSER

Alle Zutaten in einer robusten Schüssel vermischen und etwa zehn Minuten mit einem Holzhammer oder Fleischklopfer bearbeiten oder mit den Händen kneten (eine sehr beruhigende und meditative Tätigkeit!), damit der Saft freigesetzt wird. Das erfordert etwas Mühe und Geduld. In ein verschließbares Glas füllen und mit dem Hammer oder dem Fleischklopfer zusammendrücken, bis der austretende Saft den Kohl bedeckt. Das Glas fest verschließen und etwa drei Tage bei Raumtemperatur stehen lassen. In den Kühlschrank stellen, wo sich das Sauerkraut mehrere Monate hält.

**1 mittelgroßer Weißkohl, Stielansatz herausgeschnitten und fein geraspelt**

**1 EL Kümmelsamen**

**1 EL Meersalz**

**5 EL Molke (siehe Seite 212) oder 1 EL Salz extra**

P 8WP CW

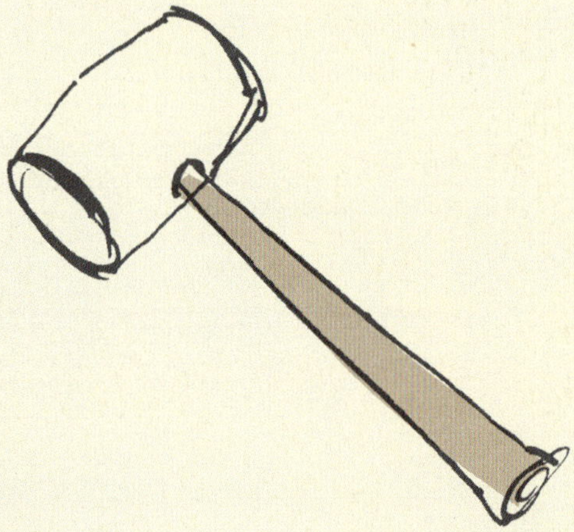

Meine Geräte zur Molkeherstellung – Joghurt tropft in eine Schüssel …
… derweil mache ich Sauerkraut

# 4. INGWERLIMONADE

**FÜR 2 LITER**

Haushaltszucker – ja! – wird fast immer verwendet, um fermentierte Softdrinks herzustellen, die Fruktose wird jedoch während des Herstellungsprozesses von Hefe und Bakterien für die Produktion von Milchsäure und die Karbonisierung „aufgefressen". Milchsäure ist ein Probiotikum, das gut für die Verdauung ist, das Immunsystem stärkt und die Zellen mit Feuchtigkeit versorgt.

Da ich etwas skeptisch war, ob während der Fermentation der Zucker tatsächlich vollständig umgewandelt wird, habe ich das Thema eingehend recherchiert. Nach 48 Stunden Fermentation sind anscheinend 80 Prozent des Zuckers von der Hefe und den Bakterien umgewandelt worden. Hochgerechnet heißt das, dass in zwei Litern meiner Ingwerlimo noch 25 g Zucker stecken. In 250 ml sind es noch 3,1 g, was etwa einem ¾ TL entspricht. Wenn man die Limo mit Soda trinkt (mir schmeckt sie am besten im Verhältnis eins zu eins), dann enthält ein großes Glas weniger als einen halben Teelöffel Zucker.

Um auf noch weniger Zucker zu kommen, habe ich Varianten mit einer Mischung aus Zucker und Reissirup hergestellt. Sie können natürlich auch gar keinen Zucker verwenden und stattdessen in diesem Rezept 180 ml Reissirup nehmen. Aber denken Sie daran, dass die Fermentationszeit dann etwas länger sein muss. Das vorliegende Rezept bildet die Grundlage für meinen Moscow Mule Cocktail auf Seite 154.

**1,5 l Wasser**

**115 g Zucker**

**4 EL Reissirup**

**100 g ungeschälter frischer Ingwer, in dünne Scheiben geschnitten**

**2 Zitronen, Schale abgerieben und entsaftet**

**125 ml Molke (siehe Seite 212)**

Das Wasser in einen Topf gießen, dann Zucker und Reissirup vermischen und in das Wasser einrühren. Zum Kochen bringen und zehn Minuten köcheln lassen. Auf Raumtemperatur abkühlen lassen, dann Ingwer, Zitronenschale und Zitronensaft hinzufügen. (Wenn Sie einen leistungsstarken Mixer haben, zuerst die Schale der Zitronen abreiben und in der Flüssigkeit im Mixer verrühren, dann die weiße Haut und die sichtbaren Kerne der Zitrone entfernen, das Zitronenfleisch in den Mixer geben und wieder zerkleinern.) In ein verschließbares Glas umfüllen und die Molke hinzufügen.

Gut umrühren und bei warmem Wetter zwei bis drei Tage auf der Arbeitsfläche stehen lassen, bei kühlerem Wetter länger, bis sich Bläschen bilden und die Flüssigkeit etwas säuerlich-scharf schmeckt. Während der Fermentationszeit immer wieder einmal umrühren. Die Ingwerlimonade in Flaschen abseihen. Noch einmal zwei bis drei Tage bei Raumtemperatur stehen lassen, dann die fertige Limonade kalt stellen. Wenn Sie sie nicht sofort trinken wollen, bewahren Sie sie im Kühlschrank auf – die Fermentation geht auch in der Kälte weiter, aber die Limonade hält sich so eine Woche, bevor sie anfängt, nach Essig zu schmecken. Je länger die Fermentation andauert, desto saurer wird die Limonade.

**ANMERKUNG:** Ich trinke die Limonade am liebsten im Verhältnis 1:1 mit Mineralwasser. Dadurch wird sie noch prickelnder.

P CW

## SELBST GEMACHTER FRISCHKÄSE

FÜR 250 GRAMM

1 kg vollfetter Bio-Naturjoghurt

Den Joghurt auf ein sauberes, quadratisches Tuch aus Mull oder Musselin geben und die Ecken zusammennehmen und mit einem Gummiband oder einer Schnur verschließen. Den Beutel über eine große Schüssel hängen – ich befestige ihn an einem Holzlöffel, den ich über eine Schüssel lege, andere hängen ihn an eine Schranktür oder sogar eine Lampe! Die Molke tropft in die Schüssel und zurück bleibt ein schön cremiger Quark. Das Abseihen sollte 12 bis 24 Stunden dauernd.

Der Frischkäse hält sich im Kühlschrank bis zu einem Monat. Heben Sie die Molke auf, um Gemüse damit zu fermentieren (damit es länger hält, siehe Seite 206) oder um Mayonnaise damit zu machen (siehe Seite 216). Die Molke hält sich im Kühlschrank drei Monate, oder Sie können sie portionsweise im Gefrierfach aufbewahren.

**ANMERKUNG:** Molke wird in vielen Rezepten dieses Buches verwendet, achten Sie also auf Querverweise.

P 8WP CW

### BIO!

Verwenden Sie auf jeden Fall Biojoghurt – dieses Rezept funktioniert mit anderem Joghurt nicht so gut.

## AKTIVIERTE NÜSSE

Das Aktivieren von Nüssen macht sie für die Ernährung wertvoller. Nüsse und Samen enthalten in ihrer Haut Giftstoffe, die sie für manche schwer verdaulich machen. Durch das Einweichen wird der Keimprozess in Gang gesetzt und dabei werden Enzyme aktiviert, durch die sie leichter zu verdauen und zu verstoffwechseln sind. Das Aktivieren führt auch zu einer knackigeren Textur und einem leichten Röstaroma. Am besten eignen sich für das Aktivieren Mandeln, Walnüsse, Pistazien, Pekannüsse und Kürbissamen – die sehr öligen Nüsse wie Macadamia- oder Cashewnüsse können zu weich werden und sollten nicht länger als sechs Stunden eingeweicht werden.

1 Packung nicht-öliger Nüsse oder Samen (z.B. Mandeln, Kürbiskerne, Walnüsse)

1 Prise Salz

Wasser

Nüsse oder Samen über Nacht in einem geschlossenen Topf in Wasser mit einer Prise Salz einweichen. Abgießen, dann auf einem Backblech ausbreiten (kein Öl, kein Backpapier) und im Backofen auf niedrigster Stufe (weniger als 65 °C) trocknen. Abgekühlt in einem verschlossenen Behälter im Gefrierfach aufbewahren.

P V 8WP CW

### NÜSSE AUFBEWAHREN

Bewahren Sie Ihre Nüsse im Gefrierfach auf – sie halten sich länger frisch und bleiben knackiger. Sie können sie direkt aus dem Gefrierfach essen, da sie nicht wirklich gefrieren.

# DRESSING IM GLAS *mit drei peppigen varianten*

FÜR 180 MILLILITER

**60 ml Apfelessig**
**125 ml Olivenöl**
**½ TL Reissirup**
**je 1 große Prise Meersalz und frisch gemahlener schwarzer Pfeffer**

Alle Zutaten in ein verschließbares Glas füllen und gut schütteln.

## 1. FRENCH DRESSING

Dem Dressing im Glas einen Teelöffel Dijon-Senf hinzufügen.

## 2. ASIATISCHES DRESSING

Das Dressing im Glas zubereiten (statt Apfelessig können Sie Reisessig nehmen). Dazu kommen dann ein Esslöffel Sojasauce oder Tamari, 1 EL Sesamsamen, 2 EL geriebener frischer Ingwer und 1 TL Sesamöl. Gut durchschütteln.

## 3. ALKALISIERENDES DRESSING

Dieses Dressing ist ein Detox-Saft, den man als Dressing verwendet. Großzügig über Salate, Fleisch und Gemüse geben, wenn Zucker- oder Heißhungergelüste plagen. Zuerst das Dressing im Glas zubereiten. Dann 2 EL Limettensaft, 2 EL gehackten frischen Koriander und ¼ TL Cayennepfeffer hinzufügen und sehr gut schütteln.

# BESSER ALS AUS DER FLASCHE

*Saucen für jeden Tag*

## SELBST GEMACHTE TOMATENSAUCE

Gekaufte Tomatensauce besteht oft zu 45 Prozent aus Zucker. Meine Version enthält eine Menge Tomaten (im Allgemeinen verwende ich keine konzentrierten Sachen auf Tomatenbasis, denn dazu werden allzu viele Tomaten verwendet und die Fruktose summiert sich), aber wenn man die Sauce sparsam verwendet – nur ein oder zwei Esslöffel pro Mahlzeit – ist alles gut.

**2 440-g-Dosen ganze geschälte Tomaten oder 675 ml passierte Tomaten**

**½ Zwiebel, klein gehackt**

**75 ml Apfelessig**

**1 EL Reissirup (oder 2 TL Steviagranulat)**

**1 TL gemahlener Piment**

**1 TL Zimt**

**1 TL gemahlene Nelken**

**1 TL Cayennepfeffer**

**Meersalz und frisch gemahlener schwarzer Pfeffer**

Alle Zutaten in einem Topf zum Kochen bringen, dabei umrühren, damit die Gewürze sich verteilen. Temperatur zurückschalten und 50 Minuten köcheln lassen, bis die Sauce zur Hälfte reduziert und ziemlich dick ist. Mit dem Stabmixer oder in der Küchenmaschine pürieren. Wenn die Sauce noch zu dünnflüssig ist, wieder zum Köcheln bringen und noch etwas länger reduzieren. In einem sauberen Glas im Kühlschrank aufbewahren, wo sie sich bis zu einem Monat hält. (Ich bewahre die Hälfte im Gefrierfach auf, damit ein Teil länger hält.)

**ANMERKUNG:** Die Sauce kann auch in einem elektrischen Schongarer hergestellt werden. Alle Zutaten zwei bis zweieinhalb Stunden auf hoher Stufe köcheln lassen. Nach dem Pürieren vielleicht noch einmal 30 Minuten im Schongarer ohne Deckel köcheln lassen, damit die Sauce dicker wird.

### BBQ-VARIANTE:

250 ml selbst gemachte Tomatensauce mit 2 EL Apfelessig, 1 TL Tabascosauce, 1 Knoblauchzehe (fein gehackt), 1 EL Paprikapulver und 2 EL Chilipulver vermischen. Ergibt etwa 300 ml. Hält sich im Kühlschrank bis zu einem Monat.

## TERIYAKI-SAUCE

Zubereiten wie das Dressing asiatische Art (siehe Seite 213), aber das Olivenöl und die Sesamsamen weglassen und die Soja- oder Tamarisauce und das Sesamöl verdreifachen.

## SÜSSE CHILISAUCE

**FÜR 150 MILLILITER**

Gekaufte Chilisauce ist im Allgemeinen ein ziemlich minderwertiges Gemisch, das große Mengen Zucker enthält – oft mehr als ein Topping für Eiscreme. Wirklich wahr.

- 125 ml Reis- oder Apfelessig
- 50 g Steviagranulat
- 2 rote Chilischoten (entkernt, wenn die Sauce nicht zu scharf werden soll) oder ½–1 EL Chiliflocken
- 60 ml Wasser
- 60 ml Fischsauce
- 3 Knoblauchzehen
- ½ TL Meersalz
- 1 EL Mais- oder Pfeilwurzelmehl
- 2 EL Wasser (extra)

Essig, Steviagranulat, Chilischoten, Wasser, Fischsauce, Knoblauchzehen und Salz im Mixer pürieren oder zuerst Chilischoten und Knoblauchzehen fein hacken und dann mit den übrigen Zutaten in ein Glas füllen und kräftig schütteln. Diese Mischung in einem Topf zum Kochen bringen, Temperatur herunterschalten und fünf bis zehn Minuten köcheln lassen, bis die Sauce auf die Hälfte reduziert ist. Derweil Mais- oder Pfeilwurzelmehl mit den zwei Esslöffeln extra Wasser zu einer dicken Paste anrühren. Die Paste in die Sauce einrühren und diese noch eine Minute köcheln lassen. Abgekühlt im Kühlschrank aufbewahren, wo sie sich einen Monat hält.

## SATAY-SAUCE

**FÜR ETWA 500 MILLILITER**

- 400-ml-Dose Kokoscreme
- 115 g natürliche, zucker- und salzfreie, stückige Erdnussbutter
- 1 TL Kurkumapulver
- 1 TL Ingwerpulver
- 1 TL Korianderpulver
- 1 Prise gemahlener Kreuzkümmel
- ½ TL Meersalz

Alle Zutaten in einem kleinen Topf bei mittlerer Temperatur zum Kochen bringen. Temperatur herunterschalten und zehn Minuten köcheln lassen, um die Sauce einzudicken. Dabei gelegentlich umrühren. In ein Glas füllen und im Kühlschrank aufbewahren, wo sie sich zwei bis drei Wochen hält.

## ERDBEERKONFITÜRE

**FÜR ETWA 500 MILLILITER**

- 150 g Erdbeeren (tiefgefroren oder frisch)
- 250 ml Wasser
- 2 EL Reissirup
- 2 EL Chiasamen oder Pfeilwurzelmehl

Alle Zutaten in einem Mixer glatt pürieren, dann in einen Topf gießen und bei mittlerer Temperatur erhitzen, bis die Mischung zu blubbern beginnt. Temperatur zurückschalten und unter ständigem Rühren etwa drei bis fünf Minuten weiter köcheln, bis die Masse eingedickt ist.

Fünf Varianten mit …

# MAYO MIT MOLKE

HABEN SIE SCHON EINMAL IHRE EIGENE MAYO GEMACHT? Es ist eine Tätigkeit, bei der man das befriedigende Gefühl hat, etwas Sinnvolles zu tun, was die Zeit wert ist. Also Schürze um und los geht's! Ich mache meine Mayo mit Molke. Warum? Dadurch wird sie zu einem aktivierten Lebensmittel, das dem Magen guttut, und außerdem hält sich die Mayo dann drei Monate anstatt zwei Wochen. Ich bereite immer gleich eine große Menge vor, teile diese auf und verändere je nach Lust und Laune den Geschmack mit unterschiedlichen Zutaten.

## MAYO MIT MOLKE

**FÜR 350 MILLILITER**

- **1 Ei**
- **1 TL Dijon-Senf**
- **1 EL Zitronensaft**
- **1 EL Molke (siehe Seite 212, optional)**
- **1 kräftige Prise Meersalz**
- **250 ml Olivenöl extra vergine**

In der Küchenmaschine alle Zutaten bis auf das Öl auf niedriger Geschwindigkeit 30 Sekunden verrühren. Nun bei auf niedriger Stufe laufendem Motor ganz langsam das Olivenöl in einem dünnen Strahl einlaufen lassen, bis die Mayo dick und glatt ist. (Wichtig: Das Öl ganz langsam in einem sehr, sehr feinen Strahl einlaufen lassen, sonst formt sich keine Emulsion.) Wenn Ihre Mayo mit Molke gemacht ist, zudecken und vor dem Kühlen acht Stunden bei Raumtemperatur stehen lassen. Dadurch werden die Enzyme in der Molke aktiviert. Wenn Sie keine Molke verwendet haben, gleich in den Kühlschrank stellen.

## 1. SAUCE TARTARE

**FÜR 180 MILLILITER**

- **1 EL gehackte fermentierte Gurken (siehe Seite 207, optional)**
- **½ EL Kapern**
- **1 EL Frühlingszwiebeln**
- **Saft von ½ Zitrone**
- **125 ml Mayo mit Molke**
- **je 1 Prise Meersalz, frisch gemahlener schwarzer Pfeffer und Cayennepfeffer**

Fermentierte Gurkenstückchen, Kapern und Frühlingszwiebeln im Mixer oder in der Küchenmaschine zerkleinern (nicht zu fein, es soll kein Püree werden). Zitronensaft, Mayo und Gewürze hinzufügen und umrühren.

**ANMERKUNG:** Mehr Grün bekommen Sie in die Sauce, wenn Sie ein Viertel übrig gebliebenen grünen Salat (Salatherz oder Romana) mit zerkleinern.

## 2. TAUSEND-INSELN-DRESSING

FÜR 125 ML

125 ml Mayo mit Molke
½ EL Reissirup
1 EL Harissapaste
Meersalz und frisch gemahlener schwarzer Pfeffer
Saft von ½ Zitrone

Alle Zutaten zusammenrühren.

## 3. KOREANISCHE MAYO

FÜR 185 MILLILITER

125 ml Mayo mit Molke
4 EL Dressing asiatische Art (siehe Seite 213)
½ TL Chiliflocken

Alle Zutaten vermengen und verquirlen oder pürieren.

**ANMERKUNG:** Diese Mayo können Sie auch machen, indem Sie die Mayo mit Molke einfach mit 4 EL Dressing asiatische Art verrühren und ½ TL zerdrückte getrocknete Chiliflocken hinzugeben.

## 4. CREMIGES DILL-DRESSING

FÜR 125 MILLILITER

Auch eine gute Art, um übrig gebliebenes Fenchelgrün zu verwerten. Das Dressing passt wunderbar zu Fisch.

125 ml Mayo mit Molke
2 EL Dill oder Fenchelgrün, fein zerzupft

Alle Zutaten gut miteinander verrühren.

## 5. CREMIGE GRÜNE DETOX-SAUCE

FÜR 350 MILLILITER

1 Bund Brunnenkresse oder 1 kleines Bund Koriander
Saft von ½ Zitrone
125 ml Mayo mit Molke

Brunnenkresse oder Koriander im Mixer oder der Küchenmaschine zerkleinern. Zitrone hinzufügen und Mayo unterrühren.

# MEIN VIER-WOCHEN-WELLNESS-PROGRAMM UND DREI MENÜPLÄNE

Für alle, die sich mehr Anleitung für ihr Gesundheitsprogramm wünschen, habe ich ein tolles vierwöchiges Reboot-Programm und noch ein paar unterschiedliche Menüpläne zusammengestellt.

# VIER-WOCHEN-WELLNESSPROGRAMM

WENN SIE DEM ZUCKER SCHON GOODBYE GESAGT HABEN, ABER ETWAS AUS DER BAHN GERATEN SIND ODER EINFACH EINEN KLEINEN GESUNDHEITS-REBOOT WÜNSCHEN, DANN KÖNNTE DIESES PROGRAMM GENAU IHR DING SEIN. ICH FÜHRE ES SELBST DURCH, WENN ICH MICH ETWAS AUS DEM GLEICHGEWICHT GERATEN FÜHLE. Das Programm ist so gestaltet, dass Sie ermutigt werden, herauszufinden, wie Sie am besten für Ihr Wohlbefinden sorgen, indem Sie Ihr persönliches zuckerfreies Leben nachhaltig, sparsam und ohne große Umstände führen.

Aber (und hier winke ich nachdrücklich wild mit den Armen) es handelt sich um keine streng zu befolgende Anleitung, sondern um eine Reihe von Experimenten, die Sie neugierig und spielerisch durchführen können, um dann zu entscheiden, was bei Ihnen am besten wirkt. Das ist wichtig!

## WOCHE EINS

Dies ist Ihre Vorbereitungswoche.

**1. MACHEN SIE AM SONNTAG EINE GROSSE KOCH-SESSION** und füllen Sie Ihr Gefrierfach mit mindestens drei der unten aufgeführten Lebensmittel. Das bedeutet auch einen Marktbesuch. Kaufen Sie Produkte, die Saison haben und/oder im Angebot sind.

Haken Sie ab, was erledigt ist.

- ☐ Kürbispüree (siehe Seite 58)
- ☐ Süßkartoffelpüree (siehe Kürbispüree-Variante auf Seite 58)
- ☐ Vorgekochte und eingefrorene Gemüse (siehe Seite 58)
- ☐ Beeren
- ☐ Frische Kräuter, haltbar gemacht in Wein, Öl oder Brühe (siehe Seite 202)
- ☐ Grüner Smoothie für strahlende Haut, in Würfeln eingefroren (siehe Seite 84–85)
- ☐ Knochenbrühe – bitten Sie vorher schon mal Ihren Metzger, Ihnen 2–3 kg Knochen zu reservieren, die Sie dann am Sonntag verarbeiten (siehe Seite 198)
- ☐ Aktivierte Nüsse – das dauert mit Einweichen ein paar Tage (siehe Seite 212)
- ☐ Hamburger (ist Hackfleisch gerade im Angebot? Herabgesetzt, weil sich das MHD nähert? Dann kaufen Sie genug für einen Vorrat!)

**2. NUTZEN SIE ZUM KOCHEN DAS REZEPTVERZEICHNIS.** Wenn Sie diese Vorräte im Gefrierfach haben, suchen Sie sich ein paar Rezepte aus, die dazu passen.

**3. KAUFEN SIE CLEVER EIN.**

- ☐ Finden Sie heraus, wo das Fleisch gerade besonders günstig ist, kaufen Sie eine große Menge davon und füllen Sie Ihr Gefriergerät mit Zutaten für die Gerichte aus einem Topf in der Wochenmitte (siehe Seite 117) und die neu gestalteten Wohlfühl-Klassiker (siehe Seite 95).
- ☐ Suchen Sie Online-Lebensmittelhändler und Lieferanten von Bio- und Obst und -gemüsekisten in Ihrer Umgebung. Diese Kisten sind großartig, um sich mit Lebensmitteln einzudecken, die Saison haben, regional und (verglichen mit manchen Läden) preiswert sind. Anfangen können Sie mit diesem Link: biokisten.org
- ☐ Tippen Sie eine Liste der Punkte aus dem Kapitel „Anders einkaufen" (Seiten 50) in Ihr Smartphone oder drucken Sie sie aus/schreiben Sie sie auf und nehmen Sie Smartphone oder die Liste im Portemonnaie mit zum Einkaufen.

**4. SCHAFFEN SIE SICH EINE MORGENROUTINE.** Machen Sie die Übung auf Seite 42. Probieren Sie diese Woche unterschiedliche Möglichkeiten. Was funktioniert bei mir gut? Wie viel Zeit kann ich realistischerweise täglich dafür aufbringen? Schreiben Sie Ihre Morgenroutine auf und hängen Sie den Zettel an Ihre Schlafzimmertür oder den Kühlschrank. (Z.B.: „Jeden Morgen verbringe ich 35 Minuten damit, meinen Tag richtig anzufangen.") Fangen Sie diese Woche an und beginnen Sie jeden Morgen damit. Denn das ist es, was zählt – jeden Tag ein bisschen.

**5. KOCHEN SIE ETWAS ANDERES:** Probieren Sie ein Rezept für den Schongarer. Wenn Sie keinen Schongarer haben, investieren Sie in einen – es gibt sie schon sehr preiswert und in allen Kaufhäusern und Küchenläden. Kaufen Sie einen in Ihrer Mittagspause. Oder Sie folgen der Anweisung auf Seite 55 und verwenden einen normalen Topf.

☐ Gebackene Bohnen mit Schweinebauch im Schongarer (siehe Seite 72)

☐ Zitronen-Zimt-Lammhaxe mit Gremolata (siehe Seite 127)

☐ Barbecue-Schweinefleisch aus dem Schongarer (siehe Seite 111)

**6. ZUTATEN ZUM KAUFEN UND AUSPROBIEREN:** Apfelessig (gibt's im Bioladen und in den meisten Supermärkten). Trinken Sie nach dem Aufwachen einen Esslöffel in heißem Wasser und bei Verdauungsproblemen auch vor anderen Tagesmahlzeiten. Beobachten Sie, wie dadurch Ihre Verdauung und Ihr Appetit beeinflusst werden. Macht es einen Unterschied? Wenn nicht, verwenden Sie den Rest der Flasche anstatt anderer Essigsorten bei Salaten, dem Barbecue-Schweinefleisch-Rezept (siehe Seite 111) und anderen Rezepten in diesem Buch.

## WOCHE ZWEI

In dieser Woche gehen Sie gegen das ab und zu auftretende Verlangen nach dem süßen Zeug vor.

**1. MACHEN SIE DIESE WOCHE JEDEN TAG SPORT.** Probieren Sie dafür mindesten vier der Vorschläge auf den Seiten 44–45. Es brauchen nur 20 Minuten zu sein, aber in dieser Woche an jedem Tag.

**2. ERLEDIGEN SIE MINDESTEN DREI DINGE NICHT MIT DEM AUTO ODER DEM ÖFFENTLICHEN NAHVERKEHR, SONDERN GEHEN SIE STATTDESSEN ZU FUSS.**

Zum Beispiel bringen Sie die Kinder zu Fuß zur Schule oder gehen zu Fuß einkaufen. Passt das in Ihr Leben? Tun Sie das Gleiche in der nächsten Woche oder danach. Haben Sie einen immer wiederkehrenden Weg erst ein paarmal zu Fuß gemacht, wird dies leicht zur Gewohnheit.

- ☐ Weg 1
- ☐ Weg 2
- ☐ Weg 3

**3. ESSEN SIE JEDEN TAG ZWEI PORTIONEN GRÜNES GEMÜSE EXTRA.**

- ☐ Versuchen Sie die Beilagen auf den Seiten 136–137 (zwei Portionen).
- ☐ Bringen Sie in einem Gericht eine Extraportion grünes Gemüse unter.
- ☐ Trinken Sie einen grünen Smoothie für strahlende Haut (Seite 84, gilt als zwei Portionen).

**4. VERSUCHEN SIE ETWAS ANDERES.** Essen Sie ein Frühstück im Glas. Bereiten Sie in dieser Woche mindestens dreimal ein Frühstück aus dem Kapitel „Prima zum Mitnehmen" (Seite 79) zu. Machen Sie dasjenige zur Gewohnheit, das zu Ihnen passt. Bereiten Sie gleich zwei Portionen zu und essen Sie die zweite am folgenden Tag.

**5. ZUTATEN ZUM PROBIEREN.** Versuchen Sie ein neues Öl. Suchen Sie im Bioladen nach Macadamia-Öl und Kokosöl, um es über Ihr Gemüse zu träufeln. Oder probieren Sie ein aromatisiertes Öl – mit Trüffeln, Knoblauch oder Chili. Vielleicht finden Sie andere (sichere!) Öle interessant, zum Beispiel Avocado-Öl.

## WOCHE DREI

In dieser Woche geht es darum, nichts zu verschwenden und mühelos aus Vorhandenem eine Mahlzeit zu zaubern.

**1. MACHEN SIE INVENTUR IN IHREM KÜHLSCHRANK.** Leeren Sie den Kühlschrank vollständig – ja, vollständig – und verwerten Sie alles (für Ideen, was Sie mit Ihren Resten anfangen können, siehe das Kapitel „Mit Resten zaubern" auf Seite 187), frieren Sie es ein (siehe Seite 54–55), machen Sie einen grünen Smoothie oder eine Mischmasch-Mahlzeit. Und wo Sie gerade dabei sind .

**2. BEREITEN SIE EINE KÜHLSCHRANK-ÜBERRASCHUNG ZU.** Ihre Aufgabe – wenn Sie sich dafür entscheiden – ist es, für diese Mahlzeit keine neuen Zutaten zu kaufen (siehe Seite 56). Tipp: Meine erdende Winter-Wurzelgemüse-Suppe (siehe Seite 122) ist eine gute Grundlage für eine Mischmasch-Reste-Suppe.

**3. ESSEN SIE NUR DREI MAHLZEITEN AM TAG (KEINE SNACKS).** Um das erfolgreich durchzuführen, ohne zwischen den Mahlzeiten von Verlangen nach Snacks geplagt zu werden, versuchen Sie diese Woche Folgendes (immer nur eins auf einmal, um herauszufinden, was bei Ihnen am besten funktioniert):

- ☐ Kaufen Sie ein Glas kaltgepresstes Bio-Kokosöl und essen Sie am Ende der Mahlzeit einen Esslöffel davon (siehe Seite 24).
- ☐ Geben Sie bei jeder Mahlzeit noch etwas Fett extra hinzu – einen Esslöffel Butter oder Öl zum Gemüse oder Salat.
- ☐ Essen Sie Ihren (zuckerfreien, nährstoffreichen) Snack mit Ihrer Mahlzeit.

**4. PROBIEREN SIE ETWAS ANDERES.** Experimentieren Sie und versuchen Sie eine der folgenden Ernährungsarten, um herauszufinden, ob sie zu Ihrem Essensstil passt und Ihnen guttut. Bleiben Sie zwei Wochen dabei, dann entscheiden Sie, ob dieser Essensstil Ihnen gefällt und guttut oder ob Sie noch etwas anderes probieren wollen. Aber informieren Sie sich vorher, was hinter jedem Ansatz steckt, und beachten Sie die gesundheitlichen Wirkungen, die Sie bei mir oder anderen beschrieben finden. Und seien Sie ehrlich mit sich selbst. Wenn sich etwas nicht richtig anfühlt, lassen Sie es und probieren etwas anderes, falls Ihnen danach ist. Ich schlage vor, in dieser Reihenfolge vorzugehen:

- ☐ Eine Fastenzeit von 14-16 Stunden (siehe Seite 29)
- ☐ Die Einschränkung von Gluten (siehe Seite 30)
- ☐ Die Einschränkung von Kohlehydraten (siehe Seite 31)

**5. VERSUCHEN SIE DIESE LEBENSMITTEL.** Kaufen Sie, was gerade nicht in angesagt ist, vielleicht etwas von Folgendem (Rezepte dafür finden Sie im Rezeptverzeichnis):

- ☐ Sardinen
- ☐ Steckrüben, Chicorée, Grünkohl, Daikon, Rosenkohl
- ☐ Nicht so beliebte Fleischstücke (Keule, Haxe, Hühnerbein)

## WOCHE VIER

Wir experimentieren ein bisschen mehr, was alles eine Stufe weiter bringt ...

**1. BEREITEN SIE EIN PAAR SACHEN IN GROSSEN MENGEN ZU.** Fangen Sie mit Folgendem an (entwickeln Sie die Dinge weiter, indem Sie Ihre eigenen Abwandlungen hinzufügen). Am besten beginnen Sie am Sonntagnachmittag, um alles ganz in Ruhe zu organisieren.

- [ ] Ein ganzes Biohuhn. Auf der nächsten Seite steht, was ich daraus mache. Nutzen Sie die Vorlage, um mit den nächsten Gerichten ähnlich zu verfahren.
- [ ] Zitronen-Zimt-Lammhaxe (siehe Seite 127), aus der man Lamm-Pasta mit Oliven (siehe Seite 128), Lamm-Süßkartoffel-Auflauf (siehe Seite 129) und vielleicht noch ein Reste-Mittagessen machen kann.
- [ ] Aus einem Bio-Naturjoghurt mit normalem Fettgehalt machen Sie Frischkäse und Molke und vielleicht gleich noch Mayonnaise oder Sauerkraut oder Ingwerlimonade (siehe Seite 205) und den Moscow Mule Cocktail (siehe Seite 154).

**2. MACHEN SIE EIN DRESSING UND DANN DARAUS MEHRERE.** Probieren Sie eins der folgenden Rezepte:

- [ ] Machen Sie das Dressing im Glas (siehe Seite 213) und dann daraus zwei mit unterschiedlichem Geschmack und bewahren Sie sie in einzelnen Gläsern auf, dann können Sie damit nach Belieben Ihre Raspelsalate (siehe Seite 90–91) verfeinern.
- [ ] Machen Sie die Mayo mit Molke (siehe Seite 216) und daraus zwei Dressings mit verschiedenem Geschmack (dafür müssen Sie zunächst den Frischkäse und die Molke herstellen).

**3. PROBIEREN SIE ETWAS ANDERES.** Streben Sie nach Ruhe und Ausgeglichenheit. Ich glaube fest, dass es bei einem lebenslangen, unangestrengten Rundum-Wohlbefinden darum geht, ausgeglichen und zufrieden mit sich selbst zu sein und sich sein Leben harmonisch einzurichten. Keinen Zucker zu essen, ist ein großartiger erster Schritt, es macht einen rein und klar. Aber um sicher in der Spur zu bleiben, ist noch ein bisschen mehr nötig. Ich schlage vor, dass Sie einen (am besten alle) der folgenden Wege probieren, wenn Sie die Zeit dafür haben:

- [ ] Infrarot-Sauna
- [ ] Meditation (Tipps finden Sie bei sarahwilson.com)
- [ ] Keine Stimulantien (Kaffee, Tee, Kakao)
- [ ] Um zehn Uhr schlafen gehen
- [ ] Sanftes Kochen. Nutzen Sie das Kochen als eine Zeit, um Achtsamkeit zu üben. Garen Sie Ihre Speisen bei geringer Temperatur und langsam.

**ZUTAT ZUM PROBIEREN:** Sauerkraut. Dieses Kraut ist einfach großartig. Sie können es natürlich selbst machen (siehe Seite 200). Sie können es auch kaufen (Bioläden haben es). Achten Sie dann darauf, dass es in Salzlake oder Molke fermentiert (Zutaten dürfen nur Gemüse und Salz und/oder Molke sein) und nicht mit Essig und Zucker eingelegt wurde. Beobachten Sie, ob es Ihre Mahlzeit bereichert und zu einem glücklichen Darm beiträgt.

# EIN HUHN, FÜNFZEHN MAHLZEITEN

## GESTALTEN SIE IHRE EIGENEN MAHLZEITEN-ABENTEUER UND SIE WERDEN SEHEN, WIE VIEL SPASS SIE DABEI HABEN!

*Das Spiel beginnt mit einem sehr umfangreichen Gericht, von dem man dann die verschiedene Reste, Teile und Nebenprodukte verwertet.*

Ein Biohuhn ist nicht gerade billig. Es wird aber preiswert, wenn man es so einsetzt, dass daraus viele verschiedene Mahlzeiten werden.

1 Zum Beispiel beginne ich mit einem ganzen Huhn und mache daraus das **KNUSPRIGE BRATHÄHNCHEN** (siehe Seite 119). Ergibt 4 Portionen.

2 Dann mache ich aus den Resten für den nächsten Tag den **HUHN-GEMÜSE-GRATIN** (siehe Seite 121). Ergibt 1 Portion.

8 Und alle Reste, die ich in einem Eiswürfelbereiter aufbewahre, werden für mein nächstes **KNUSPRIGES BRATHÄHNCHEN** verwendet.

3 Die übrig gebliebene Portion friere ich ein und verwende sie später für gebackene **HÜHNER-FRÜHLINGSROLLEN** (siehe Seite 109). Ergibt 4 Snacks.

4 Aus den Knochen des Brathähnchens mache ich dann **HÜHNERBRÜHE AUS RESTEN** (siehe Seite 199). Ergibt 1,5 Liter (6 Portionen).

5 Aus einem Teil der Hühnerbrühe mache ich in der Woche darauf **ROTE-BETE-BLÄTTER-FENCHEL-SUPPE** (siehe Seite 196).

6 Einen Teil der Hühnerbrühe verwende ich später für **VIETNAMESISCHES HÜHNER-CURRY** (siehe Seite 130).

Das macht 6 zusammenhängende Mahlzeiten – 15 Portionen – von einem einzigen Huhn!

7 Dann trinke ich für einen Energie-Kick zwischendurch noch einfach eine Tasse von der Brühe.

# DREI MENÜPLÄNE

JEDER DIESER MENÜPLÄNE IST SO GESTALTET, DASS LEBENSMITTEL UND MIKRONÄHRSTOFFE DEN GESUNDHEITLICHEN ANFORDERUNGEN ENTSPRECHEN. Um sicher zu gehen, habe ich meine Ernährungsberater von *Goodbye Zucker* alle Pläne analysieren lassen.

Sie werden bemerken, dass die Pläne nicht allzu viele Kalorien enthalten (die empfohlene tägliche Kalorienmenge beträgt für Frauen 2000, für Männer 2500). So können Sie Ihren Mahlzeiten ohne Probleme für mehr Geschmack extra Fett hinzufügen. Dafür empfehle ich für die meisten Mahlzeiten zusätzlich Öl, Käse, Nüsse, Avocados und so weiter, je nach Appetit und Bedürfnis.

## MENÜPLAN FÜR GESCHÄFTIGE SOLOS

Dies ist ein Zwei-Wochen-Plan, bei dem in größeren Mengen gekocht und ein Teil eingefroren wird, der dann später in diesen vierzehn Tagen (und danach) gegessen werden kann. So erleichtern wir uns das Leben!

**Gut zu wissen:**

- Den Bedarf an Salaten und frischem Gemüse plane ich am Anfang der Woche, Suppen und Gerichte aus Resten am Ende (um das zu verwerten, was noch im Kühlschrank ist).
- Ich habe den Plan so gestaltet, dass die Sachen, die in größeren Mengen zubereitet werden, am Wochenende gemacht werden können und dann für die Woche fertig sind.
- Am Wochenende vor Beginn des Menüplans könnten Sie:
  - [ ] Garnelen für zwei Mahlzeiten kaufen (3 Portionen).
  - [ ] Schon mal den Blumenkohl raspeln und je zwei Portionen in Beuteln einfrieren.
  - [ ] Aktivierte Nüsse in größerer Menge herstellen.
- Am Montag:
  - [ ] Den großen Basis-Raspelsalat für vier Portionen machen und auf Gläser aufteilen, sodass Sie später nur noch verschiedene Dressings und andere Zutaten dazuzugeben brauchen.
- Am Dienstagabend oder Mittwoch:
  - [ ] Mit den Hühnerknochen die Hühnerbrühe aus Resten machen.
- Am Donnerstag:
  - [ ] Während Sie die Hackfleisch-Pizza machen, könnten Sie vielleicht schon mal die Hamburger für die nächste Woche fertig machen und einfrieren (noch nicht braten).
- Diese 14 Tage enthalten auch zwei Rezepte für den Schongarer; bereiten Sie sie am Abend vorher/am selben Morgen zu und lassen Sie sie garen, während Sie bei der Arbeit sind.

**DIE BESTEN GRÜNEN GEMÜSE FÜR SOLO-KÖCHE**

(für weniger Verschwendung und Aufwand)

- Brokkoli (mit zarten Stielen) und Spargel (ein Bund kann auf zwei Mahlzeiten aufgeteilt werden oder fürs Abendessen und Mittagessen am folgenden Tag)
- Zucchini (eine große reicht für zwei Mahlzeiten, zusammen mit einem anderen Gemüse)
- grüne Bohnen, Zuckerschoten, Rosenkohl und vorbereiteter Kürbis: zum sofortigen Verbrauch kaufen
- großes Gemüse wie Brokkoli und Blumenkohl: vorkochen und einfrieren.
- ein kleiner Beutel Krautsalat-Mischung (kann über 2–3 Mahlzeiten verteilt werden)

**ZUM AUSPROBIEREN**

**UNSERE ERNÄHRUNGSEXPERTIN SAGT:**

„Dieser Menüplan ist vollgepackt mit Nährstoffen und enthält sehr viel Gemüse; die empfohlenen Tagesmengen für sämtliche Mikronährstoffe werden überschritten, zum Beispiel ist die empfohlene Tagesmenge 2,5 mal so hoch für Riboflavin und Niacin und 4,3 mal so hoch für Vitamin C mit ihren antioxidativen, antientzündlichen und Anti-Aging-Eigenschaften. Der Plan hält das optimale Makronährstoff-Verhältnis ein, das von Paul Jaminet in *The Perfect Health Diet* empfohlen wird. Dieses Verhältnis wird von vielen Gesundheitsexperten als die beste Richtschnur angesehen."

Fett: 51 % Protein: 26 % Kalorien: 1400 (Snacks nicht eingeschlossen)

Ich nehme gern hartgekochte Eier mit und esse sie mit Pfeffer und Salz.

## WOCHE EINS

| MONTAG | DIENSTAG | MITTWOCH | DONNERSTAG | FREITAG | SAMSTAG | SONNTAG |
|---|---|---|---|---|---|---|
| Süße Detox-Protein-Maschine (Seite 85) und 2 EL aktivierte Nüsse oder Nussbutter (direkt aus dem Glas) | Süße Detox-Protein-Maschine (Seite 85) und 2 Eier beliebiger Art auf Toast (optional) | Paleo-SchoKos-Muffin im Becher (Seite 74) | Karotten-Haferflocken-Cremepudding (Seite 80) | Karotten-Haferflocken-Cremepudding (Seite 80) | 2 Eier beliebiger Art mit Toast (optional), Avocado, Spinat, Feta (zu Hause oder unterwegs) | Beeren-Omelett (Seite 76) |
| Krabben-Cocktail-Mischmasch-Raspelsalat (Seite 91) | Regenbogen-Raspelsalat (Seite 91) | Vietnamesischer Raspelsalat mit Hühnerstreifen (Seite 91) | Rest von der Blumenkohl-Reis-Pfanne (Seite 108) | Orientalische Hackfleisch-Pizza „Meatza" (Seite 105), mit zwei grünen Gemüsen | Erdbeer-Avocado-Toast (Seite 64) | 2 Mexikanische Nacho-Muffins (Seite 66) mit Avocado-Topping oder einfach mit einer halben Avocado in Scheiben und halbierten Cherrytomaten |
| Spaghetti Bolognese mit roter Currysauce und Thai-Salat (Seite 114) | Knuspriges Brathähnchen mit Süßkartoffel-Auflauf (Seite 119) | Blumenkohl-Reis-Pfanne (Seite 108) | Orientalische Hackfleisch-Pizza „Meatza" (Seite 85), mit zwei grünen Gemüsen | Erdende Winter-Wurzelgemüse-Suppe (Seite 122) | Zitronen-Zimt-Lammhaxe mit Gremolata (Seite 127) mit Blumenkohlcreme (Seite 108) oder Süßkartoffelpüree und einem grünen Gemüse | Huhn-Gemüse-Gratin (Seite 121) mit 2 Portionen grünem Gemüse |

…ich 4 Portionen der Fleischsauce machen und drei in Einzelportionen einfrieren

Nicht vergessen: Nach dem Abendessen Brühe machen!

## WOCHE ZWEI

| MONTAG | DIENSTAG | MITTWOCH | DONNERSTAG | FREITAG | SAMSTAG | SONNTAG |
|---|---|---|---|---|---|---|
| Danke-dafür-Smoothie (antientzündliche Mischung) (Seite 85) und 2 EL aktivierte Nüsse oder Nussbutter (direkt aus dem Glas) | Danke-dafür-Smoothie (antientzündliche Mischung) (Seite 77) und 2 Eier beliebiger Art auf Toast (optional) | Fixe Frühstücks-creme (Seite 84) | Fixe Frühstücks-creme (Seite 84) | 2 Mexikanische Nacho-Muffins (Seite 58) | Erdbeer-Avocado-Toast (Seite 56) | 2 Eier beliebiger Art auf Toast (optional), Avocado, Spinat, Feta (zu Hause oder unterwegs) |
| Huhn-Gemüse-Gratin (Seite 121) mit 2 Portionen grünem Gemüse | Hamburger auf Salat (Seite 88) | 2 Mexikanische Nacho-Muffins (Seite 58) mit Avocado, Gurke und Cherrytomaten | Lamm-Pasta mit Oliven (Seite 120) | Erdende Winter-Wurzelgemüse-Suppe (Seite 114) | Wählen Sie hier Ihr eigenes Abenteuer: kochen Sie etwas aus den Sachen im Gefrierschrank! | Kürbispfannküchlein (Seite 191) mit Joghurt und Toppings |
| Hamburger auf Salat (Seite 96) | Fisch mit Brokkoli, Cashews und süßer Chilisauce (Seite 124) | Lamm-Pasta mit Oliven (Seite 120) | Anti-Sorgen-Suppe (Seite 112) | Spaghetti Bolognese mit roter Currysauce und Thai-Salat (Seite 106) | Sardinen-Wurzelgemüse-Pfanne (Seite 116) mit 2 grünen Beilagen UND süßem Halloumi (Seite 159) zum Dessert | Barbecue-Schweinefleisch aus dem Schongarer (Seite 103) mit Blumenkohlcreme (Seite 100) und 2 Portionen grünem Gemüse |

**…NMERKUNG:** Am Ende dieser zwei Wochen …aben Sie noch eine Menge Extra-Portionen: …ühnerbrühe, erdende Winter-Wurzelgemüse-…uppe und rote Currysauce für Spaghetti Bolognese, …oden für die Hackfleisch-Pizza, Pulled Pork und …ohlinge für Hamburger.

Anmerkung: Machen Sie gleich 2 Portionen (das Rezept verdoppeln)

# MENÜPLAN FÜR VIERER-FAMILIEN

Dieser Menüplan richtet sich an Familien und Gruppen von vier Personen (zum Beispiel Wohngemeinschaften). Ich habe ihn so gestaltet, dass einige der Rezepte für große Mengen am Sonntag mit den Kids oder den Mitbewohnern oder … Ihrem Hund zubereitet werden können. So hat man für die folgende Woche immer etwas für die Lunchbox.

Um die Lunchbox zu füllen, lassen Sie sich von dem Kapitel „Lunchboxideen für eine Woche“ auf den Seiten 174–175 inspirieren.

**Auch gut zu wissen:**

- Verdoppeln Sie die Smoothie- und Cremerezepte, damit sie für vier reichen.
- Der Plan enthält fünf Rezepte für den Schongarer. Diese können am Abend zuvor/am selben Morgen vorbereitet werden und dann langsam garen, während man bei der Arbeit ist.
- Fruktosearme Optionen finden Sie auf iquitsugar.com.
- Am Wochenende vor Beginn des Menüplans könnten Sie Folgendes vorbereiten:

☐ Eine ordentliche Menge süße Chilisauce. Verwenden Sie sie zum Beispiel für den Fisch mit Brokkoli, Cashews und süßer Chilisauce, die Blumenkohl-Reis-Pfanne und die gebackenen Hühner-Frühlingsrollen.

- Am Sonntag: Sie könnten für die Lunchboxen der folgenden Woche ein paar Sachen vorbereiten, die Spaß machen:

☐ Backen Sie eine doppelte Menge des gehaltvollen Paleo-Brots, schneiden Sie es in Scheiben und frieren Sie immer zwei davon in Gefrierbeuteln ein. Auch die Puffreis-Riegel machen sich gut in Lunchboxen.

☐ Bereiten Sie eine große Menge Frühstückskugeln vor.

**ZUM AUSPROBIEREN**

**UNSERE ERNÄHRUNGSBERATERIN SAGT:**

„Dieser Plan überschreitet die empfohlenen Ernährungsanforderungen für Protein, Vitamin A, Riboflavin, Niacin, Vitamin C, Phosphor, Zink und Omega-3-Fettsäuren und versorgt Familien mit einer großen Menge Nährstoffe, die das Immunsystem und die Hirnfunktionen stärken. Diese Zahlen gründen auf den Lunchbox-Vorschlägen der Seiten 174–175.“

Fett: 47 % Protein: 25 % Kalorien: 1300

## WOCHE EINS

Machen Sie gleich genug für 2 Tage.

Machen Sie die doppelte Menge und frieren Sie den Rest für Lunchboxen in der Woche in Gefrierbehältern für Getränke ein.

| MONTAG | DIENSTAG | MITTWOCH | DONNERSTAG | FREITAG | SAMSTAG | SONNTAG |
|---|---|---|---|---|---|---|
| Fixe Frühstücks-creme (Seite 84) | Fruktosearme Frühstücksoption mit einem grünen Smoothie für strahlende Haut (Seiten 84–85) | Fruktosearme Frühstücksoption mit einem grünen Smoothie für strahlende Haut (Seiten 84–85) | Fixe Frühstücks-creme (Seite 92) | Erdnuss-Kürbis-Smoothie (Seite 82) | Erdbeer-Avocado-Toast (Seite 64) | Puffreis-Riegel (Seite 160) mit einem grünen Smoothie für strahlende Haut (Seiten 84–85) |
| | | | | | Tarte Tatin mit Fenchel (Seite 135) | Gehaltvolles Paleo-Brot (Seite 69) |
| Fisch mit Brokkoli, Cashews und süßer Chilisauce (Seite 124) | Zitronen-Zimt-Lammhaxe mit Gremolata (Seite 127) mit Blumenkohlcreme (Seite 108) und 2 Portionen grünem Gemüse | Blumenkohl-Reis-Pfanne (Seite 108) | Gebratene Hähnchenkeulen (Seite 100) | Lam-Pasta mit Oliven (Seite 128) mit 2 Beilagen Gemüse oder Salat | Gebackene Bohnen mit Schweinebauch im Schongarer (Seite 72) UND Kokos-Mango-Lollis zum Dessert (Seite 162) | Knuspriges Brathähnchen mit Süßkartoffel-Auflauf (Seite 119) und 2 Portionen Gemüse |

Rezept verdoppeln und Hähnchenkeulen morgen für die Lunchbox nehmen.

Vielleicht das Rezept verdoppeln und die Hälfte für die kommende Wochen einfrieren?

Nach dem Essen aus den Hähnchenresten Brühe machen!

## WOCHE ZWEI

| MONTAG | DIENSTAG | MITTWOCH | DONNERSTAG | FREITAG | SAMSTAG | SONNTAG |
|---|---|---|---|---|---|---|
| 2 Frühstückskugeln (Seite 76) mit einer Kiwi in Scheiben oder 75 g Beeren | 2 Frühstückskugeln (Seite 76) mit einer Kiwi in Scheiben oder 75 g Beeren | Fruktosearme Frühstücksoption mit einem grünen Smoothie für strahlende Haut (Seite 84–85) | Fruktosearme Frühstücksoption mit einem grünen Smoothie für strahlende Haut (Seite 84–85) | Fixe Frühstücks-creme (Seite 92) | Beeren-Omelett (Seite 76) | 2 Flower-Power-Eier (Seite 177) |
| | | | | | Gebackene Bohnen mit Schweinebauch im Schongarer (Seite 72) | Erdende Winter-Wurzelgemüse-Suppe (Seite 122) |
| Gebackene Hühner-Frühlingsrollen (Seite 109) und zwei Portionen Gemüse | Barbecue-Schweinefleisch aus dem Schongarer (Seite 111) mit Blumenkohlcreme (Seite 108) und 2 Portionen grünem Gemüse | Vietnamesisches Hühner-Curry (Seite 130) mit einer Gemüsebeilage | Orientalische Hackfleisch-Pizza „Meatza" (Seite 85) mit 2-3 Portionen Gemüse | Nachhaltige Fish and Chips (Seite 98) mit Krautsalat (Seite 100) | Erdende Winter-Wurzelgemüse-Suppe (Seite 122) mit Toast (optional) UND Weihnachts-Trifle mit Baiser (Seite 152) zum Dessert | Koreanische Schweinefleisch-Tacos mit Gurkensalat (Seite 112)) |

Servieren Sie diese zum Beispiel mit etwas süßer Chilisauce und e in paar Gemüsesticks.

Machen Sie etwas Baiser extra für den Nachmittagstee in der Woche darauf (mit Beeren).

# MENÜPLAN FÜR EINE REINIGUNGSWOCHE

Probieren Sie diesen Menüplan, wenn Sie das Gefühl haben, dass Sie eine gründliche Neueinstellung brauchen.

Dabei geht es vor allem um besonders nährstoffreiche Nahrung (grünes Gemüse bei jeder Mahlzeit), Lebensmittel, die gut für die Heilung des Darms sind, und leicht verdauliches Essen (keine Nüsse, kein Getreide; sehr viel Pürees und Suppen).

Statt einer Woche können Sie auch nur drei Tage nach diesem Plan essen. Oder fünf. Ganz wie Sie wollen.

**WAS ICH EMPFEHLE:**

- Dies ist ein Plan mit wenig Kalorien. Vergrößern Sie bei jeder Mahlzeit die Portionen, indem Sie extra Gemüse und gute Öle und Protein hinzufügen, damit Sie auch genug essen. Haben Sie keine Angst vor größeren Mengen, so lange Ihre Ergänzungen einfaches, gutes Essen sind.
- Nehmen Sie beim Mittag- und Abendessen jeweils einen Esslöffel Apfelessig mit etwas warmem Wasser oder ein fermentiertes Lebensmittel zu sich.
- Wählen Sie für Salatdressings die Mayo mit Molke – eine extra Portion Liebe für Ihren Darm.
- Lesen Sie auch die Tipps im Kapitel „Wie gehe ich mit Ausrutschern um?“ auf Seite 33.
- Für das Wochenende zuvor empfehle ich:

☐ Machen Sie das knusprige Brathähnchen (siehe Seite 119), frieren Sie es in Einzelportionen ein und bereiten Sie aus den Knochen eine Hühnerbrühe aus Resten (siehe Seite 199). Oder Sie machen gleich aus einem ganzen Huhn eine Brühe und bewahren das Fleisch auf (ein Rezept dafür finden Sie auf sarahwilson.com). Wenn Sie dazu nicht kommen, kaufen Sie einfach ein Viertel gebratenes Hühnchen (vorzugsweise Bio) und fertige Bio-Hühnerbrühe.

☐ Gute vier Tage vor Beginn der Woche machen Sie Ihren Frischkäse selbst (damit genug Zeit bleibt, um die Molke zu gewinnen und die unten aufgeführten fermentierten Sachen herzustellen). In dieser Woche vermeiden wir Milchprodukte, fermentierte Produkte sind jedoch ausgenommen.

☐ Mit der übrigen Molke machen Sie fermentiertes Gemüse, zum Beispiel selbst gemachtes Sauerkraut (siehe Seite 200), um es bei zumindest einer Mahlzeit am Tag zu essen. Oder Sie fügen es dem Beeren-Darmreiniger-Smoothie „Der Cremige“ hinzu (Seite 85).

### ZUM AUSPROBIEREN

**UNSERE ERNÄHRUNGSEXPERTIN SAGT:**

„Dieser Plan ist äußerst ausgeglichen, auch wenn es sich um einen Detox-Plan handelt. Die Empfehlungen für die tägliche Einnahme aller Mikronährstoffe werden weit überschritten, bei Vitamin A und Riboflavin beträgt die Menge 180 Prozent, bei Vitamin C 550 Prozent und bei Omega-3-Fettsäuren 280 Prozent; darmfreundliche probiotische Bakterien sind überdurchschnittlich viele enthalten. Wie Sarah rät, sollten Sie besonders große Portionen der Mahlzeiten essen oder dazu gesunde Snacks, um die Kalorienmenge auf 1800-2000 Kalorien anzuheben, falls Sie hungrig sind oder kein Gewicht verlieren wollen. Versuchen Sie zum Beispiel einen Esslöffel Kokosöl (120 Kalorien), eine halbe Avocado (150 Kalorien), eine Handvoll Nüsse (160 Kalorien) oder einen grünen Smoothie (150 Kalorien).“

Fett: 45 % Protein 32 % Kalorien: 1100

Als gutes Extra noch 1 EL Proteinpulver oder übrige Molke (pro Portion) hinzufügen und/oder ½ TL Chiasamen.

| TAG 1 | TAG 2 | TAG 3 | TAG 4 | TAG 5 |
|---|---|---|---|---|
| Danke-dafür-Smoothie (entzündungshemmende Mischung; Seite 85) und 3 EL selbst gemachten Frischkäse (Seite 212) mit etwas Zimt | Danke-dafür-Smoothie (entzündungshemmende Mischung; Seite 85) und 2 Flower-Power-Eier (Seite 177) | Der Cremige (Beeren-Darmreiniger-Smoothie; Seite 85) | Der Cremige (Beeren-Darmreiniger-Smoothie; Seite 85) | Süße Detox-Protein-Maschine (Seite 85) und 3 EL selbst gemachten Frischkäse (Seite 212) mit etwas Zimt |
| Alkalisierender Raspelsalat (Seite 91) | Vietnamesischer Raspelsalat mit Hühnerstreifen (Seite 91) | Blumenkohl-Pizza (Seite 106) mit 2 Gemüsebeilagen | Sattes Kitcheri (Seite 71) mit 1 Gemüsebeilage | Brunnenkresse-Suppe (Seite 85) mit Sardinen und selbst gemachtem Frischkäse (Seite 212) (einfach je 2 EL vermischen und in Chicoréeblättern oder ausgehöhlten halben Gurken servieren) |
| Brunnenkresse-Suppe (heiß oder kalt, Seite 93) mit 150 g gekochten Garnelen | Blumenkohl-Pizza (Seite 106) mit 2 Gemüsebeilagen | Sattes Kitcheri (Seite 71) mit 1 Gemüsebeilage | Sardinen-Wurzelgemüse-Pfanne (Seite 224) mit 2 Gemüsebeilagen | Erdende Winter-Wurzelgemüse-Suppe (Seite 122) UND den heißen Kurkuma-Milchshake (Seite 83) zum Dessert |

Viel frisch gehackten Koriander hinzufügen und um Vata zu erden, noch Süßkartoffel.

Gleich eine extra Portion Sardinen für das morgige Mittagessen machen!

organic
organic
organic

# ANHANG

# LESELISTE

**Wenn Sie sich fragen, ob es gut und richtig ist, Fleisch zu essen …**

„Ordering the vegtarian meal? There's more animal blood on your hands", Professor Mike Archer, *The Conversation*, 16 December 2011, http://the conversation.com/ordering-the-vegetarian-meal-theres-more-animal-blood-on-your-hands-4659

Meat: *A Benign Extravagance*, Simon Fairlie, Chelsea Green Publishing, 2010.

The Vegetarian Myth: Food, Justice and Sustainability, Lierre Keith, PM Press, 2009.

„The China Study: fact or fallacy", by Denise Minger, Raw Food SOS blog, 7 July 2010, http://rawfoodsos.com/2010/07/07/the-china-study-fact-or-fallac/

„I was wrong about veganism. Let them eat meat – but farm it properly", George Monbiot, *The Guardian*, 7 September 2010, www.theguardian.com/commentisfree/2010/sep/06meat-roduction-veganism-deforestation

**Wenn Sie mehr über ganzheitliches Essen, Fermentation und Schongaren wissen möchten …**

*Nourishing Traditions: The cookbook that challenged politically correct nutrition and the dictocrats,* Sally Fallon, Newtrends Publishing, 1999.

*Nourishing Traditions* ist meine Bibel. Das Buch ist voller solider Ernährungsinformationen im Stil „genau wie meine Großmutter zu sagen pflegte. Sally ist die Mitbegründerin der Weston A. Price Foundation und die Quelle, wenn es um gute Gesundheit geht.

*Kochen. Eine Naturgeschichte der Transformation,* Michael Pollan, Verlag Antje Kunstmann, 2015.

*Kochen* zu lesen, macht Spaß. Es geht um Fermentation, Schongaren und Michael Pollans Erforschung anderer Essenumwandlungsprozesse. Lesen Sie mehr von Michael Pollan über die New York Times und @michaelpollan.

**Wenn Sie mehr Informationen über die neuesten wissenschaftlichen Ergebnisse über Zucker haben möchten …**

*Die bittere Wahrheit über Zucker: Der verhängnisvolle Zusammenhang zwischen Übergewicht, zahlreichen Krankheiten und einer kohlenhydratreichen Ernährung,* Dr. Robert Lustig, Riva, 2016

Dr. Robert Lustig, pädiatrischer Endokrinologe, ist *die* Quelle, bei der Sie die neuesten wissenschaftlichen Ergebnisse über Zucker finden. Auch sein Youtube-Video „Sugar: the bitter truth" und die Serie"The skinny on obesity" sind sehenswert.

*Why we get fat: And what to do about it,* Gary Taubes, Knopf, 2010 und Good Calories, Bad Calories, Gary Taubes, Knopf, 2007. Gary Taubes ist ein US-amerikanischer Wissenschaftsautor und schreibt für die New York Times und auch auf garytaubes.com.

Sie können sich auch auf www.iquitsugar.com/science informieren. Dort fassen wir die neuesten Untersuchungen zusammen, die sehr hohe Beweisstandards haben (Meta-Analysen und systematische Übersichtsarbeiten, randomisierte kontrollierte Studien und Kohortenstudien).

**Und zum Thema „Welches Öl sollen wir verwenden" …**

*Toxic Oil*, David Gillespie, Penguin, 2013. David Gillespie ist ein Pionier des fruktosefreien Lebensstils in Australien, dessen Forschungseifer sich jetzt auf das Thema Fett richtet.

Und für alles andere … können Sie uns und dem Team von Goodbye Zucker folgen, während wir neugierig experimentieren:

BESUCHEN SIE MEINEN BLOG: **iquitsugar.com**
DORT FINDEN SIE RATSCHLÄGE, TIPPS UND TRICKS, REZEPTE UND MEHR.

FOLGEN SIE MIR AUF TWITTER
**@iquitsugar**

ODER BESUCHEN SIE MEINE FACEBOOK-SEITE UNTER
**facebook.com/iquitsugar**

MEHR REZEPTIDEEN FINDEN SIE AUF MEINEM PINTEREST-FEED
**pinterest.com/iquitsugar**

UND AUF INSTAGRAM UNTER
**instagram.com/iquitsugar**
STELLE ICH TOLLE ZUCKERFREIE IDEEN VOR.

# REGISTER

## F



## G



## H



## I



## J



## K

## L



## M



## N



## O



## P

## Q



## R



## S



## T

## V



## W



## Z



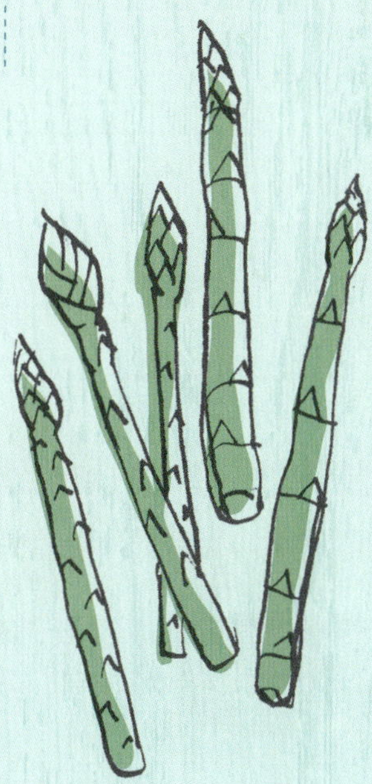

# ÜBER DIE AUTORIN

Sarah Wilson ist Autorin, Fernsehmoderatorin, Bloggerin und Gesundheitscoach; während ihrer 20-jährigen Laufbahn arbeitete sie fürs Fernsehen und Radio, für Zeitschriften und Zeitungen und schrieb Online-Beiträge. Sie war Redakteurin der australischen *Cosmopolitain* und erste Moderatorin von *MasterChef Australia*, einer der bekanntesten Shows der australischen Fernsehgeschichte. Sarah ist regelmäßig im australischen Fernsehen in verschiedenen Programmen zu sehen, darunter in Channel *7's Sunday Night, The Morning Show, Sunrise* und *Weekend Sunrise, Ten Network's Good News Week* und *The Project, Nine's 60 Minutes* und *A Current Affair.*

Sarah ist eine erfahrene Gesellschaftsberichterstatterin und war im Laufe ihres Berufslebens zuständig für Politik, Gesundheitsempfehlungen, Restaurantkritiken, Meinungsspalten und Trendvorhersagen. Sarahs 8-Wochen-Programm hat mehr als 280.000 Menschen geholfen, Zucker goodbye zu sagen.

Sarahs bloggt auf sarahwilson.com. Sie lebt in Sydney, fährt mit dem Rad überallhin, und wenn sie nach ihren Hobbys gefragt wird, antwortete sie: Wandern im australischen Busch, die nächste Mahlzeit planen und fasziniert sein von anderen Menschen mit wirklichen Hobbys.